ULF OETTING

Bundestag und Bundesrat im Willensbildungsprozeß der Europäischen Gemeinschaften

Schriften zum Öffentlichen Recht

Band 210

Bundestag und Bundesrat im Willensbildungsprozeß der Europäischen Gemeinschaften

Die Unterrichtung der gesetzgebenden Körperschaften nach Art. 2 des Zustimmungsgesetzes zu den Römischen Verträgen

Von

Dr. Ulf Oetting

DUNCKER & HUMBLOT / BERLIN

Gedruckt mit Unterstützung des Deutschen Bundestages

Gedruckt 1973 bei Alb. Sayffaerth, Berlin 61
Printed in Germany

ISBN 3 428 02869 4

Vorwort

Die bisherige Diskussion um die demokratische Legitimation und Kontrolle der europäischen Gemeinschaftsgewalt hat die einzelstaatlich herausgebildeten Mechanismen zur Einschaltung der nationalen Parlamente in den übernationalen Willensbildungsprozeß vernachlässigt. Das mußte in doppelter Hinsicht negative Konsequenzen nach sich ziehen: Zum einen verlief die Entwicklung derartiger „Kontroll- und Konsenssurrogate" in den verschiedenen Mitgliedstaaten außerordentlich unterschiedlich. Dadurch wurde ihre Wirkung notwendig auf den nationalen Rahmen beschränkt, ihre Effektivität auf übernationaler Ebene mithin erheblich gemindert. Und zum anderen fanden sich die beitrittswilligen Länder trotz einer dreizehnjährigen Gemeinschaftspraxis hinsichtlich der Teilhabe ihrer Parlamente am europäischen Integrationsprozeß vor dieselben Fragen gestellt, die die Gründerstaaten bereits in den Ratifikationsdebatten zu den Gemeinschaftsverträgen so unterschiedlich beantwortet hatten. Die seinerzeit zuweilen deutliche Ratlosigkeit gegenüber den neuartigen Phänomenen wurde nun noch durch die Diskussion über künftige Organstrukturen in einer Wirtschafts- und Währungsunion gesteigert.

Die vorliegende Untersuchung soll einen Beitrag dazu leisten, die hier bestehende Lücke zu schließen, indem sie Verfahren und Wirkungsweise des am weitesten institutionalisierten Mitwirkungsmechanismus darstellt. Die Arbeit hat dem Fachbereich Rechtswissenschaft der Universität Hamburg im Wintersemester 1971/72 als Dissertation vorgelegen. Dementsprechend ist das Manuskript im wesentlichen im September 1971 abgeschlossen worden.

Besonderen Dank schulde ich meinem verehrten Lehrer, Herrn Professor Dr. Hans Peter Ipsen, der die Fertigstellung der Arbeit stets mit freundlichem Rat und bereitwilliger Hilfe gefördert hat, und Herrn Professor Dr. Peter Badura, von dem die Anregung zu dieser Arbeit stammt. Zu danken habe ich darüber hinaus aber auch allen jenen Bonner und Brüsseler Beamten, die mit ihren Auskünften und präzisen Informationen zum Gelingen der Untersuchung beigetragen haben.

Ulf Oetting

Inhaltsverzeichnis

Viertes Kapitel

Fünftes Kapitel

Die Verletzung der Informationspflicht durch die Bundesregierung 101

Sechstes Kapitel

Die Entschließungen von Bundestag und Bundesrat zu den Berichten und Vorlagen der Bundesregierung 106

Abkürzungsverzeichnis

ABl.	=	Amtsblatt der Europäischen Gemeinschaften
AnnFrDrIntern.	=	Annuaire français de droit international
Ass. Nat.	=	Débats parlementaires Assemblée Nationale
AWD	=	Außenwirtschaftsdienst des Betriebs-Beraters
BayVBl.	=	Bayerisches Verwaltungsblatt
BGBl.	=	Bundesgesetzblatt
BMWF	=	Bundesministerium für Wirtschaft und Finanzen
BR	=	Bundesrat
BReg.	=	Bundesregierung
BT	=	Bundestag
BVerfG	=	Bundesverfassungsgericht
BVerfGE	=	Entscheidungen des Bundesverfassungsgerichts
CMLR	=	Common Market Law Review
DJT	=	Deutscher Juristentag
DÖV	=	Die Öffentliche Verwaltung
Dok.	=	Dokument
DVBl.	=	Deutsches Verwaltungsblatt
EA	=	Europa-Archiv
EAG	=	Europäische Atomgemeinschaft
EAGV	=	Vertrag zur Gründung der Europäischen Atomgemeinschaft
EGKS	=	Europäische Gemeinschaft für Kohle und Stahl
EP	=	Europäisches Parlament
EuGH	=	Gerichtshof der Europäischen Gemeinschaften
EuParl	=	Europäisches Parlament
EuR	=	Europa-Recht
EWG	=	Europäische Wirtschaftsgemeinschaft
EWGV	=	Vertrag zur Gründung der Europäischen Wirtschaftsgemeinschaft
FAZ	=	Frankfurter Allgemeine Zeitung
Fs.	=	Festschrift
Gazz. Uff.	=	Gazzetta Ufficiale
GG	=	Grundgesetz
GO	=	Geschäftsordnung
GOBR	=	Geschäftsordnung des Bundesrats

GOBT	=	Geschäftsordnung des Bundestags
Hand. II	=	Handelingen Twede Kamer der Staaten-Generaal
HdDStR	=	Anschütz-Thoma, Handbuch des Deutschen Staatsrechts 1930
i. V. m.	=	in Verbindung mit
JCMSt	=	Journal of Common Market Studies
J. O.	=	Journal officiel
JÖR	=	Jahrbuch des Öffentlichen Rechts der Gegenwart
JuS	=	Juristische Schulung
JZ	=	Juristenzeitung
KJ	=	Kritische Justiz
MDR	=	Monatsschrift des Deutschen Rechts
MinR	=	Ministerrat
NJW	=	Neue Juristische Wochenschrift
Parl.	=	Parlament
RevTrimDrEur	=	Revue trimestrielle de droit européen
RivDirInt	=	Rivista di diritto internazionale
RMC	=	Revue du Marché Commun
RsprGH	=	Sammlung der Rechtsprechung des Gerichtshofs der Europäischen Gemeinschaften (zuvor des Gerichtshofs der EGKS)
SEW	=	Sociaal-Economische Wetgeving
S. O.	=	Session ordinaire
StenBer	=	Stenographische Berichte
StPO	=	Strafprozeßordnung
T. O.	=	Tagesordnung
UAbs.	=	Unterabsatz
VVDStRL	=	Veröffentlichungen der Vereinigung der deutschen Staatsrechtslehrer
WRV	=	Verfassung des Deutschen Reiches v. 11. August 1919 (Weimarer Verfassung)
ZaöRV	=	Zeitschrift für ausländisches öffentliches Recht und Völkerrecht
ZustG	=	Zustimmungsgesetz

Einleitung

Kaum eine zweite Frage des Europäischen Gemeinschaftsrechts hat die wissenschaftliche Diskussion so kontinuierlich beschäftigt und zu kontroversen Äußerungen veranlaßt, wie die Frage nach der demokratischen Legitimation und Kontrolle öffentlicher Gemeinschaftsgewalt. Die Argumentationsbreite reicht von der Forderung nach der mit der Vollkommenheit der im nationalstaatlichen Bereich entwickelten Konsens- und Kontrollelemente ausgestatteten, bundesstaatlichen Gemeinschaftsverfassung[1] über die Feststellung, daß eine über das Gegebene hinausführende „Demokratisierung der Gemeinschaften" den nationalstaatlich vorgegebenen Integrationsrahmen sprengen würde[2], bis hin zu dem Nachweis, daß die öffentliche Gemeinschaftsgewalt zum einen im existenten Gemeinschaftsverfassungsrecht hinreichend konsentierte Legitimation finde und zum anderen auf Grund der Eigenart des konkreten Rechtsetzungsprozesses bei ihrer Wahrnehmung solcher Legitimation nicht zugänglich sei und ihrer auch nicht bedürfe[3]. In den beitrittswilligen Ländern schließlich, vor allem in Großbritannien, aber auch in Norwegen, wurde die „undemokratische Gemeinschaftsstruktur" als Begründung für die Unzulässigkeit der mit dem Beitritt verbundenen Kompetenzentäußerung angeführt[4]. Nur selten, und dann meist ganz am Rande, wurde dabei die Wirkungsweise bestehender von den mitgliedstaatlichen Verfassungen bereitgestellter Kontroll- und Konsensmechanismen im Hinblick auf die Gemeinschaftsgewalt untersucht.

Gegenstand der vorliegenden Arbeit ist das Unterrichtungsverfahren nach Art. 2 des deutschen Zustimmungsgesetzes zu den Römischen Verträgen. Sie wendet sich damit einem jener angesprochenen Mechanismen zu, die das nationale Parlament in den Willensbildungsprozeß zu den Gemeinschaftsakten auf eine der gegenwärtigen Gemeinschaftsverfassung adäquate Weise zu integrieren versuchen. Die im Rahmen dieses durch Art. 2 begründeten und in bisher dreizehnjähriger Parla-

[1] In neuerer Zeit so vor allem *Rupp*, NJW 1970, S. 358 ff.; kritisch dazu *Ipsen*, Verfassungsperspektiven, S. 10 ff.

[2] *Badura*, VVDStRL H. 23, S. 73 f. unter Hinweis auf Art. 79 GG.

[3] *Ipsen*, Fusionsverfassung, S. 60 f.; *ders.*, Verfassungsperspektiven, S. 18 f.; *Martens*, EuR 1970, S. 209 ff.; kritisch dazu: *Wagner*, Staat 1970, S. 268 f.

[4] Vgl. etwa *Jay*, After the Common Market, S. 30 ff.: „If ... Britain were to join the Common Market the British Parliament would be transferring power over their own affairs out of their own hands, and handing it over to an undemocratic body, not responsible to anyone ..."

mentspraxis entwickelten Verfahrens festgestellten Grenzen können zugleich Aufschluß geben über die Effektivität und Limitiertheit mittelbarer demokratischer Legitimation und Kontrolle im überstaatlichen Bereich. Art. 2 ZustG lautet:

„Die Bundesregierung hat Bundestag und Bundesrat über die Entwicklungen im Rat der Europäischen Wirtschaftsgemeinschaft und im Rat der Europäischen Atomgemeinschaft laufend zu unterrichten. Soweit durch den Beschluß eines Rats innerdeutsche Gesetze erforderlich werden oder in der Bundesrepublik Deutschland unmittelbar geltendes Recht geschaffen wird, soll die Unterrichtung vor der Beschlußfassung des Rats erfolgen."

Das im Rahmen dieser Vorschrift entwickelte Verfahren nimmt inzwischen einen umfangreichen Teil der parlamentarischen Praxis von Bundestag und Bundesrat ein[5]. Gleichwohl wurde ihm in der Literatur bislang nahezu keine Beachtung geschenkt[6]. Das mag seine Uusache einmal in der einseitigen Betrachtungsweise des Gemeinschaftsrechts durch einen großen Teil der Autoren haben, die in den Gemeinschaften eine Art Überstaat mit allen Konsequenzen für deren Verfassungsgefüge zu sehen geneigt sind, es kann jedoch auch in jener Sicht gemeinschaftsrechtlicher Phänomene begründet sein, die Gemeinschaften und Mitgliedstaaten stets in scharfer Trennung voneinander behandelt und dabei die notwendigen Interdependenzen zwischen nationalem und übernationalem Bereich vernachlässigt.

Mit Art. 2 ZustG wurde der Versuch unternommen, übernationale Entscheidungsvorgänge den nationalen parlamentarischen Instanzen transparent zu machen, um ihnen so die im Übergang von der Koordinierung nationaler Wirtschaftspolitik unintegriert, also national statt-

[5] Aufschlußreich sind etwa folgende Zahlen aus der Bundesrats-Statistik:

	verabschiedete Gesetze	bearbeitete Gemeinschaftsvorlagen
1967	107	158
1968	172	201
1969	114	146
1970	101	176

Bei dieser Statistik ist allerdings zu berücksichtigen, daß sie den tatsächlichen Arbeitsaufwand nicht erkennen läßt. Dieser wird grundsätzlich bei der Bearbeitung von Gesetzen wesentlich höher einzuschätzen sein, als bei den Gemeinschaftsvorlagen.

[6] Ein gutes Beispiel bietet hierfür das Referat von *Holtz* auf dem Colloque d'Association pour le développement de la science politique européenne, veranstaltet vom Institut d'Etudes politiques de Lyon, in dem nur an einer Stelle kurz auf Art. 2 ZustG hingewiesen wird, im übrigen das auf dieser Vorschrift basierende Informationsverfahren jedoch völlig außer Ansatz bleibt. Vgl. *Holtz,* La préparation de la décision communautaire au niveau allemand, in: La décision dans les Communautés européennes, S. 167 ff., vgl. insbesondere S. 173. Die gründlichste Würdigung des Verfahrens findet sich bisher bei *Niblock,* The EEC: National Parliaments in Community Decisionmaking (1971). Vgl. dort insbesondere die Darstellung auf S. 38 ff.

findende demokratische Legitimation und Kontrolle öffentlicher Gewalt zu ermöglichen.

Die vorliegende Untersuchung geht von dem verfassungsrechtlichen Anlaß aus, der zur Aufnahme der Vorschrift in das deutsche Ratifikationsgesetz geführt hat, um sich dann, nach einer Darstellung des Regelungsgehalts des Art. 2 und des Unterrichtungsverfahrens, der Einordnung der Unterrichtungspflicht in das System des Grundgesetzes zuzuwenden. Es folgt, nach einem kurzen Überblick über die Folgen mangelhafter Unterrichtung, eine Untersuchung der Entschließungspraxis von Bundestag und Bundesrat und der Auswirkungen des Unterrichtungsverfahrens auf den nationalen und supranationalen Entscheidungsprozeß. Den Abschluß bilden eine kurze Darstellung ähnlicher Unterrichtungsverfahren und parlamentarischer Aktivitäten in den übrigen Mitgliedstaaten und eine kritische Würdigung des gesamten Informationsverfahrens, die schließlich zu einigen konkreten Änderungsvorschlägen führt.

Erstes Kapitel

Der verfassungsrechtliche Anlaß für die Aufnahme des Artikels 2 in das Zustimmungsgesetz

I. Verfassungsmodifikationen auf Grund der Gemeinschaftsverträge

In den Ratifikationsdebatten zu den EWG- und EAG-Verträgen sahen sich Bundestag und Bundesrat vor die Aufgabe gestellt, einem Vertragswerk zuzustimmen, das den bestehenden Verfassungsaufbau der Bundesrepublik Deutschland in zentralen Teilbereichen modifizieren sollte. Betroffen waren gerade auch jene Teile der Verfassung, die die Funktion und Aufgabe der beiden Organe selbst regelten. Welches Ausmaß diese Veränderung der konstitutionellen Struktur annehmen mußte, wird deutlich, wenn man einmal die kraft Vergemeinschaftung eingetretenen Kompetenzverschiebungen und die gleichzeitig bewirkte „Mediatisierung“[1] der nationalen Kontrolle öffentlicher Gewalt betrachtet.

Dabei können die Fragen der „strukturellen Kongruenz“[2] der Gemeinschaften außer acht gelassen werden; denn hier soll es nicht darum gehen, die Grundlagen der Vergemeinschaftung im Hinblick auf umstrittene nationale Verfassungspostulate erneut in Frage zu stellen[3]. Vielmehr soll nur eine kurze Situationsanalyse den veränderten Standort der deutschen gesetzgebenden Körperschaft verdeutlichen.

---

1 *Ipsen*, Fusionsverfassung, S. 34.

2 Umfassende Darstellung der Problematik bei *Emrich*, Das Verhältnis des Rechts der Europäischen Gemeinschaften zum Recht der Bundesrepublik Deutschland, S. 136 ff.; kritisch insbesondere *Ophüls*, AWD 1964, S. 65; *Ipsen*, Fusionsverfassung, S. 30 ff., der die Untauglichkeit einer derartigen „staatsrechtlich introvertierten“ Betrachtungsweise nachweist; vgl. schließlich die Entscheidung des BVerfG in BVerfGE 23,293 = EuR 1968, S. 134 ff. (mit Anmerkung von *Ipsen*), die die Diskussion um die Legalität der deutschen Vergemeinschaftungsentscheidung zu einem vorläufigen Ende gebracht hat.

3 Zur Fruchtlosigkeit eines derartigen Ansatzes vgl. *Badura*, VVDStRL 23, S. 38 ff.

1. Die Beschränkung der „Suprematie" des nationalen Parlaments

Die Stellung des Bundestags wurde in erster Linie durch das Abwandern legislativer Kompetenzen in den übernationalen Bereich betroffen. War es bereits in Anbetracht der Prüfungs- und Verwerfungskompetenz des Bundesverfassungsgerichts nur noch mit Einschränkungen möglich, von einer Suprematie des Parlaments zu sprechen, so wurde das zumindest im Bereich der Vergemeinschaftung vollends unmöglich, nachdem die ursprünglich dem Bundestag zustehenden Gesetzgebungskompetenzen auf die Gemeinschaften „übertragen" waren. Soweit Gemeinschaftsorgane zum Erlaß von Verordnungen ermächtigt worden sind, ist die Möglichkeit geschaffen, auf dem Hoheitsgebiet der Bundesrepublik Deutschland Recht mit Gesetzesrang und mit dem Anspruch des Vorrangs gegenüber dem Akt des nationalen Parlaments ohne die Beteiligung der nationalen Legislative zu setzen. Und soweit Gemeinschaftsorgane zum Erlaß von Richtlinien oder Entscheidungen an die Adresse der Mitgliedstaaten ermächtigt worden sind, ist ihnen damit die Möglichkeit einer mehr oder minder weitgehenden Präjudizierung[4] der nationalen Legislative eröffnet. Die suprema potestas der nationalstaatlichen Verfassungsdoktrin ist damit zu einem Instrument für den Vollzug der im überstaatlichen Bereich gefällten Führungsentscheidungen geworden. Anders als die Bundesregierung wurde der Bundestag jedoch nur unvollkommen durch eine Teilhabe am Entscheidungsprozeß auf Gemeinschaftsebene entschädigt. Der außerordentlich begrenzte Kompetenzkatalog der Europäischen Versammlung ließ keinen Zweifel darüber zu, daß auch die Beteiligung der nationalen Parlamente durch die Entsendung eigener Abgeordneter nur wenig zur Integration der gesetzgebenden Körperschaften in den Willensbildungsprozeß der Gemeinschaften beitragen konnte.

Darüber hinaus schien angesichts des Mangels einschlägiger Bestimmungen in den Gemeinschaftsverträgen die Gefahr zu bestehen, daß ein wesentlicher Teil öffentlicher Gewalt aus den im nationalstaatlichen Bereich wirksamen Mechanismen demokratischer Legitimation und Kontrolle entlassen würde. Einerseits schienen die herkömmlichen Mechanismen gegenüber den Besonderheiten der supranationalen Willensbildung insbesondere des Ministerrats versagen zu müssen[5], und zum

---

[4] Zum Problem der zulässigen Regelungsintensität der Richtlinien vgl. vor allem *Zuleeg*, Das Recht der Europäischen Gemeinschaften im innerstaatlichen Bereich, S. 261 ff. (mit ausführlicher Auseinandersetzung mit den von Lehre und Praxis gefundenen Lösungen).

[5] *Kaiser*, VVDStRL 23, S. 27; *Sattler*, Funktionelle Integration, S. 100 ff.; gegen die Sattlersche Methode bei der Beurteilung der funktionellen Integration vgl. *Ipsen*, Fusionsverfassung, S. 29 Anm. 36, der zugleich neue Wege für die Beantwortung der Frage nach der Legitimierung und Kontrolle der Gemeinschaftsgewalt aufzeigt.

anderen fand auch auf Gemeinschaftsebene keine den überkommenen Vorstellungen entsprechende Legitimation und Kontrolle statt. Für den nationalen Bereich bedeutete das, daß auf dem Territorium der Bundesrepublik Deutschland auch öffentliche Gewalt ausgeübt wurde, die jedenfalls nicht mehr unmittelbar[6] vom Konsens des Bundestags als dem höchsten demokratischen Kontroll- und Legitimationsorgan abhing.

2. Modifikationen der föderalen Struktur

Zumindest ebenso umfassend war der auf Grund der Vergemeinschaftung eintretende Strukturwandel der bundesstaatlichen Ordnung. Hier wird man wiederum differenzieren können nach den Modifikationen in der Kompetenzordnung auf Bundesebene einerseits und den Modifikationen, die in dem Verhältnis zwischen dem Zentralstaat und den Gliedstaaten eingetreten sind, andererseits. Hinsichtlich der Kompetenzen des Bundesrats kann weitgehend auf das zum Bundestag Gesagte verwiesen werden. Durch das Abwandern der legislativen Bundeskompetenzen aus dem nationalen Bereich wurde den Ländern die Möglichkeit genommen, über den Bundesrat auf die Rechtsetzung selbst Einfluß zu nehmen. Berücksichtigt man, in welch hervorragendem Maß die Gesetzgebung ein Mittel moderner Regierung geworden ist, so erhellt ohne weiteres, in welchem Umfang die Kompetenzverschiebung zugleich eine Modifikation des Verhältnisses von Bundesrat und Bundesregierung bewirkte[7].

Hinsichtlich des Bund-Länder-Verhältnisses ist zunächst festzustellen, daß die Gemeinschaftsverträge die Bundesländer an keiner Stelle ausdrücklich erwähnen[8]. Sie verkennen zwar nicht die Möglichkeit gebietskörperschaftlicher Strukturierung einzelner Mitgliedstaaten, nehmen von den Bundesländern als staatlich hoheitlichen Kompetenzträgern öffentlicher Gewalt jedoch keine Kenntnis[9]. Gleichwohl sind die Auswirkungen der Gemeinschaftsverträge auf die Landeshoheit der deutschen Gliedstaaten erheblich.

Mit Gründung der Gemeinschaften begab sich nicht nur der Bund eigener Hoheitsrechte; es wurden vielmehr zugleich Hoheitsrechte der Länder auf die zwischenstaatlichen Einrichtungen übertragen. Ob der

---

[6] Zu den Mechanismen mittelbarer Kontrolle, die der Verfassungsstruktur der Gemeinschaften besser entspricht, vgl. *Ipsen*, Fusionsverfassung, S. 43 ff., 58 ff.; vgl. im übrigen dazu unten 4. Kap. I, 1. a.

[7] Vgl. dazu unten 4. Kap. II, 1. Man könnte hier in Anlehnung an das zum Bundestag Gesagte von einer Freisetzung von Teilbereichen öffentlicher Gewalt aus den Begrenzungen der vertikalen Gewaltenteilung sprechen.

[8] *Ipsen*, Hallstein-Festschrift, S. 256, spricht von der „Landesblindheit" der Gemeinschaftsverträge.

[9] Vgl. die Exegese der Verträge bei *Ipsen*, Hallstein-Festschrift, S. 256 ff.

Bund dazu nach Art. 24 Abs. 1 GG überhaupt befugt war, soll hier nicht weiter verfolgt werden[10]. Im legislativen Bereich führt die Vergemeinschaftung jedenfalls dazu, daß die Länderparlamente im Bereich ausschließlicher Länderkompetenzen wie der Bundestag entweder zur Duldung vorrangigen Gemeinschaftsrechts verpflichtet sind oder aber durch Gemeinschaftsrichtlinien beim Erlaß eigener Rechtssätze weitgehend präjudiziert sind[11]. Zwar sind derartige Fälle z. Z. noch verhältnismäßig selten, sie gewinnen aber mit fortschreitender Integration zunehmend an Bedeutung[12].

Im exekutiven Bereich führt die innerstaatliche Kompetenzverteilung der Art. 83 ff. GG dazu, daß die Länder zur verwaltungsmäßigen Durchführung von Gemeinschaftsakten verpflichtet sind[13]. Während nun bei der Ausführung des nationalen Rechts die durch das Auseinanderfallen von Rechtsetzungs- und Vollzugskompetenzen bedingte föderale Brisanz durch die Beteiligung der Gliedstaaten am Rechtsetzungsverfahren des Zentralstaates weitgehend kanalisiert wurde[14], wurde sie

---

10 Zum Streitstand vgl. *Maunz-Dürig*, Grundgesetz, Rdn. 18 zu Art. 24; *Zuleeg*, Das Recht der Europäischen Gemeinschaften im innerstaatlichen Bereich, S. 320; *Ruppert*, Die Integrationsgewalt, S. 223 f.

11 Ob die Bundesländer überhaupt zum Erlaß von Ausführungsvorschriften zum Gemeinschaftsrecht zuständig sind, ist streitig. Bejahend: *Kaiser*, ZaöRV Bd. 18 (1957/58) S. 548; *Scheuner*, Kampf um den Wehrbeitrag, S. 153; *Götz*, Europäisches Gemeinschaftsrecht und deutsches Recht, in: JZ 1963, S. 266 f.; verneinend: *Grewe*, VVDStRL 12 (1953), S. 168; *Mosler*, ZaöRV Bd. 16 (1955/1956), S. 33; man wird die Zuständigkeit der Länder im Anschluß an die überzeugenden Ausführungen *Zuleegs*, Das Recht der Europäischen Gemeinschaften, S. 319 ff. bejahen müssen. Die drohende Pflichtverletzung allein vermag angesichts der klaren innerstaatlichen Zuständigkeitsverteilung und der Erzwingbarkeit pflichtgemäßen Länderhandelns eine Zuständigkeit des Bundes noch nicht zu begründen. Ebenso *Ipsen*, Hallstein-Festschrift, S. 264, der allerdings die Länderverpflichtung zu gemeinschaftskonformem Handeln nicht aus dem Grundsatz der Bundestreue herleiten will. Diese Pflicht ergebe sich vielmehr aus der als Folge der Vergemeinschaftung eingetretenen „Mutation“ des Grundgesetzes.

12 Vgl. dazu die Zusammenstellung bei *Ipsen*, Hallstein-Festschrift, S. 261 ff. und bei *Zuleeg*, Das Recht der Europäischen Gemeinschaften, S. 316 ff. (m. w. Nachw.). Schwerpunkte des Vertragsvollzuges im Länderkompetenzbereich liegen auf den Gebieten der Berufsausbildung, der Angleichung der Vorschriften zum Schutz der öffentlichen Ordnung, Sicherheit und Gesundheit und der Angleichung des Steuerrechts.

13 Vgl. *Bülow*, Aktuelle Fragen, S. 56 f.; *Zuleeg*, Recht, S. 211 f.; *Bruns*, Staat und Wirtschaft im nationalen und übernationalen Recht (Diskussionsbeitrag) S. 153.

14 Vgl. *Smend*, Staatsrechtliche Abhandlungen, S. 270, der darauf hinweist, daß angesichts der starken Unitarisierung im modernen Bundesstaat an die Stelle der den Ländern verloren gegangenen Landesstaatsgewalt das Moment ihrer Beteiligung an der Gewalt des Zentralstaates trete. Das kann für die kraft Vergemeinschaftung eintretende Unitarisierung nicht mehr in gleicher Weise gelten. Ob allerdings dem Satz *Wagners* (Beschlußrecht, S. 219) zugestimmt werden kann, wonach der deutsche Föderalist sich darüber klar werden müsse, daß die Integration auf europäischer Ebene und die Eigenstaatlichkeit der deutschen Länder unvereinbar seien, muß bezweifelt werden.

durch die Gemeinschaftsverträge neuerdings freigesetzt; denn hier wurde im Umweg über die nationale Verfassung den Ländern die Ausführung von Rechtsakten aufgetragen, an deren Zustandekommen sie keinerlei Anteil haben sollten.

Im Rahmen des Bund-Länderverhältnisses kommt noch folgende Tatsache hinzu: Der Bund hat sich eigener Hoheitsrechte begeben, ist dafür jedoch an der Ausübung der entsprechenden Hoheitsrechte auf Gemeinschaftsebene beteiligt. Die Länder haben dagegen nicht nur eigene Hoheitsrechte aufgegeben, ohne dafür ein Beteiligungsrecht zu erhalten; ihre Kompetenzen sind vielmehr darüber hinaus einseitig dem Bund zugewachsen, der nunmehr an der Ausübung von Gemeinschaftsgewalt auch auf Gebieten beteiligt ist, die vor dem Beitritt infolge der innerstaatlichen Kompetenzverteilung seiner Einflußnahme entzogen waren.

Diese Konsequenzen der Integration für den nationalen Verfassungsaufbau wurden von den gesetzgebenden Körperschaften in mehr oder weniger deutlicher Weise auch erkannt. Insbesondere im Bundesrat fehlte es nicht an eindringlichen Warnungen, die bei grundsätzlichem Bekenntnis zur Integration auf die Möglichkeit einer „Provinzialisierung“[15] der Bundesländer als Folge der Vergemeinschaftung hinwiesen. Es war daher nur natürlich, daß der Bundesrat angesichts der vollkommenen Nichtbeachtung der föderalen Struktur der Bundesrepublik Deutschland durch die Gemeinschaftsverträge versuchte, wenigstens auf nationaler Ebene föderale Elemente in den Willensbildungsprozeß zu den Gemeinschaftsakten einfließen zu lassen.

II. Die Entstehungsgeschichte des Art. 2 ZustG

1. Die Ratifizierungsdebatten zum EGKS-Vertrag

Die Darstellung der Entstehungsgeschichte des Art. 2 ZustG hat schon 1951 mit den Ratifizierungsdebatten zum EGKS-Vertrag zu beginnen. Denn hier unternahm der Bundesrat bereits den ersten Versuch, die Bundesländer in den nationalen Willensbildungsprozeß zu supranationalen Entscheidungsvorgängen einzuschalten. Die institutionelle Ausgangslage war nahezu identisch mit derjenigen in den Debatten zu dem EWG- bzw. EAG-Vertrag. Es kann daher nicht verwundern, daß sechs Jahre später die in den Montan-Debatten verwendeten Argumente im wesentlichen nur noch einmal wiederholt wurden.

---

[15] So der Berichterstatter *Weber* in der 181. Sitzung des BR am 19. 7. 1957. Vgl. StenBerBR 1957, S. 743 (D).

a) *Der „erste Durchgang" im Bundesrat*

Der Regierungsentwurf des Ratifikationsgesetzes zum EGKS-Vertrag enthielt in seinem Art. 3 die Feststellung: „Die verfassungsmäßigen Rechte des Bundesrats sind gewahrt[16]." An diese Bestimmung anknüpfend führt der nordrhein-westfälische Ministerpräsident *Arnold* als Berichterstatter des Bundesrats in der Debatte zum ersten Durchgang des Zustimmungsgesetzes[17] aus, es bestünde die Gefahr, daß die Länder von der Mitwirkung bei der Gesetzgebung ausgeschlossen und „zu reinen Verwaltungseinheiten herabgedrückt"[18] würden. Bei der Zustimmung zum Montanvertrag gehe es daher „um die grundsätzliche Zuständigkeit des Bundesrats als gesetzgebender Körperschaft und Vertretung der Länderinteressen, also um seine Existenz überhaupt"[19]. Arnold stellt die Frage, ob eine derartige Entwicklung noch mit Art. 79 Abs. 3 GG vereinbar wäre. Bedenklich erscheine es insbesondere, daß von den drei zur politischen Willensbildung des Bundes berufenen Organen, Bundestag, Bundesrat und Bundesregierung, allein der Bundestag und die Bundesregierung an der übernationalen Willensbildung beteiligt seien, nicht jedoch auch die Ländervertretung, obwohl gerade die Mehrzahl der auf die Gemeinschaft übertragenen Hoheitsrechte dem Länderbereich entstammten.

Zwar könne man die Vertragsbestimmungen nicht mehr abändern; den Ländern müsse jedoch im Rahmen der innerstaatlichen Organisation ein Einfluß auf den deutschen Vertreter im Besonderen Ministerrat eingeräumt werden[20]. Das könne dadurch gesichert werden, daß die Länder auf Grund gesetzlicher Bestimmung in die Instruktionserteilung an die deutschen Ratsmitglieder eingeschaltet würden[21]. Die Notwendigkeit einer derartigen Regelung ergäbe sich auch aus der Tatsache, daß gerade die Länder die erforderlichen Durchführungs- und Anpassungsmaßnahmen zu den Gemeinschaftsbeschlüssen zu erlassen haben und daher zwangsweise frühzeitig informiert sein müßten.

Der damalige Bundeskanzler *Adenauer* erkannte in der Sitzung das Bedürfnis der Länder, bei der Durchführung übernationaler Abkommen

---

16 BR-Drucks. 470/51; diese Formel fand dann auch Eingang in das Ratifikationsgesetz. Vgl. BGBl. II S. 445. Es handelte sich dabei um die übliche klarstellende Formel in nicht zustimmungsbedürftigen Gesetzen. Die Zustimmungsbedürftigkeit war hier umstritten. Zur Argumentation der Bundesregierung vgl. die amtliche Begründung zum Entwurf des Ratifikationsgesetzes, BT-Drucks. I/2401 Anl. 1.

17 61. Sitzung des BR am 27. 7. 1951, StenBerBR 1951, S. 439 ff.

18 StenBerBR 1951, S. 445 (D).

19 StenBerBR 1951, S. 445 (C); vgl. auch ebenda S. 446 (A): „Liquidierung der Länder".

20 Ebenda, S. 446 (B).

21 Ebenda, S. 446 (C).

beteiligt zu werden, grundsätzlich als berechtigt an[22], wollte eine Regelung der Frage jedoch einem späteren Durchführungsgesetz zum Schuman-Plan vorbehalten wissen. Im übrigen betonte er, daß das deutsche Ratsmitglied stets bei wichtigen Angelegenheiten mit den Wirtschaftsministerien insbesondere der betroffenen Länder Fühlung aufnehmen würde.

Das Problem wurde in der weiteren Debatte nicht erneut angesprochen. In dem abschließenden Beschluß des Bundesrats an die Adresse der Bundesregierung heißt es dann unter Nr. 5[23]: „Außerdem wird verlangt, daß bei der Willensbildung der deutschen Stellen im Rahmen des Schuman-Plans die Mitwirkung des Bundesrats vor der Ratifizierung im Gesetz sichergestellt wird."

b) Die Initiative Nordrhein-Westfalens

Am 6. September 1951[24] brachte Nordrhein-Westfalen einen Entwurf eines Gesetzes zur Durchführung der Nr. 5 des Bundesratsbeschlusses ein[25]. Man wollte sichergehen, daß eine entsprechende Regelung vor Annahme des Ratifikationsgesetzes beschlossen wurde. Zur Begründung verwies der Berichterstatter *Spieker* wiederum auf Art. 50 und 79 Abs. 3 GG, die auf die Rechtsetzung durch die Organe der Montan-Union sinngemäß anzuwenden seien[26]. Da eine Beteiligung der Länder auf überstaatlicher Ebene „nicht möglich und wohl auch nicht tunlich"[27] sei, wolle man die Erteilung von Weisungen an das deutsche Ratsmitglied von der vorherigen Konsultation eines besonderen Ausschusses von Ländervertretern abhängig machen. Aus Praktikabilitätsgründen habe man davon Abstand genommen, die Weisungen von der vorherigen Einigung zwischen Bundesregierung und Ausschuß abhängig zu machen.

Der Gesetzentwurf wurde dem auswärtigen Ausschuß überwiesen[28] und dann vom Bundesrat nicht weiter behandelt, nachdem die Bundesregierung einen entsprechenden Regierungsentwurf[29] eingebracht hatte. Dieser Regierungsentwurf wurde allerdings am 20. 12. 1951 zurückgezogen, weil bereits am 18. 12. 1951 ein gleichgerichteter Initiativantrag der CDU/CSU-Fraktion zu einem „Entwurf eines Gesetzes zur Durch-

---

[22] Vgl. StenBerBR 1951, S. 447 (D) f.: „In den letzten Ausführungen des Herrn Ministerpräsidenten Arnold über die Beteiligung der Länder bei der Durchführung übernationaler Abkommen steckt ein richtiger Kern."

[23] Vgl. BT-Drucks. I/2401 Anl. 4.

[24] In der 66. Sitzung des BR.

[25] Vgl. BR-Drucks. 631/1/51.

[26] Vgl. StenBerBR 1951, S. 608 ff.

[27] StenBerBR 1951, S. 609 (D).

[28] StenBerBR 1951, S. 610 (A).

[29] BR-Drucks. 775/51.

führung des Gesetzes betreffend den Vertrag zur Gründung der Europäischen Gemeinschaft für Kohle und Stahl vom 18. April 1951" eingebracht worden war[30]. Art. 1 dieses Initiativantrags lautete:

(1) Die Bundesregierung erteilt, von Eilfällen abgesehen, ihre Weisungen an den nach Art. 27 des Vertrages zu entsendenden Vertreter im Rat der Gemeinschaft nach Beratung mit einem Ausschuß von Ländervertretern.

(2) Die Bundesregierung und der Bundesrat regeln die Bildung des Ausschusses und sein Verfahren in gegenseitigem Einvernehmen.

c) Die Beratungen im Bundestag

Im Bundestag war zwar vereinzelt von der Opposition die geringe demokratische Legitimation und Kontrolle der supranationalen öffentlichen Gewalt bemängelt worden[31]; zu konkreten Anträgen führten diese Klagen jedoch nicht.

In der zweiten und dritten Beratung wies dann der Berichterstatter darauf hin, daß die beratenden Ausschüsse die Erklärung der Bundesregierung zur Kenntnis genommen hätten, wonach dem Wunsch des Bundesrats nach einer Mitwirkung in einem besonderen Gesetz Rechnung getragen werden solle[32]. Eine bestimmte Empfehlung der Ausschüsse für die Annahme oder Ablehnung des CDU/CSU-Initiativantrags wurde jedoch nicht ausgesprochen. Zwar setzte sich der Bundeskanzler noch einmal für diesen Entwurf ein[33]; abgesehen von vereinzelten Erörterungen über den Regelungsumfang von Art. 24 GG[34] wurde die föderale Problematik jedoch nicht mehr diskutiert.

In der abschließenden Abstimmung wurde der Entwurf dann mit einer Zufallsmehrheit von vier Stimmen abgelehnt[35]. Gleichwohl hat der Bundesrat nicht von seinem Recht Gebrauch gemacht, den Vermittlungsausschuß anzurufen, um die Aufnahme einer entsprechenden Vorschrift in das Ratifikationsgesetz zu erzwingen.

d) Der zweite Durchgang im Bundesrat

Im zweiten Durchgang erklärte sich der Bundesrat im wesentlichen mit einer Erklärung des Bundeskanzlers vom 17. 1. 1952 vor dem auswärtigen Ausschuß des Bundesrats zufriedengestellt und faßte in der abschließenden Entschließung dann unter Ziff. IV zusammen[36]:

---

[30] BT-Drucks. I/2951.

[31] So etwa der Abgeordnete *Schmid* (Tübingen), StenBerBT I, S. 6512 (B).

[32] Vgl. den schriftlichen Bericht, StenBerBT I, S. 7649 (D), ebenso der Berichterstatter *Preusker*, StenBerBT I, S. 7595 (A).

[33] Vgl. StenBerBT I, S. 7597 (C/D).

[34] Vgl. die Ausführungen des Abgeordneten *Veit*, StenBerBT I, S. 7729 (A) und des Abgeordneten *v. Merkatz*, StenBerBT I, S. 7736 (D).

[35] Vgl. StenBerBT I, S. 7780 (A). Der Antrag war mit 184 zu 188 Stimmen bei zwei Enthaltungen abgelehnt worden.

[36] Vgl. StenBerBR 1952, S. 33 (A).

„Der Bundesrat nimmt Kenntnis von der Erklärung des Herrn Bundeskanzler, daß die Bundesregierung das Verlangen des Bundesrates nach einer Mitwirkung bei der Willensbildung der deutschen Stellen im Rahmen des Schuman-Planes als berechtigt anerkennt und demgemäß bereit ist, einen Unterausschuß des auswärtigen Ausschusses des Bunderats laufend über die Vorgänge in der weiteren Entwicklung und Durchführung des Vertragswerks zu unterrichten sowie zu Fragen, bei denen einzelne Länder besonders beteiligt sind, diese Länder besonders zu hören. Der Bundesrat spricht darüber hinaus den Wunsch aus, daß aus Anlaß der Schaffung von Ausführungsgesetzen zum Schuman-Plan die in Ziff. 5 seines Beschlusses vom 27. Juni 1951 (BR-Drucks. Nr. 470/51) geforderte gesetzliche Sicherung einer Mitwirkung des Bundesrates herbeigeführt wird. Der Bundesrat gibt der Erwartung Ausdruck, daß bis zu einer derartigen gesetzlichen Regelung seinem Verlangen auf Mitwirkung in der von dem Herrn Bundeskanzler zugesicherten Form der Unterrichtung und Anhörung in ausreichendem Maße Rechnung getragen wird."

Damit waren die Bemühungen des Bundesrats um eine gesetzliche Regelung seines Einflusses auf die innerdeutsche Willensbildung zu den Gemeinschaftsrechtsakten vorerst gescheitert. Inwieweit die Bundesregierung den Bundesrat bzw. die Bundesländer tatsächlich unterrichtet hat, läßt sich nicht feststellen. Abgesehen von seinen allgemeinen Klagen über eine mangelhafte Unterrichtung nach Art. 53 S. 3 GG hat sich der Bundesrat dazu nicht geäußert[37].

2. Die Ratifizierungsdebatten zum EWG-Vertrag und EAG-Vertrag

a) Der erste Durchgang im Bundesrat

Wie in den Ratifizierungsdebatten zum EGKS-Vertrag war es auch bei den Beratungen zum Zustimmungsgesetz zum EWG-Vertrag und zum EAG-Vertrag zunächst der Bundesrat, der seine Teilhabe an der Vertragsdurchführung normativ sichern wollte. In seinem mündlichen Bericht zum ersten Durchgang des Ratifikationsgesetzes im Bundesrat[38] begründet der Berichterstatter Weber nach längeren Ausführungen zum politischen Hintergrund und zum Regelungsgehalt der Verträge zunächst das Anliegen des Bundesrats, in einem Artikel 2 a des Zustimmungsgesetzes auch die Beteiligung des Bundesrats an der Entsendung von Abgeordneten in die Europäische Versammlung sicher-

[37] Zwar hob der BR-Präsident zu Beginn der Ratifikationsdebatte zu den EWG- und EAG-Verträgen lobend die Einschaltung des BR und der Länder durch die Bundesregierung hervor (vgl. StenBerBR 1957, S. 609 [B]); diese Bemerkung bezog sich jedoch allein auf die Verhandlungen über den Abschluß der Verträge, nicht jedoch auf die vorangegangene Praxis in der Montanunion. Dazu wurde auch im Rahmen der weiteren Debatte nichts gesagt.

[38] In der 176. Sitzung des BR am 3. 5. 1957. Vgl. StenBerBR 1957, S. 609 (B) ff.

zustellen[39]. Dazu verwies er wie schon der Berichterstatter zum EGKS-Vertrag insbesondere darauf, daß durch die Verträge auch Hoheitsrechte der Länder übertragen würden. Es könne keinem Zweifel unterliegen, daß die Verträge in sehr umfangreicher Weise auf die wirtschaftliche und rechtliche Struktur der Länder einwirkten. Sie griffen entscheidend in Hoheitsrechte der Länder ein und seien darüber hinaus ohne die Mitwirkung der Bundesländer überhaupt nicht durchzuführen[40].

Diese Überlegungen machten es zu „einer politischen Forderung ersten Ranges", daß die Länder und der Bundesrat auch an der Durchführung der Verträge beteiligt blieben. Das solle nicht nur durch die Entsendung von elf Abgeordneten des Bundesrats in die Europäische Versammlung geschehen, vielmehr werde die Einfügung eines Art. 2 b in das Zustimmungsgesetz vorgeschlagen, der folgenden Wortlaut haben sollte:

„In Ausführung des Art. 32 Abs. 2 und Art. 53 des Grundgesetzes werden Weisungen an den nach Art. 146 des Vertrages zur Gründung der Europäischen Wirtschaftsgemeinschaft sowie den nach Art. 116 des Vertrages zur Gründung der Europäischen Atomgemeinschaft zu entsendenden Vertreter der Bundesrepublik durch die Bundesregierung nach Beratung mit dem Bundesrat erteilt."

Der Bundesrat schloß sich den Ausführungen seines Berichterstatters an und beschloß einstimmig eine Stellungnahme gem. Art. 76 Abs. 2 GG, in der er unter anderem für die Aufnahme der Art. 2 a und 2 b in das Zustimmungsgesetz eintrat[41]. Zur Begründung für den vorgeschlagenen Art. 2 b heißt es dort:

„Die vorgeschlagene Bestimmung stellt lediglich eine Präzisierung der Bestimmung des Grundgesetzes für den Einzelfall dar, nach der der Bundesrat von der Bundesregierung über die Führung der Geschäfte auf dem laufenden zu halten ist (Art. 53 GG). Es entspricht auch der Intention des Art. 32 Abs. 2 GG, wenn der Bundesrat, durch den die Länder an der Gesetzgebung des Bundes mitwirken, in der vorgesehenen Weise eingeschaltet wird.

Der Rat der EWG wie der von Euratom erhalten Befugnisse, die Rechtsetzungs- wie Verwaltungscharakter haben. Dabei betreffen die vom Rat zu ordnenden Materien zum Teil Hoheitsrechte der Länder, die nunmehr — anteilmäßig im Rat — von der Bundesregierung allein wahrgenommen

---

[39] Vgl. StenBerBR 1957, S. 614 (B) f. Deer BR hatte unter dem EGKS-Vertrag vergeblich versucht, an der Entsendung der deutschen Abgeordneten in die Versammlung beteiligt zu werden. Die Bundesregierung enthielt sich stets sachlicher Stellungnahmen zu diesem Problem, weil es sich dabei primär um das Verhältnis von BT und BR handle (so etwa die Ausführungen des Staatssekretärs *Hallstein*, StenBerBR 1957, S. 618 [C/D]). In ihrer Stellungnahme zu den Änderungsvorschlägen des BR hielt sie es allerdings für zweckmäßig, diese Frage gesondert, also nicht im Zusammenhang mit der Ratifizierung zu entscheiden. Vgl. BT-Drucks..II/3440, S. IV.

[40] Vgl. StenBerBR 1957, S. 615 (A) f.

[41] Vgl. unter I der BR-Drucks. 146/1/57.

werden. Die Schaffung eines Anhörungsrechts und eines beschränkten Konsultationsrechts des Bundesrats bei der Wahrnehmung durch die Bundesregierung ist mithin durch den mit der Schaffung der Europäischen Gemeinschaft eingetretenen Strukturwandel der deutschen bundesstaatlichen Ordnung gerechtfertigt und schafft für diesen Wandel nur in sehr geringem Umfang einen Ausgleich.

Auch darüber hinaus haben die Bundesländer, die durch die Entscheidungen des Rates getroffen werden, ein erhebliches Interesse an der Einwirkungsmöglichkeit auf die in Entwicklung befindliche Europäische Gemeinschaft."

Die Bundesregierung nahm dazu wie folgt Stellung:

„Der Antrag des Bundesrats, dem Zustimmungsgesetz einen neuen Art. 2 b einzufügen, wonach der Bundesrat bei der Erteilung von Weisungen an die deutschen Regierungsvertreter beratend mitwirken soll, stößt auf erhebliche Bedenken.

Es ist fraglich, ob für die vom Bundesrat gewünschte Mitwirkung überhaupt eine Möglichkeit besteht. Seine Einschaltung würde ferner auch die Bearbeitung der in den Gemeinschaften anstehenden Fragen wesentlich erschweren, zumal anzunehmen ist, daß Weisungen, auch solche von erheblicher Bedeutung, laufend in den verschiedensten Bereichen werden erteilt werden müssen.

Auch den rechtlichen Darlegungen des Bundesrats kann die Bundesregierung nicht folgen. Weder Art. 32 Abs. 2 noch Art. 53 des Grundgesetzes enthalten eine Rechtsgrundlage für die vom Bundesrat gewünschte Beratung der an die deutschen Regierungsvertreter zu erteilenden Weisungen. Art. 32 Abs. 2 regelt den Fall, daß die besonderen Verhältnisse eines Landes berührt werden, während es sich hier um Vorgänge handelt, die alle Länder betreffen.

Art. 53 verpflichtet die Bundesregierung, den Bundesrat über die Führung der Geschäfte auf dem laufenden zu halten, nicht jedoch, die von ihr zu treffenden einzelnen Entscheidungen vorher mit dem Bundesrat zu beraten.

Die Bundesregierung hat wiederholt erklärt, daß sie bereit ist, im Rahmen ihrer Informationspflicht gem. Art. 53 GG den Bundesrat insbesondere über die Arbeiten der Europäischen Gemeinschaften im weitesten Umfang zu unterrichten[42]."

b) Die Beratungen im Bundestag

Im Bundestag kam das Anliegen des Bundesrats in der ersten Lesung noch nicht zur Sprache[43]. Lediglich der Abgeordnete *Margulies* stellte im Rahmen einer kritischen Betrachtung der parlamentarischen Kontrolle von Gemeinschaftsgewalt fest: „Die Tatsache, daß der Bundesrat hier aus der Legislative ausgeschaltet worden ist, muß er selbst werten, und er wird das zu vertreten haben[44]." Im übrigen wurden zwar wiederholt die unzureichenden Kompetenzen der parlamenta-

---

42 BT-Drucks. II/3440 S. V.

43 Vgl. die 200. Sitzung des BT am 21. 3. 1957, StenBerBT II S. 11 327 f.

44 StenBerBT II S. 11 353 (B).

rischen Versammlung beklagt[45], zu konkreten Anträgen kam es jedoch nicht.

In den folgenden Beratungen des 3. Sonderausschusses (Gemeinsamer Markt/Euratom) wurden dann jedoch die Zusatzanträge des Bundesrats ausführlich diskutiert. Dabei wurde zunächst einhellig der Standpunkt vertreten, daß die Beteiligung des Bundesrats bei der Entsendung von Delegierten in die Gemeinsame Versammlung erst in einem besonderen später zu erlassenden Gesetz geregelt werden sollte[46].

Der Vorschlag des Bundesrats für einen Art. 2 b, wonach der Bundesrat in die Weisungserteilung an das deutsche Ratsmitglied eingeschaltet werden sollte, wurde dagegen in den letzten Ausschußberatungen von den Vertretern der FDP-Fraktion in gewisser Abwandlung für die Belange des Bundestags aufgegriffen. Eine erste Formulierung, die die Weisungserteilung in bestimmten Fällen an die Zustimmung des Bundesrats band[47], wurde allerdings wegen verfassungsrechtlicher und praktischer Bedenken verworfen. In einer weiteren Sitzung wurde dann jedoch zusammen mit Vertretern der Bundesregierung[48] die heute gültige Fassung des Art. 2 erarbeitet.

Diese Fassung des Zustimmungsgesetzes wurde dann in der 3. Lesung im Bundestag allgemein akzeptiert[49]. Soweit hier überhaupt auf diese Vorschrift eingegangen wurde, wurde sie nunmehr in den großen Rahmen der Modifikationen des parlamentarischen Regierungssystems gestellt. So führte der Abgeordnete *Mommer* aus, nachdem er zunächst festgestellt hatte, daß das Parlament zugunsten einer Bürokratie seiner Rechte beraubt werde:

„Wir haben in das Ratifikationsgesetz ... ein Maximum an Möglichkeiten eingebaut, den deutschen Vertreter im Rat unter den Einfluß des Bundestags zu bringen. Aber wir müssen uns darüber im klaren sein, daß das nur

---

[45] Außer dem Abgeordneten *Margulies* insbesondere der Abgeordnete *Stegner*, aaO, S. 11 369 (A) f. und der Abgeordnete *Furler*, aaO, S. 11 347 (C).

[46] Vgl. den schriftlichen Bericht des 3. Sonderausschusses, BT-Drucks. II/3660 S. 13.

[47] Diese Fassung des Art. 2 b sah vor, daß die Bundesregierung gehalten sein sollte,
„a) daß der Vertreter der Bundesrepublik Deutschland im Rat seine Weisungen nicht nur von dem gegebenenfalls vorzusehenden Ressortminister, sondern durch das gesamte Kabinett erhält,
b) daß vor der Weisungserteilung die Zustimmung des Bundesrats in all den Fällen eingeholt werden muß, in denen diese Weisungen Bindungen der Bundesregierung beinhalten, die innerdeutsche Gesetze erforderlich machen".

Vgl. BT-Drucks. II/3660 S. 13.

[48] Vgl. die Ausführungen des Berichterstatters *Furler*, StenBerBT II S. 13317.

[49] In der 224. Sitzung des BT am 5. 7. 1957. Die zweite Lesung fand in derselben Sitzung ohne Aussprache statt. Vgl. StenBerBT II S. 13 314 (C) ff.

ein schwacher Ersatz für den Verlust an Rechten und für das Nicht-wiederfinden dieser Rechte im Europäischen Parlament ist[50]."

Und der Abgeordnete *Margulies* betonte daran anschließend:

„Aber leider ist es nicht dazu (sc.: zu einer echten parlamentarischen Kontrolle durch ein Europäisches Parlament) gekommen, und die Hilfskonstruktionen, die wir in das Ratifizierungsgesetz eingebaut haben, sind ja kein Ersatz für die fehlende parlamentarische Kontrolle. Mag es bei den Zöllen noch angehen[51], — aber die Unterrichtungspflicht bzw. die Konsultationspflicht ist doch eigentlich in demokratisch regierten Ländern eine Selbstverständlichkeit. Daß eine Regierung mit ihrem Parlament zusammenspielt, versteht sich doch von selbst[52]."

Nachdem der Bundesaußenminister *v. Brentano* dagegen betont hatte, daß die Mitglieder des Ministerrats ihrerseits ja einer parlamentarischen Kontrolle unterlägen und in diesem Rahmen auch die „fortlaufende Konsultation" des Bundestags sehen wollte[53], wies der Abgeordnete *Deist* schließlich noch auf eine andere mögliche Funktion der Information hin: Man wolle jeweils frühzeitig im einzelnen über die wirtschaftlichen Auswirkungen unterrichtet werden, damit man in der Lage sei, etwa notwendige Konsequenzen zu ziehen[54].

In der Schlußabstimmung wurden zwei nahezu gleichlautende Entschließungsanträge der SPD-Fraktion[55] bzw. der Fraktionen der CDU/CSU, DP (DVP)[56] angenommen. Beide sprachen die Erwartung aus, daß die Stellung der Europäischen Versammlung gestärkt und vor allem so entwickelt werde, daß alle parlamentarischen Rechte, auf welche die nationalen Parlamente der Mitgliedstaaten durch die Ratifikation der Verträge verzichteten, auf das Europäische Parlament übergingen und die Stärkung der Kontrollbefugnisse der Versammlung verbunden werde mit einer Weiterentwicklung der Kompetenzen der Kommission[57].

c) Der zweite Durchgang im Bundesrat

Der Bundesrat stimmte der vom Bundestag beschlossenen Fassung des Ratifikationsgesetzes im zweiten Durchgang gegen einen Antrag des Landes Nordrhein-Westfalen zu[58].

---

50 StenBerBT II S. 13 321 (C).

51 Gem. Art. 3 ZustG ist die Bundesregierung ermächtigt, Zoll-Verordnungen, die zur Durchführung des EWG-Vertrags und des EAG-Vertrags erlassen werden, nur mit Zustimmung des BT zu erlassen. Nach Abs. 2 ist die Zustimmung nicht erforderlich, wenn der BT einem als dringlich bezeichneten Verordnungs-Entwurf nicht binnen drei Wochen widersprochen hat. Dem BR muß Gelegenheit gegeben werden, binnen 14 Tagen Stellung zu nehmen.

52 StenBerBT II S. 13 323 (D).

53 StenBerBT II S. 13 333 (A/B).

54 StenBerBT II S. 13 340 (C).

55 Umdruck 1298, vgl. StenBerBT II S. 13 463 (C) f.

56 Umdruck 1300, vgl. StenBerBT II S. 13 464 (B) f.

57 Vgl. Nr. 5 des SPD-Entwurfs und Nr. 8 des Entwurfs der CDU/CSU und der DP (FVP).

Nordrhein-Westfalen hatte beantragt, den Vermittlungsausschuß aus zwei Gründen anzurufen: Zum einen hielt es eine Regelung der Beteiligung an der Zusammensetzung des Europäischen Parlaments im Zustimmungsgesetz für erforderlich. Die entsprechende Absichtserklärung der Bundesregierung, in einem späteren Gesetz für die Berücksichtigung der Bundesratsinteressen sorgen zu wollen, böte keine hinreichende Sicherheit. Und zum anderen war es der Auffassung, daß die in Art. 2 Zustimmungsgesetz vorgesehene Unterrichtung nicht nur vor Beschlußfassung im Rat, sondern bereits vor der Erteilung von Weisungen an das deutsche Ratsmitglied erfolgen müsse[59]. Der Berichterstatter des auswärtigen Ausschusses stellte zwar noch einmal die grundsätzlichen Bedenken der Länder hinsichtlich der Auswirkungen der Verträge auf den föderalen Aufbau der Bundesrepublik Deutschland dar[60], hielt die Bedenken gegen die Fassung des Zustimmungsgesetzes jedoch nicht für schwerwiegend genug, um den Antrag Nordrhein-Westfalens zu unterstützen. Hinsichtlich der Beteiligung des Bundesrats an der Zusammensetzung des Europäischen Parlaments gab man sich mit der Erklärung der Bundesregierung zufrieden[61]. Der Bundesrat schloß sich mit großer Mehrheit diesen Ausführungen an.

d) Die Initiative der FDP 1964

1964 unternahm die FDP-Fraktion im Bundestag einen Versuch, Art. 2 Zustimmungsgesetz zu ändern. Die Bundesregierung sollte in einer Entschließung des Bundestags aufgefordert werden, in den Ministerräten von EWG und Euratom folgenden Beschluß herbeizuführen[62]:

„Vor jedem Beschluß des Ministerrats ist das Europäische Parlament zu dem zur Entscheidung stehenden Vorschlag zu konsultieren. Änderungsvorschläge des Europäischen Parlaments gegenüber dem Entwurf können vom Rat nur einstimmig verworfen werden. In diesem Falle ist dem Europäischen Parlament die Entscheidung mit Begründung unverzüglich mitzuteilen."

Darüber hinaus sollte die Bundesregierung ersucht werden,

„zu dem Gesetz zu den Verträgen vom 25. März 1957 zur Gründung der Europäischen Wirtschaftsgemeinschaft und der Europäischen Atomgemein-

---

58 Vgl. StenBerBR von der 181. Sitzung des Bundesrats am 19. 7. 1957 S. 742.

59 Vgl. BR-Drucks. 343/57 und die Ausführungen des nordrhein-westfälischen Ministers für Bundesangelegenheiten *Siemsen* im Bundesrat, StenBerBR 1957 S. 745 (A) ff.

60 Unter Übernahme der Formulierung des BR-Präsidenten *Sieveking*, daß hier eine „Mediatisierung" der Länder drohe. StenBerBR 1957 S. 743 (D).

61 In der Praxis stellten sich die Bedenken Nordrhein-Westfalens als begründet heraus. Die Bundesregierung brachte zwar, wie zugesagt, einen entsprechenden Regierungsentwurf ein, dieser Entwurf kam jedoch nie über die Ausschußberatungen hinaus. Vgl. BT-Drucks. III/130.

62 Vgl. den entsprechenden Entschließungsantrag der FDP-Fraktion vom 19. 3. 1964, BT-Drucks. IV/2091.

schaft vom 27. Juli 1957 (BGBl. II S. 752) für die Zeit, in der eine ausreichende parlamentarische Kontrolle der europäischen Organe noch nicht gegeben ist, einen Änderungsvorschlag bis zum 30. Juni 1964 vorzulegen, der vorsieht, daß die Bundesregierung ihre Zustimmung zu einer Entscheidung in den Ministerräten der Europäischen Gemeinschaft nicht gibt, bevor sie einen Beschluß des Deutschen Bundestages über den anstehenden Gegenstand herbeigeführt hat".

Dieser Antrag wurde gemeinsam mit drei anderen Anträgen zur „Demokratisierung der Europäischen Gemeinschaften", darunter dem Entwurf eines Gesetzes über die Wahl der deutschen Mitglieder in das Europäische Parlament eingebracht[63] und wurde mit diesen an die Ausschüsse überwiesen. In der kurzen Aussprache waren hinsichtlich des zweiten Teils des FDP-Antrags Bedenken laut geworden. Zwar hatte der Abgeordnete *Margulies* in seiner Antragsbegründung klargestellt, daß die FDP keine Bindung des deutschen Ratsmitgliedes an die Bundestagsbeschlüsse herbeiführen wolle[64], man befürchtete jedoch gleichwohl, daß ein derartiges Verfahren eine starke Beeinträchtigung der Funktionsfähigkeit der Gemeinschaftsorgane mit sich brächte[65]. Der Antrag ist danach im Plenum nicht wieder behandelt worden.

III. Die Funktion der Informationspflicht

Bereits ein kurzer Überblick über die verschiedenen Ausführungen in den Ratifikationsdebatten läßt die recht unterschiedlichen Intentionen erkennen, die mit der Aufnahme des Art. 2 in das Ratifikationsgesetz verbunden waren. Dem entspricht es, daß man die dort konstituierte Unterrichtungspflicht nicht eindeutig allein einer Funktion zuordnen kann. Man wird bei ihrer Interpretation vielmehr stets von ihrer relativen Ambivalenz ausgehen müssen. Grundsätzlich lassen sich drei verschiedene Funktionen erkennen, die im folgenden als die Ausgleichs-, die Kontroll- bzw. die Kollisionsregelungsfunktion bezeichnet werden sollen.

1. Die Ausgleichsfunktion

Primäres Anliegen des Bundesrats war es, einer völligen Ausschaltung der Länder von der Gesetzgebung entgegenzuwirken. Man wird zwar bezweifeln müssen, ob dem Art. 50 GG angesichts seines eindeutigen Bezugs auf die nationale Kompetenzverteilung auch bei nur entsprechender Anwendung irgendwelche Aussagen über die innerstaat-

---

[63] Vgl. die BT-Drucks. IV/2338, IV/2211 und IV/2212 und die StenBerBT von der 133. Sitzung am 25. 6. 1964 S. 6586 ff.

[64] StenBerBT IV/S. 6589 (C/D).

[65] Vgl. die Ausführungen der Abgeordneten *Strobel*, aaO, S. 6590 (B) und des Abgeordneten *Furler*, aaO, S. 6595 (D).

lichen Integrationsfolgen zu entnehmen sind; ebenso wie der Hinweis auf Art. 32 Abs. 2 in der Bundesratsbegründung wegen der prinzipiellen Unvergleichbarkeit der EWG-Rechtsetzung mit zwischenstaatlichen Verträgen[66] kaum zu überzeugen vermag. Den im vorliegenden Zusammenhang entscheidenden Ansatz findet man jedoch im zweiten Absatz der Bundesratsbegründung: „Die Schaffung eines Anhörungsrechts und eines beschränkten Konsultationsrechts des Bundesrats bei der Wahrnehmung (sc. der übertragenen Hoheitsrechte) durch die Bundesregierung ist mithin durch den mit der Schaffung der Europäischen Gemeinschaften eintretenden Strukturwandel der deutschen bundesstaatlichen Ordnung gerechtfertigt und schafft für diesen Wandel nur in sehr geringem Umfang einen Ausgleich[67].“

Eine ähnliche Argumentation läßt sich für die Konsultationspflicht gegenüber dem Bundestag finden. Auch hier sollte der durch die Vergemeinschaftung eingetretene Verlust von Entscheidungskompetenzen dadurch ausgeglichen werden, daß dem Bundestag durch fortlaufende Detailinformationen die Möglichkeit eröffnet wurde, sich in den nationalen Willensbildungsprozeß zu den Gemeinschaftsakten einzuschalten.

Insofern läßt sich für Bundestag und Bundesrat gleichermaßen feststellen, daß Art. 2 Zustimmungsgesetz ein Verfahren bereitstellen soll, das den gesetzgebenden Körperschaften einen gewissen Ausgleich für den als Folge der Integration auftretenden Kompetenzverlust und den daraus resultierenden Bedeutungsverlust im konstitutionellen System der Bundesrepublik Deutschland schaffen soll.

2. Die Kontrollfunktion

Die Kontrollfunktion hängt mit der Ausgleichsfunktion eng zusammen. Denn dadurch, daß dem Bundestag, aber auch den Bundesländern, die Möglichkeit zur Einflußnahme auf die nationale Willensbildung wieder eröffnet wurde, wurden auch die Mechanismen horizontaler und vertikaler Gewaltenteilung und demokratischer Legitimation und Kontrolle bis zu einem gewissen Grade „restauriert“. Inwieweit von der im nationalen Bereich wirksamen Legitimation und Kontrolle öffentlicher Gewalt Rückwirkungen auf die übernationale öffentliche Gewalt ausgehen, wird noch zu zeigen sein. Die hier in Rede stehende Funktion des Art. 2 besteht jedenfalls zum einen darin, daß der Bundestag mit den für eine effektive Kontrolle notwendigen Informationen versehen wird, und zum anderen darin, daß Bundestag und Bundesrat in einem besonderen Verfahren die Möglichkeit eröffnet wird, auf das Zustande-

[66] Für die Verordnungen vgl. *Rabe*, Verordnungsrecht, S. 56 ff.

[67] Vgl. Nr. I, 2 der BR-Drucks. 146/1/57.

kommen der nationalen Vorentscheidungen zu den Gemeinschaftsakten einzuwirken[68].

3. Die Kollisionsregelungsfunktion

In der Literatur ist Art. 2 Zustimmungsgesetz verschiedentlich als „pragmatischer Behelf" bei der Lösung des Kollisionsproblems zwischen nationalem und Gemeinschaftsrecht angesprochen worden[69]. Die Information über die Tätigkeit der Bundesminister in den Ministerräten solle der Entstehung von Normsituationen vorbeugen, aus denen Normkollisionen erwachsen könnten[70].

Es kann nicht geleugnet werden, daß etwa die Harmonisierung der nationalen Gesetzgebung Konfliktsituationen auszuschalten vermag[71]. Das war unter anderem auch angesprochen, wenn in den Ratifizierungsdebatten darauf hingewiesen wurde, daß man frühzeitig informiert sein müsse, um die erforderlichen Durchführungs- und Anpassungsmaßnahmen zu den Gemeinschaftsbeschlüssen vorbereiten zu können[72].

Ob Art. 2 Zustimmungsgesetz darüber hinaus jedoch die Rolle einer pragmatischen Kollisionsregelung zukommt, muß bezweifelt werden. In einer Zeit, in der der weitaus größte Teil aller Gesetze auf Grund von Regierungsinitiativen erlassen wird und im übrigen das gesamte Gesetzgebungsverfahren von der engen Zusammenarbeit zwischen Regierung und Parlament beherrscht wird, kann derartigen Behelfen allenfalls marginale Bedeutung zugemessen werden. Denn die Regie-

---

68 Dabei wird nicht verkannt, daß das Informationsverfahren nach Art. 2 kein vollwertiger Ersatz für den Verlust der primären Legitimation und Kontrolle öffentlicher Gewalt auf Gemeinschaftsebene sein kann. Auf der anderen Seite werden in der allgemeinen Diskussion über die Frage der demokratischen Legitimation und Kontrolle von Gemeinschaftsgewalt häufig atypische Fälle der Parlamentspraxis überbewertet (vgl. z. B. *Böhmer*, Diskussionsbeitrag, Verhandlungen des Deutschen Juristentages 46 (1966) G S. 138), während den subtileren Mechanismen wie etwa den Ausschußberatungen nicht genügend Aufmerksamkeit gewidmet wird.

69 So, stets unter Berufung auf *Carstens*: *Ipsen*, Aktuelle Fragen, S. 11; *Zuleeg*, Recht, S. 62 ff.; *Carstens* hatte dazu ausgeführt: „... Hier ist also der Versuch gemacht worden, das deutsche Parlament bei der Instruktionserteilung an den deutschen Vertreter im Ministerrat der Europäischen Wirtschaftsgemeinschaft und der Europäischen Atomgemeinschaft einzuschalten. Die Bundesregierung wird verpflichtet, dem Parlament die Problematik zu unterbreiten, bevor ein Beschluß im Rat gefaßt wird. Daraus ergibt sich die Möglichkeit einer Diskussion der beabsichtigten Maßnahmen im Parlament und eine Einwirkungsmöglichkeit des Parlaments auf diese Maßnahmen ..." (VVDStRL 16 [1958] S. 132).

70 So *Ipsen* (s. Fußn. 69).

71 *Saint-Esteben*, Droit communautaire et droits nationaux, S. 8; *Zuleeg*, Recht, S. 63.

72 Vgl. *Arnold*, StenBerBR 1951, S. 446 (C); ähnlich der Abgeordnete *Deist*, StenBerBT II S. 13 333 (A/B).

rung verfügt auf Grund ihrer Brüsseler Tätigkeit über die erforderlichen Informationen, um einmal bereits bei den Gesetzentwürfen mögliche Kollisionen mit Gemeinschaftsrecht zu verhindern und zum anderen auch in den Ausschußberatungen in den gesetzgebenden Körperschaften auf gemeinschaftsrechtskonforme Gesetzgebung drängen zu können. Die Weitergabe der Informationen an Bundestag und Bundesrat könnte daher im vorliegenden Zusammenhang nur als Einschaltung einer zusätzlichen Legalitätskontrolle Bedeutung gewinnen.

Zweites Kapitel

Der Regelungsgehalt von Artikel 2 Zustimmungsgesetz

Die besondere historische Situation, die zur Aufnahme des Art. 2 in das Ratifikationsgesetz führte, hatte zugleich seine deutlichen Auswirkungen auf die Konzeption und den Regelungsgehalt dieser Vorschrift. Es hatte sich gezeigt, daß es vor allem die Länder waren, die auf Grund der tiefen Eingriffe in ihre Landeshoheit nach einem Ausgleich ihres Kompetenzverlustes und nach Einfluß auf die Willensbildung in den Gemeinschaften drängten. Die Länder verfügten bereits auf Bundesebene in Art. 53 S. 3 GG über eine Modellvorschrift, die das Verhältnis von Bundesrat und Bundesregierung hinsichtlich der Regierungstätigkeit als Ganzem im Sinne eines Informationsverhältnisses löste[1]. Als ihre anfänglichen Versuche, direkten Einfluß auf die Gemeinschaftswillensbildung zu nehmen, wegen gemeinschafts- und verfassungsrechtlicher Bedenken gescheitert waren, war es nur natürlich, daß sich die gesetzgebenden Körperschaften bei der Regelung ihres Verhältnisses zur Bundesregierung hinsichtlich der Regierungstätigkeit im supranationalen Bereich an diesem Modell orientierten[2].

Anders als die Vorschrift des Grundgesetzes ist Art. 2 Zustimmungsgesetz zweigegliedert: Der allgemeinen Regelung des Verhältnisses von Regierung und gesetzgebenden Körperschaften im Hinblick auf die Ratstätigkeit in Satz 1 folgt in Satz 2 eine Vorschrift, die für bestimmte Sonderfälle eine vorzeitige Unterrichtung einführt. Das innere Verhältnis beider Vorschriften zueinander erweist sich damit als ein Spezialitätsverhältnis. Dementsprechend werden zunächst gemeinsame Probleme, dann Fragen der allgemeinen Informationspflicht und schließlich die Fragen des Art. 2 S. 2 Zustimmungsgesetz behandelt werden.

---

1 Zu der zentralen Bedeutung von Art. 53 S. 3 GG für das Verhältnis von Bundesrat und Bundesregierung vgl. *Schüle*, Die Informationspflicht der Bundesregierung gegenüber dem Bundesrat, S. 443; *Scupin* in Bonner Kommentar, Anm. II, 1 zu Art. 53: „Kardinalnorm des parlamentarischen Kontaktes zwischen dem zentralen Bundesexekutivorgan und dem föderativen Organ." Zustimmend: *v. Mangoldt-Klein*, Anm. IV zu Art. 53.

2 Vgl. im einzelnen zum Verhältnis von Art. 53 S. 3 GG und Art. 2 ZustG unten 4. Kap. II, 3.

I. Gemeinsame Probleme von Art. 2 S. 1 und Art. 2 S. 2

1. Die Verpflichtung der Bundesregierung zur unaufgeforderten Information

Während es bei Art. 53 S. 3 GG ebenso wie schon bei Art. 67 S. 1 Weimarer Verfassung grundsätzlich noch streitig war, ob diese Vorschriften eine Pflicht der Bundes- bzw. der Reichsregierung oder „nur" ein Recht des Bundes- bzw. des Reichsrats konstituierten[3], schließt bereits der in dieser Beziehung eindeutige Wortlaut des Art. 2 Zustimmungsgesetz eine Lösung im zweiten Sinne aus. Adressat der Vorschrift ist die Bundesregierung, der aufgegeben wird, Bundestag und Bundesrat laufend zu unterrichten.

Das damit ausgesprochene Gebot zu einem Tun besteht sachlich darin, daß die Bundesregierung gehalten ist, die gesetzgebenden Körperschaften von sich aus, unaufgefordert, d. h. ohne vom Bundestag oder vom Bundesrat gefragt oder sonstwie dazu ersucht worden zu sein, über die Entwicklungen im Rat zu informieren. Durch das Abwandern wesentlicher Bereiche der Wirtschaftspolitik in supranationale Kompetenzen verstärkte sich die Gefahr, daß die deutschen gesetzgebenden Körperschaften auf einem zentralen Sektor der Politik selbst über jenes Informationsminimum nicht mehr verfügten, das erforderlich ist, um überhaupt sinnvolle Fragen stellen zu können. Art. 2 Zustimmungsgesetz soll dabei sicherstellen, daß Bundestag und Bundesrat auch über jene Angelegenheiten informiert werden, von denen die beiden Bundesorgane noch gar nichts wissen können und nach denen sie daher auch nicht fragen können. Dies konnte nur durch die Konstituierung einer Regierungspflicht geschehen, die einer wie auch immer gearteten Aktualisierung durch Bundestag oder Bundesrat nicht bedarf.

2. Inhalt und Umfang der Informationspflicht

Die Bundesregierung hat die gesetzgebenden Körperschaften über „die Entwicklungen im Rat der EWG und im Rat der EAG" zu unterrichten.

Terminologisch ist dazu zunächst festzustellen, daß seit Inkrafttreten des Fusionsvertrages[4] an Stelle der beiden gesondert aufgeführten Räte von EWG und EAG hier „im Rat der Europäischen Gemeinschaften" zu

---

[3] Zu dem Streit unter der Weimarer Verfassung vgl. *Anschütz*, WV, S. 356. Darauf, daß *Anschütz* sich freilich nicht eindeutig äußert, weist zu Recht *Schüle*, Informationspflicht, S. 453 hin, der sich im übrigen auch mit dem Meinungsstand unter dem GG kritisch auseinandersetzt.

[4] Vertrag zur Einsetzung eines gemeinsamen Rates und einer gemeinsamen Kommission der Europäischen Gemeinschaften vom 8. April 1965, BGBl. II S. 1454.

lesen ist. Gleichwohl hat damit nicht etwa zugleich eine Erweiterung der Informationspflicht auf Angelegenheiten der Montanunion stattgefunden. Die Verpflichtung der Regierung zur Unterrichtung von Bundestag und Bundesrat bleibt vielmehr weiterhin auf die Rechtsakte auf Grund des EWG- bzw. des EAG-Vertrages beschränkt.

a) Grenzen der Informationspflicht

Die Bundesregierung hat Bundestag und Bundesrat nur über die Entwicklungen *im Rat* zu informieren. Der Unterrichtungspflicht nach Art. 2 Zustimmungsgesetz unterliegt mithin nur ein klar umrissener Teilbereich des Geschehens in den Europäischen Gemeinschaften, nicht aber deren Gesamtentwicklung. Das ist vor allem in zweierlei Hinsicht von Bedeutung: Nicht der Informationspflicht unterworfen sind die Vorgänge bei den übrigen Gemeinschaftsorganen, der Kommission, der Europäischen Versammlung und dem Gerichtshof, oder im Wirtschafts- und Sozialausschuß, und ausgenommen sind auch die „Beschlüsse der im Rat vereinigten Vertreter der Regierungen der Mitgliedstaaten".

Die wohl wichtigste Beschränkung der Unterrichtungspflicht liegt in der Ausklammerung des gesamten Kommissionsbereichs. Damit sind ein außerordentlich umfangreicher Teil der rechtsetzenden und die verwaltende Gemeinschaftstätigkeit, vor allem aber die vorbereitenden Kommissionsarbeiten zu den in Art. 2 S. 2 Zustimmungsgesetz angesprochenen Gemeinschaftsrechtsakten jeder auch nur mittelbaren Einflußnahme der gesetzgebenden Körperschaften entzogen.

Die darin liegende Eingrenzung der von Art. 2 betroffenen Tatbestände schien zunächst durch das Gebot effizienter Verfahrensausgestaltung und durch das in den Gemeinschaftsverträgen fixierte institutionelle System vorgegeben. Zum einen hätten Akte von untergeordneter politischer Bedeutung und die Fülle täglicher Maßnahmen lenkender und planender Wirtschaftsverwaltung die Unterrichtung der gesetzgebenden Körperschaften in einer Weise belastet, die angesichts der gegenwärtigen parlamentarischen Arbeitsbewältigung eine wirksame Einflußnahme auf die wesentlichen Gemeinschaftsrechtsakte sehr erschwert, wenn nicht unmöglich gemacht hätte. Zum anderen schien in der Kommission ein Gemeinschaftsorgan zu entstehen, das dem Einfluß der nationalen Regierungen und damit mittelbar auch dem der nationalen gesetzgebenden Körperschaften grundsätzlich entzogen war. Erst die spätere institutionelle Entwicklung brachte mit dem Ausbau des Verwaltungsauschußverfahrens[5], der nationalen Beteiligung in den Arbeitsgruppen[6] und den zahllosen informellen Beziehungen zwischen

---

[5] Dazu vgl. *Bertram*, Das Verwaltungsausschußverfahren.

[6] Dazu im einzelnen: *Noel*, EuR 1967, S. 24 ff.

Kommission und nationalen Ministerien eine wesentliche Erweiterung des Wirkungs- und Informationsbereichs der Regierung auch in die Sphäre der Kommission hinein mit sich. Diese Entwicklung war bei der Konzipierung des Zustimmungsgesetzes kaum vorhersehbar. Sie wirft jedoch Probleme auf, denen Überlegungen zu einer Neugestaltung des Verfahrens nach Art. 2 Rechnung zu tragen haben[7].

Ebenfalls nicht der Unterrichtungspflicht der Bundesregierung nach Art. 2 Zustimmungsgesetz unterliegen die sogenannten „uneigentlichen Ratsbeschlüsse“[8]. Denn trotz der auffallend auf den Rat Bezug nehmenden Nomenklatur und der personellen Identität der Mitglieder handelt es sich bei den „im Rat vereinigten Vertretern der Regierungen der Mitgliedstaaten“ um ein Gremium eigener Art[9].

Ohne selbst zu den vom Vertrag aufgezählten Gemeinschaftsorganen zu gehören, stehen die im Rat vereinigten Vertreter zwar einerseits zum Ministerrat in einem Verhältnis großer institutioneller und sachlicher Nähe[10]. So werden sie bei einer Zahl von Beschlüssen ebenso wie die Gemeinschaftsorgane auf Grund und im Rahmen gemeinschaftsvertraglicher Bestimmungen tätig, und das den Beschlüssen vorausgehende Willensbildungsverfahren ähnelt insofern dem im Rat praktizierten, als auch hier häufig ein enges Zusammenspiel mit den übrigen Gemeinschaftsorganen, insbesondere der Kommission, vorausgegangen ist[11].

Auf der anderen Seite handelt es sich bei diesem Gremium jedoch im Gegensatz zum Rat um eine zwischenstaatliche Konferenz von Regierungsvertretern. Seine Beschlüsse sind hinsichtlich ihrer Natur und ihres Verfahrens nach Völkerrecht zu behandeln[12]. Sie unterliegen weder dem begrenzten Kompetenzkatalog noch den besonderen vertraglich vorgeschriebenen Abstimmungsmodalitäten[13]. Dementsprechend findet hier nicht das Verfahren nach Art. 2, sondern ein dem Charakter

---

[7] Dazu vgl. unten 8. Kap. II, 1 a.

[8] Vgl. dazu allgemein: *Bebr*, SEW 1966, S. 529 ff.; *Kaiser*, Ophüls-Festschrift, S. 107 ff.; *Pescatore*, SEW 1966, S. 579 ff.; *Schermers*, SEW 1966, S. 545 ff.; *Ipsen*, Europäisches Gemeinschaftsrecht, S. 468 ff. Kritisch: *Houben*, Conseils de ministres, S. 96.

[9] *Kaiser*, Ophüls-Festschrift, S. 116.

[10] *Kaiser*, Ophüls-Festschrift, S. 119; ähnlich *Bebr*, SEW 1966, S. 537.

[11] Vgl. dazu: *Buerstedde*, Ministerrat, S. 131; *Kaiser*, Ophüls-Festschrift, S. 120; *Bebr*, SEW 1966, S. 539; *Ipsen*, Europäisches Gemeinschaftsrecht, S. 472 f.

[12] *Bebr*, SEW 1966, S. 545; *Kaiser*, Ophüls-Festschrift, S. 107; *Pescatore*, SEW 1966, S. 579; *Schermers*, SEW 1966, S. 550; *Zuleeg*, Das Recht der Europäischen Gemeinschaften im innerstaatlichen Bereich, S. 27.

[13] *Bebr*, SEW 1966, S. 530; *Houben*, Conseils de ministres, S. 89; *Kaiser*, Ophüls-Festschrift, S. 117.

der Beschlüsse gemäßes Ratifizierungs- oder schlichtes Notifikationsverfahren Anwendung[14].

b) *Inhalt der Informationspflicht*

Abgesehen von den geschilderten Einschränkungen besteht die Informationspflicht jedoch hinsichtlich sämtlicher Vorgänge im Rat unbegrenzt und gegenüber Bundestag und Bundesrat in gleicher Weise. Die Bundesregierung hat daher nicht nur über die Vorgänge zu berichten, die ursprünglich dem Kompetenzbereich des jeweiligen Organs zugehörten[15]. Insbesondere ist die Informationspflicht gegenüber dem Bundesrat nicht etwa auf Rechtsakte beschränkt, durch die Zuständigkeiten oder Interessen der Länder in irgendeiner Weise berührt sind. Die Bundesregierung hat vielmehr beiden Organen ohne Unterschied über die gesamte Tätigkeit des Rates zu berichten.

Die „Entwicklungen im Rat", das ist eine inhaltlich schwer konkretisierbare und nahezu grenzenlose Bezeichnung desjenigen Gebiets, auf das sich die Informationspflicht der Bundesregierung erstreckt.

Aus der umfassenden Wortwahl lassen sich jedoch keine Schlüsse derart ziehen, daß die Bundesregierung nur gehalten wäre, die großen Linien der Ratspolitik nachzuzeichnen, über Details aber nur zu berichten, soweit sie zum Verständnis des übrigen erforderlich sind. Gewiß kann die Praxis der täglichen Arbeit eine Beschränkung auf wesentliche Dinge erforderlich machen, rechtlich ist aber zunächst von einer unbeschränkten Informationspflicht auszugehen.

Wenn über die „Entwicklungen" im Rat unterrichtet werden soll, so ist damit bereits auf eine gewisse Kontinuität der Unterrichtung hingewiesen. Eine einmalige Information etwa derart, die Kommission habe dem Rat einen Vorschlag für diesen oder jenen Rechtsakt zugeleitet, genügt diesem Erfordernis nicht. Die gesetzgebenden Körperschaften sind vielmehr auch über das nachfolgende Schicksal des Kommissionsvorschlags auf dem laufenden zu halten. Das ist besonders wichtig, wenn zwischen Zuleitung und Ratsbeschluß längere Zeiträume vergehen und der Kommissionsvorschlag in den Ausschußberatungen immer neuen Modifikationen unterworfen wird. Hier würde die Unterrichtungspflicht jeden Sinns entbehren, könnte die Bundesregierung

---

[14] *Kaiser*, Ophüls-Festschrift, S. 120; *Pescatore*, SEW 1966, S. 581.

[15] a. A. aber offenbar *v. Meibom*, Die Mitwirkung der Mitgliedstaaten bei der Rechtsetzung der EWG, S. 157: „Jedes Recht der Länder auf Unterrichtung und Beteiligung wird sachlich und politisch begrenzt durch die innerstaatliche Zuständigkeitsverteilung des Grundgesetzes ..." Für eine derartige Interpretation des Art. 2 lassen sich jedoch weder aus dem Wortlaut des Artikels, noch aus seiner Entstehungsgeschichte, noch aus seinem Sinn und Zweck Anhaltspunkte gewinnen.

sich mit einer einmaligen Information in irgendeinem mehr oder weniger zufälligen Stadium des Rechtsetzungsverfahrens begnügen. Zum anderen läßt sich häufig erst aus der Kenntnis des gesamten Gangs der Verhandlungen auch der Beitrag des deutschen Ratsmitgliedes in der abschließenden Sitzung richtig würdigen.

Schließlich ist die Unterrichtungspflicht nicht nur auf die Ratsverhandlungen auf Ministerebene beschränkt. Zu den Entwicklungen im Rat gehören vielmehr auch alle Arbeiten in den vorbereitenden Beschlußorganen dieses Gemeinschaftsorgans[16]. Die Information der Bundesregierung hat daher auch die Sitzungen mit einzubeziehen, die im Rahmen des Ausschusses der Ständigen Vertreter, der „Spezialausschüsse" und der zahllosen Arbeitsgruppen, die beim Rat eingerichtet sind und diesem unterstehen, laufend stattfinden[17].

3. Die Art und Weise der Unterrichtung

Zur Unterrichtung von Bundestag und Bundesrat steht der Bundesregierung das ganze Instrumentarium ihres Zusammenspiels mit den beiden Organen zur Verfügung. So kann sie einmal in regelmäßigen schriftlichen Berichten den Stand der Arbeiten im Rat referieren oder es können die einzelnen Fachminister im Plenum oder auch in den Ausschüssen zu einzelnen Punkten der Ratsarbeit Auskunft geben, schließlich handeln in der Regel auch die zahlreichen Regierungsbeamten, die im Rahmen der Kontaktpflege zwischen Bundesregierung und Bundestag bzw. Bundesrat an den Plenar- und Ausschußsitzungen teilnehmen, in Ausführung des Art. 2, wenn sie dort zu den verschiedenen gemeinschaftsrechtlichen Fragen Stellung nehmen.

Art. 2 Zustimmungsgesetz sagt nichts darüber aus, wie die Unterrichtung zu erfolgen hat. Die Bundesregierung ist daher nicht auf die schriftliche Unterrichtung festgelegt, wenngleich sich in der Praxis meist die Notwendigkeit ergibt, die gesetzgebenden Körperschaften schriftlich zu unterrichten. Die schriftliche Information ist in der Regel präziser und häufig umfassender als die mündliche. Sie ist daher in allen Fällen der Erstunterrichtung vorzuziehen. Das gilt insbesondere für die Unterrichtung über Kommissionsvorschläge für Gemeinschaftsrechtsakte, deren vollständige Wiedergabe in ihren komplizierten technischen Einzelheiten kaum für eine mündliche Bericht-

[16] Dazu vgl. *Noel*, Der Ausschuß der Ständigen Vertreter, EuR 1967, S. 24 ff.

[17] Nach dem oben I, 2 a Gesagten versteht sich von selbst, daß hier nicht die Arbeitsgruppen bei der Kommission angesprochen sind; es handelt sich vielmehr um Gruppen, die vom Ausschuß der Ständigen Vertreter „zur Durchführung bestimmter vorbereitender Arbeiten oder Untersuchungen" (Art. 16 Abs. 3 vorl.GORat) eingesetzt worden sind. *Noel*, EuR 1967, S. 36 zählt allein 15 verschiedene derartige Gruppen auf.

erstattung geeignet ist. Wurde über einen Kommissionsvorschlag anfangs schriftlich berichtet, so steht es der Regierung gleichwohl frei, die nachfolgenden Berichte mündlich zu erstatten.

Ist ein Kommissionsvorschlag innerhalb der gesetzgebenden Körperschaften einem Ausschuß zur Bearbeitung überwiesen, so genügt es grundsätzlich, daß die weiteren Informationen dazu nur dem Ausschuß erstattet werden. Die von der Bundesregierung im Rahmen der Kontaktpflege in den Ausschüssen abgegebenen Berichte und Stellungnahmen zu Gemeinschaftsrechtsakten erfüllen daher stets die formalen Ansprüche des Art. 2.

II. Der Regelungsgehalt von Art. 2 S. 1

Nach Art. 2 S. 1 Zustimmungsgesetz hat die Bundesregierung Bundestag und Bundesrat über die Entwicklungen im Rat laufend zu unterrichten.

1. Information und Konsultation

Unterrichten bedeutet nicht konsultieren[18]. Konsultation ist umfangreicher als Information. Während einer Informationspflicht damit Genüge geleistet ist, daß der Betreffende im Nachhinein von den entsprechenden Tatsachen Kenntnis erhält, erfordert die Konsultation[19], daß der Betreffende, bevor die Maßnahme ergriffen worden ist, von dem Vorhaben unterrichtet wird, daß ihm die Möglichkeit gegeben wird, dazu Stellung zu nehmen, und daß schließlich der Konsultierende soweit wie möglich bei den Beschlüssen auf die Stellungnahme Rücksicht zu nehmen versucht[20].

All dies ist bei der Informationspflicht nach Art. 2 S. 1 nicht gegeben. Hier genügt es, daß die Information nach Beschluß der entsprechenden Arbeiten im Rat erfolgt. Das soll natürlich nicht heißen, daß die Bundesregierung zeitlich völlig ungebunden ist. Es bedeutet jedoch, daß die Unterrichtung innerhalb einer vernünftigen Zeitspanne nach dem Geschehen im Rat zu erfolgen hat, und daß die Bundesregierung nicht zu einer vorherigen Unterrichtung verpflichtet ist.

---

[18] So für die Informationspflicht nach Art. 53 S. 3: *Schüle*, Informationspflicht, S. 454.

[19] Vgl. *Schüle*, Informationspflicht, S. 455: „Konsultieren heißt (über die Information hinaus) sich ... mit dem anderen besprechen, mit ihm gemeinsam beraten, seine Gesichtspunkte aufnehmen und sie nach Möglichkeit berücksichtigen."

[20] Echte Konsulationspflichten enthalten z. B. Art. 32 Abs. 2 GG und im EWGV alle Vorschriften, die die Anhörung der Versammlung vorschreiben, wie z. B. Art. 43 EWGV.

Auch wenn Art. 2 keine Konsultationspflicht der Bundesregierung konstituiert, bleibt es Bundestag und Bundesrat doch unbeschränkt möglich, zu den einzelnen Tatsachen, über die sie unterrichtet worden sind, Stellung zu nehmen oder darüber mit der Bundesregierung in einen Meinungsaustausch zu treten. Diese Möglichkeiten ergeben sich jedoch bereits im Rahmen des bestehenden Parlamentsrechts, das insofern von Art. 2 Zustimmungsgesetz nicht berührt wird[21].

2. „Laufende" Unterrichtung

Wurde oben gesagt, daß die Unterrichtung innerhalb einer „vernünftigen Zeitspanne" nach dem Geschehen im Rat zu erfolgen hat, so ergibt sich das auch aus der Regierungspflicht zur „laufenden" Unterrichtung. Denn laufend bedeutet, daß die Bundesregierung Bundestag und Bundesrat nicht nur in zufälligen Abständen, nicht bruchstückweise und in sachwidriger Reihenfolge, sondern kontinuierlich mit einer gewissen Regelmäßigkeit und rechtzeitig zu unterrichten hat[22]. Es muß also noch ein unmittelbarer zeitlicher Zusammenhang zwischen Ratsverhandlungen und Unterrichtung bestehen. Nicht genügen würde es daher, wenn die Bundesregierung ihrer Verpflichtung nur halbjährlich mit einem „Semesterbericht" nachkommen wollte.

III. Der Regelungsgehalt von Art. 2 S. 2

Gemäß Artikel 2 Satz 2 des Zustimmungsgesetzes soll die Unterrichtung vor der Beschlußfassung im Rat erfolgen, soweit durch den Beschluß des Rates innerdeutsche Gesetze erforderlich werden oder in der Bundesrepublik Deutschland unmittelbar geltendes Recht geschaffen wird.

1. Der Rechtscharakter der Informationspflicht nach Art. 2 S. 2

Gegenüber dem oben beschriebenen Regelungsgehalt des Art. 2 S. 1 bringt Art. 2 S. 2 einige bedeutsame Erweiterungen. Wurde zu Art. 2 S. 1 die Schülesche These „informieren ist nicht konsultieren" zitiert und dort für richtig befunden, so zeigen die Modifikationen des Art. 2 S. 2, daß diese These zumindest nicht stets uneingeschränkt gelten kann.

Zunächst handelt es sich nämlich auch bei Art. 2 S. 2 Zustimmungsgesetz um die Konstituierung einer Informationspflicht. Inhalt und

---

[21] Vgl. dazu im einzelnen unten 6. Kap. I, 2.

[22] So für die Informationspflicht nach Art. 53 S. 3 GG: *Schüle*, Informationspflicht, S. 459; ebenso: *v. Mangoldt-Klein*, Anm. IV, 5 zu Art. 53.

Form der laufenden Unterrichtung nach Art. 2 S. 2 entsprechen derjenigen nach S. 1.

Ein entscheidender Unterschied zu der allgemeinen Informationspflicht nach Art. 2 S. 1 ergibt sich jedoch durch die Bestimmung des Zeitpunktes der Unterrichtung. Die Unterrichtung soll *vor* der Beschlußfassung des Rates erfolgen. Wurde oben schon festgestellt, daß eines der wesentlichsten Merkmale der Konsultation die vorherige Unterrichtung ist, so fragt sich nun, ob es sich bei der in Art. 2 S. 2 konstituierten Pflicht nicht möglicherweise um eine Konsultationspflicht in dem geschilderten Sinne handelt.

Für eine derartige Interpretation lassen sich aus dem Wortlaut allerdings keine Anhaltspunkte gewinnen. Der eindeutige Bezug des S. 2 auf den S. 1 spricht vielmehr dafür, daß die Unterrichtungspflicht gem. S. 2 nach Art, Rechtscharakter und Umfang mit derjenigen des vorangehenden S. 1 identisch ist.

Anderes könnte sich jedoch aus dem Sinn und Zweck der Vorschrift ergeben. Dieser wurde zu Beginn dahingehend beschrieben, daß Art. 2 Zustimmungsgesetz einen Ausgleich für den erlittenen Kompetenzverlust der gesetzgebenden Körperschaften bewirken sollte[23]. Dabei würde sowohl der Gedanke einer neuartigen Beteiligung von Bundestag und Bundesrat an den nationalen Entscheidungsprozessen zu den Gemeinschaftsakten, als auch das Vorhaben, auf dieser Ebene neuartige Legitimations- und Kontrollmechanismen einzuführen, für eine über die bloße Information hinausgehende Ausgestaltung der Regierungspflicht nach Art. 2 S. 2 sprechen. Unterstützt würde eine derartige Interpretation durch die Tatsache, daß die vorherige Unterrichtung gerade für jene Fälle vorgesehen ist, in denen die Gemeinschaften unmittelbar in den angestammten Kompetenzbereich der nationalen gesetzgebenden Körperschaften eingreifen.

Aus alledem läßt sich zumindest herleiten, daß es sich bei der Unterrichtung nach Art. 2 S. 2 nicht nur um eine Informationspflicht im herkömmlichen Sinne handelt. Denn diese ist primär nur darauf gerichtet, dem zu Unterrichtenden Kenntnis von den betreffenden Vorgängen zu verschaffen. Seine nachfolgende Willensbildung bleibt ein Vorgang, der mit der Unterrichtung nicht in einem unmittelbaren Zusammenhang steht. Sie beruht auf der Möglichkeit des betreffenden Organs, zu jeder Zeit zu jedem Problem Stellung zu nehmen. Bei der Unterrichtungspflicht nach Art. 2 S. 2 ist das anders. Hier erfolgt die Unterrichtung schon mit dem Ziel, daß Bundestag und Bundesrat zu den betreffenden Rechtsakten ihre Meinung äußern.

---

[23] Vgl. 1. Kap. III, 1.

Gleichwohl begründet auch Art. 2 S. 2 keine Konsultationspflicht im eigentlichen Sinne. Einmal enthält diese Vorschrift nämlich, wie schon Art. 2 S. 1 selbst keine Rechtsgrundlage für die nachfolgenden Stellungnahmen von Bundestag und Bundesrat. Auch S. 2 spricht nur von „Unterrichtung" und nicht von „Anhörung" oder „Konsultation". Und zum anderen ergibt sich das aus den unterschiedlichen Rechtsfolgen, die bei Nichtbefolgen einer Konsultationspflicht eintreten. Mängel in der Konsultation implizieren grundsätzlich Verfahrensmängel, die als Verletzung konstituierender Prinzipien zur Fehlerhaftigkeit des unter Mißachtung der Konsultationspflicht erlassenen Rechtsaktes führen[24]. Das ist jedoch bei der Regierungspflicht nach Art. 2 S. 2 nicht der Fall. Hier „soll" die Unterrichtung vor Beschlußfassung des Rates erfolgen. Bereits der Wortlaut läßt keine Zweifel aufkommen, daß ein Verstoß gegen Art. 2 S. 2 auf keiner Ebene, weder der staats-, noch der gemeinschaftsrechtlichen die Gültigkeit des betreffenden Gemeinschaftsrechtsakts beeinträchtigen kann[25].

Auch bei Art. 2 S. 2 handelt es sich daher nur um eine Informationspflicht, die sich allerdings auf Grund der geschilderten Finalität von den herkömmlichen Unterrichtungspflichten durch ihren konsultativen Charakter unterscheidet.

2. Voraussetzungen der vorherigen Unterrichtung

Voraussetzung für die vorherige Unterrichtung ist gem. Art. 2 S. 2, daß der Beschluß des Rates „innerdeutsche Gesetze erforderlich" macht, oder „in der Bundesrepublik Deutschland unmittelbar geltendes Recht" schafft.

Diese Voraussetzungen betreffen nicht die Unterrichtung als solche. Die generelle Pflicht zur Information besteht vielmehr unabhängig von den Rechtswirkungen der Maßnahmen des Rates. Das ergibt sich bereits aus der Grundvorschrift des S. 1. Im Unterschied zur generellen Unterrichtungspflicht nach S. 1 soll die Information jedoch unter den genannten Voraussetzungen schon zu einem früheren Zeitpunkt erfolgen.

Die Unterrichtung braucht nur dann vor Beschluß des Rates zu erfolgen, wenn sich die Rechtsakte auf die *deutsche* Rechtsordnung auswirken. Diese Beschränkung auf die für die nationale Rechtsordnung bedeutsamen Rechtsakte findet sich in S. 1 der Vorschrift noch nicht. Im Gegenteil, die „Entwicklungen im Rat" umfassen auch alle Maßnahmen

[24] Zur Nichtigkeitsfolge bei Verletzung von gemeinschaftsrechtlichen Anhörungspflichten der Versammlung vgl. *Vergès*, in: *Houdbine-Vergès*, Le Parlement Européen, S. 126; *Wohlfarth*, in: Gemeinschaftskommentar, Anm. 7 zu Art. 173.

[25] Ebenso: *Wohlfarth*, in: Gemeinschaftskommentar, S. 725; im übrigen vgl. dazu unten 5. Kap. I.

des Rates, die nur gegenüber einem oder mehreren anderen Mitgliedstaaten Wirkungen zeitigen[26].

Durch den Beschluß des Rats werden „innerdeutsche Gesetze erforderlich“ vor allem durch allein oder unter anderem auch an die Bundesrepublik Deutschland gerichtete Entscheidungen oder Richtlinien. Unter Gesetze sind in diesem Zusammenhang nur formelle Gesetze zu verstehen. Im Einzelfall kann es daher zweifelhaft sein, ob eine Richtlinie oder Entscheidung innerdeutsche Gesetze erforderlich macht. Derartige Zweifelsfälle sind stets zu Gunsten der vorherigen Unterrichtung zu lösen[27]. Das gebietet schon der Gedanke einer möglichst weitgehenden Beteiligung der gesetzgebenden Körperschaften an der Willensbildung zu Gemeinschaftsakten, die in die ursprünglichen Kompetenzen der gesetzgebenden Körperschaften eingreifen.

„In der Bundesrepublik Deutschland unmittelbar geltendes Recht“ wird vor allem durch Verordnungen geschaffen. Es kann aber auch durch vom Rat abgeschlossene Zollabkommen begründet werden[28]. Die Formulierung „Recht“ läßt offen, welchen Rechtscharakter die vom Rat beschlossenen Maßnahmen haben müssen, ob insbesondere auch Einzelfallentscheidungen des Rates, die sich nicht an die Mitgliedstaaten, sondern an den einzelnen Marktbürger richten, eine vorherige Unterrichtung erforderlich machen. Der allgemeine juristische Sprachgebrauch läßt hier jedoch nur eine Interpretation der Formulierung „Recht“ im Sinne von objektivem Recht, d. h. von abstrakt generellen Rechtssätzen zu. Nur soweit in den ursprünglichen Kompetenzbereich der beiden gesetzgebenden Körperschaften eingegriffen wird, sollen die beiden Organe zuvor von diesem „Eingriff“ unterrichtet werden.

3. Zeitpunkt der Unterrichtung

Als Zeitpunkt für die Unterrichtung nennt Art. 2 S. 2 die Zeit „vor der Beschlußfassung des Rats“. Auch hier bedeutet das jedoch, und hier in besonderem Maße, daß die Bundesregierung Bundestag und Bundesrat zu dem ihr frühestmöglichen Zeitpunkt informiert. Denn nur so kann die vorherige Unterrichtung auch im Stadium der vorbereitenden Arbeiten noch effektiv werden. Dabei muß die Bundesregierung berücksichtigen, daß der Bundesrat als ein aus weisungsgebundenen Mitgliedern der Länderexekutiven zusammengesetztes Organ für seine

---

[26] Auch dabei kann es sich durchaus um Rechtsakte handeln, die für die deutsche Politik von großer Bedeutung sind, wie z. B. die Entscheidungen des Rats nach Art. 109 Abs. 3 EWGV gegenüber anderen Mitgliedstaaten.

[27] Anders aber das von der Bundesregierung für diese Fälle vorgesehene Verfahren. Siehe unten 3. Kap. I, 1.

[28] Art. 226 Abs. 2 EWGV; *Wohlfarth*, Gemeinschaftskommentar, S. 725.

Willensbildung einen erheblich längeren Zeitraum brauchen kann als der Bundestag[29].

Auf der anderen Seite ergibt sich aus der Grundvorschrift des Art. 2 S. 1, daß die Information nicht immer schon dann zu erfolgen hat, wenn der entsprechende Rechtsakt der Gemeinschaften bereits in das Vorentwurfsstadium gelangt ist, d. h., wenn die Kommission in Entwurfsbesprechungen mit den zuständigen nationalen Beamten oder eventuell betroffenen Wirtschaftsverbänden eingetreten ist. Ein im Entwurfsstadium befindlicher Rechtsakt der Gemeinschaften kann frühestens dann unter den Begriff „Entwicklungen im Rat" subsumiert werden, wenn die Kommission bereits von ihrem Initiativrecht erstmalig Gebrauch gemacht hat und die Vorlage dem Rat in dem üblichen Verfahren zugeleitet hat. Darüber hinaus muß die Bundesregierung von dem betreffenden Vorschlag erst offiziell Kenntnis erlangt haben, um über ihn berichten zu können. Das wiederum ist erst dann der Fall, wenn das Ratssekretariat den Entwurf an den deutschen Ständigen Vertreter in Brüssel weitergeleitet hat.

4. Fragen der Neuvorlage

Die Regierungsverpflichtung, zum frühestmöglichen Zeitpunkt Bundestag und Bundesrat zu informieren, führt im Zusammenhang mit der Tatsache, daß oft zwischen Kommissionsvorschlag und Ratsbeschluß mehrere Jahre vergehen und in dieser Zeit häufig gravierende Änderungen an dem ursprünglichen Vorschlag vorgenommen werden, zu der Frage, ob die Bundesregierung ihrer Verpflichtung mit der einmaligen Zuleitung genügen kann, oder ob sie nach entsprechenden Änderungen zu einer Neuzuleitung verpflichtet ist.

Die praktische Bedeutung dieser Frage sollte sich allerdings im Gegensatz zu derjenigen des Parallelproblems der Konsultation des Europäischen Parlaments durch den Rat[30] auf die Fälle beschränken, die gerade während der Parlamentsferien und in der Zeit zwischen den Legislaturperioden aktuell werden; denn im übrigen sind die Ministerien grundsätzlich gehalten, im Wege der Kontaktpflege zu den entsprechenden Bundestags- bzw. Bundesratsausschüssen dort den jeweiligen Stand der Verhandlungen in den Brüsseler Arbeitsgruppen zu referieren und gegebenenfalls neue Unterlagen vorzulegen.

---

[29] Oder aber etwa die Interessenverbände, die in der Regel auch über die sie betreffenden Rechtsakte informiert werden.

[30] *Sattler*, JöR NF 19 (1970), S. 122. Bericht des Abgeordneten *Joseau-Margne* über die juristischen Probleme der Konsultation des Europäischen Parlaments, EP 1967—1968 Dok. 110 Ziff. 10 ff.; Bericht des Abgeordneten *Deringer* zum 5. Gesamtbericht über die Tätigkeit der EWG, EP 1962—1963, Dok. 74 Nr. 141.

In Wahrheit bereitet jedoch gerade diese Frage immer wieder Schwierigkeiten; denn in der Regel ist die Bundesregierung der Ansicht, sie genüge ihrer Informationspflicht bereits mit der einmaligen Zuleitung des Kommissionsentwurfs. Die abgeänderten Entwürfe werden den Ausschüssen nur ausnahmsweise und dann meist nur auf deren ausdrückliche Anforderung hin zugänglich gemacht.

Dies entspricht der Tendenz in den Bundesministerien, Art. 2 restriktiv zu interpretieren. Der Bundestag hat sich einer derartigen Interpretation bisher nur selten widersetzt. Den Grund dafür wird man in seiner außerordentlich hohen Arbeitsbelastung zu sehen haben. Teilweise ist man — so insbesondere im Ausschuß für Wirtschaft — auch bemüht, das Problem dadurch zu lösen, daß man die abschließenden Ausschußberatungen möglichst nah an die Beschlußfassung im Rat heranschiebt, um so von den anwesenden Regierungsbeamten Kenntnis vom neuesten Stand in den Brüsseler Verhandlungen und von den Überlegungen in der Bundesregierung zu erhalten.

Man wird die restriktive Interpretation des Art. 2 jedoch kaum mit dessen Wortlaut und Funktion vereinbaren können. Hinsichtlich der Kommissionsvorlagen, die zwar am Ende einer Legislaturperiode zugeleitet, im Rat jedoch erst in der Zeit der darauffolgenden Legislaturperiode verabschiedet werden, ergibt sich die Pflicht der Bundesregierung zur Neuvorlage bereits aus dem Grundsatz der personellen und sachlichen Diskontinuität[31]. Denn ebensowenig wie eine Gesetzesvorlage ist die Unterrichtung nach Art. 2 ZustG an den Bundestag in seiner abstrakten Organqualität, sondern an den Bundestag in seiner konkreten personellen Zusammensetzung gerichtet und durch deren jeweilige neue demokratische Legitimation in ihrer Wirkung begrenzt. Ebenso wie ein Gesetz, das von der Bundesregierung im alten Bundestag eingebracht worden ist, in einer neuen Legislaturperiode erneut von der Regierung einzubringen ist, hat daher die Bundesregierung auch ihre Information mit Beginn der neuen Legislaturperiode neu vorzunehmen. Das gilt hier umsomehr, als die ursprünglichen Kommissionsvorschläge häufig bereits starke Modifikationen erfahren haben und daher die alte Information ohnehin nicht mehr dem neuesten Sachstand entspricht.

Aber auch im übrigen steht die restriktive Interpretation der Bundesregierung kaum im Einklang mit dem Regelungsgehalt von Art. 2. Es wurde schon oben darauf hingewiesen, daß der materielle Gehalt der Unterrichtungspflicht nach Art. 2 S. 1 und Art. 2 S. 2 derselbe ist. Auch nach Art. 2 S. 2 ist die Bundesregierung zur *laufenden* Unter-

---

[31] Dazu vgl. *Maunz-Dürig-Herzog*, Rdnr. 14 ff. zu Art. 39; *Hesse*, Grundzüge, S. 233 ff.; *Scheuner*, Vom Nutzen der Diskontinuität zwischen den Legislaturperioden, in: DÖV 1965, S. 510 ff.; kritisch dazu: *K. Müller*, Kontinuierliche oder intervallierte Gesetzgebung?, in: DÖV 1965, S. 505 ff.

richtung über die *Entwicklungen* im Rat verpflichtet. Das bedeutet aber, daß sie nicht nur einmal den Entwurf der geplanten Maßnahme den beiden Gesetzgebungsorganen zuleiten soll, sondern darüber hinaus die späteren Änderungen und Erweiterungen ebenfalls mitteilen muß[32]. Insofern geht die Regierungspflicht nach Art. 2 Zustimmungsgesetz über die Pflicht des Rates zur Konsultation der Europäischen Versammlung hinaus, bei der die erneute Konsultation der Versammlung nur dann erforderlich wird, wenn „der Rat etwas prinzipiell Neues in die Verordnung eingeführt hat"[33].

Allerdings wurde oben auch festgestellt, daß die Bundesregierung nicht auf ein bestimmtes Verfahren der Unterrichtung festgelegt ist. Insbesondere ist sie nicht verpflichtet, wenn sie zur Erstunterrichtung von Bundestag und Bundesrat den Kommissionsentwurf mit Begründung zugeleitet hat, nun auch alle Änderungsentwürfe im gleichen Verfahren zuzuleiten. Erforderlich ist jedoch, daß die beiden gesetzgebenden Körperschaften laufend, zumindest mündlich über den neuen Stand der Rechtsetzungsarbeiten im Rat unterrichtet werden.

---

[32] Vgl. dazu oben I, 2 b.

[33] *Hallstein*, Verhandlungen des Europäischen Parlaments vom 17. 10. 1962, S. 122; *Manzanares*, Le Parlement Européen, S. 180; vgl. dazu auch den Deringer-Bericht, EP 1962—1963, Dok. 74 Nr. 134; ebenso: *Vergès*, in: *Houdbine-Vergès*, Le Parlement Européen, S. 127.

Drittes Kapitel

Das Unterrichtungsverfahren

Nach anfänglichen Schwierigkeiten und wiederholten Klagen scheint jetzt ein Verfahren gefunden worden zu sein, das die Beteiligten grundsätzlich zufriedenstellt. Das gilt jedenfalls für die vorherige Unterrichtung nach Art. 2 S. 2 Zustimmungsgesetz.

Die allgemeine Unterrichtung nach S. 1 ist auf Grund der geschilderten Vielfalt der Informationsmöglichkeiten wesentlich schwerer juristisch zu erfassen. Hier zeigen sich Parallelen zu Art. 53 S. 3 GG, bei dem die Unüberschaubarkeit der tatsächlichen Information als Folge der kaum kanalisierten, zahlreichen Kontakte von Bundesrat und Bundesregierung den Eindruck hervorrufen, daß eine Unterrichtung in dem vorgesehenen Sinne überhaupt unterbleibt[1]. Ein weitgehend formalisiertes Verfahren hat sich zunächst nur im Bereich der besonderen vorherigen Unterrichtung nach Art. 2 S. 2 entwickelt. Hier liegt auch inhaltlich und mengenmäßig der Schwerpunkt des gesamten Vorgangs.

I. Das Verfahren nach Art. 2 S. 2

Wie stets bei neuen Verfahren stellten sich auch bei dem anfänglich praktizierten Informationsverfahren nach Art. 2 S. 2 bald Unzulänglichkeiten heraus. Mehrfach kam es vor, daß Bundestag und Bundesrat von wichtigen Rechtsakten der Gemeinschaften erst nach der Beschlußfassung im Rat Kenntnis erhielten. Das veranlaßte dann den Bundestag, bei der Regierung Beschwerde über die Verspätung der Unterrichtung zu führen[2] und zuletzt von der Bundesregierung Bericht darüber zu verlangen, wie den Schwierigkeiten des Parlaments zur Wahrung seiner Rechte begegnet werden könne[3]. Die Bundesregierung verwies in ihrem Bericht[4] dann auf ein neues Verfahren, das inzwischen von ihr eingeführt worden war, und auf die besondere Problematik der Neuunterrichtung.

---

1 Vgl. dazu *Schüle*, Informationspflicht, S. 464 ff.

2 z. B. BT-Drucks. III/1187.

3 BT-Drucks. IV/1497.

4 BT-Drucks. IV/1944.

Das damals neu geregelte Verfahren scheint sich bewährt zu haben. Klagen von Bundestag oder Bundesrat aus Gründen des ungenügenden Verfahrens sind jedenfalls kaum noch laut geworden[5]. Gleichwohl kommt es auch unter diesem neuen Verfahren noch vor, daß die Bundesregierung beiden Organen bereits verabschiedete EWG-Rechtssätze zuleitet. Meist geschieht das mit der Begründung, der entsprechende Kommissionsvorschlag sei dem Rat erst kurz vor seiner Tagung vorgelegt und in der gleichen Sitzung verabschiedet worden[6]. In Einzelfällen hat der Bundesrat bereits zu einer Art „Selbsthilfe" gegriffen und Rechtsakte, von denen er frühzeitig auf inoffiziellem Wege Kenntnis erlangt hatte, auch ohne offizielle Zuleitung behandelt[7].

Man sollte die Frage der verspäteten Zuleitung jedoch nicht überschätzen. Es handelt sich dabei heute um Ausnahmeerscheinungen, die weder quantitativ noch qualitativ Rückschlüsse auf den Wert des Unterrichtungsverfahrens im Ganzen zulassen.

Hiervon zu unterscheiden sind jene Fälle, in denen die Zuleitung zwar rechtzeitig erfolgte, die betreffende Gemeinschaftsvorlage aber gleichwohl in Brüssel verabschiedet wurde, bevor die Bundestagsausschüsse darüber beraten konnten. Der Grund hierfür liegt in der teil-

[5] Vgl. aber BT-Drucks. V/196; VI/576.

[6] Vgl. die offiziellen Zuleitungsschreiben der Bundesregierung in BR-Drucks. 515/66; BR-Drucks. 53/67, die 6 bereits verabschiedete Verordnungen des Rates zur Festsetzung der Grundpreise für bestimmte Obst- und Gemüsesorten betraf; BR-Drucks. 212/67 mit der Begründung, die Verordnung sei wegen der Eilbedürftigkeit sofort vom Rat im schriftlichen Verfahren verabschiedet worden (VO des Rates Nr. 71/67 v. 7. 4. 1967 zur Änderung der VO Nr. 68/67/EWG in bezug auf die von Italien und Frankreich zu treffenden Maßnahmen bei den Preisen für Milch und Milcherzeugnisse). — Der Bundestag nahm einen derartigen Fall zum Anlaß für eine Entschließung an die Adresse der Bundesregierung, in der er die Bundesregierung aufforderte, „bei der Kommission der Europäischen Gemeinschaften darauf hinzuwirken, daß die Vorlagen — unter Berücksichtigung des Sitzungsplanes des Deutschen Bundestages — so rechtzeitig dem Deutschen Bundestag zugeleitet werden können, daß er sein Recht gem. Art. 2 S. 2 ZustG wahrnehmen kann, zumal bislang die parlamentarische Verantwortung für die Vorlagen nicht auf das Europäische Parlament übergegangen ist". (Vgl. BT-Drucks. VI/576.) — In dieser Stellungnahme kommt die Auffassung des Bundestages zum Ausdruck, daß die verspätete Unterrichtung jedenfalls nicht von der Bundesregierung zu vertreten sei, sondern daß sie in dem besonderen Charakter der supranationalen Willensbildung begründet sei. Deutlich zeigt der Hinweis auf die mangelnde parlamentarische Verantwortung, wieweit die Funktion des Art. 2 als nationales Konsenssurrogat für die Gemeinschaftsrechtsetzung in das Bewußtsein des Bundestags eingegangen ist.

[7] z. B. der Antrag der Hansestadt Hamburg in BR-Drucks. 232/67. Hier hatte Hamburg den Antrag gestellt, die Behandlung einer „Mitteilung der Kommission an den Rat über die Finanzierung der Beihilfen an die AASM im Rahmen der Sondervorschriften für Ölsaaten und Saatenöle" auf die Tagesordnung der nächsten BR-Sitzung zu setzen. Dieses Dokument war dem BR noch nicht nach Art. 2 zugeleitet worden.

weise außerordentlich schnellen Behandlung dieser Rechtsakte im Rat, mit der das bundestagsinterne Verfahren nicht Schritt halten kann. Wenn es sich dabei auch kaum je um bedeutende Gemeinschaftsakte handelt, so weist doch die Zahl der Fälle auf eine wesentliche Schwäche des gesamten Verfahrens hin[8]. Grundsätzlich werden diese Unvollkommenheiten des Unterrichtungsverfahrens vom Bundesrat als Argument für die Notwendigkeit eines „Beobachters der Länder bei den Europäischen Gemeinschaften" angeführt[9].

Grundlage des neuen Verfahrens ist eine interministerielle Vereinbarung vom 21. Januar 1963, zu deren Ausarbeitung auch der Direktor des Bundestags und der stellvertretende Direktor des Bundesrats hinzugezogen worden waren[10].

Die Unterrichtung wird heute in einem gemischt schriftlich-mündlichen Verfahren durchgeführt, das dem Arbeitsstil in den supranationalen Organen weitgehend angepaßt ist. Der schriftliche Teil beschränkt sich im wesentlichen auf die Zuleitung der Kommissionsentwürfe[11], der mündliche auf die „Kontaktpflege" der einzelnen Ressorts zu „ihren" Ausschüssen.

1. Erster Verfahrensteil: Das Zuleitungsverfahren

Der schriftliche Teil der vorherigen Unterrichtung beginnt mit der offiziellen Weiterleitung des Kommissionsentwurfs an das Bundesministerium für Wirtschaft und Finanzen durch den deutschen Ständigen Vertreter, dem sämtliche Kommissionsvorlagen unmittelbar nach Eingang im Sekretariat des Rats zugeleitet werden. Das Bundesministerium für Wirtschaft und Finanzen ist heute[12] allein in sämtlichen Gemeinschaftssachen federführend. Es ist daher auch für die Weiterleitung der Entwürfe der Gemeinschaftsrechtsakte an Bundestag und Bundesrat zuständig. Es prüft die eingegangenen Kommissionsentwürfe

[8] In der 6. Legislaturperiode war das bei immerhin 86 von insgesamt 180 Gemeinschaftsvorlagen der Fall, die federführend an den Ausschuß für Wirtschaft überwiesen worden waren. In derartigen Fällen wird nur dann ein Bericht von dem Ausschuß an das Plenum erstattet, wenn der Ausschuß die Ablehnung der Gemeinschaftsvorlage empfiehlt.

[9] Vgl. dazu unten 4. Kap. II, 4.

[10] Vgl. den Bericht der Bundesregierung, BT-Drucks. IV/1944.

[11] Andere Wege vorheriger schriftlicher Unterrichtung spielen eine geringere Rolle. Es kommt aber auch z. B. vor, daß Referenten der Ministerien zu den Ausschußsitzungen in BT und BR quasi schriftliche Voten senden, in denen dann nicht nur die Auffassung des betreffenden Ressorts vertreten wird, sondern in aller Regel Informationen über die Arbeiten in den Arbeitsgruppen enthalten sind.

[12] Die ursprüngliche Zuständigkeit des Bundesministeriums für Atom für Entwürfe der EAG wurde in Anbetracht der außerordentlich geringen Zahl der Rechtsakte ebenfalls auf das Bundesministerium für Wirtschaft und Finanzen übertragen.

zunächst daraufhin, ob sie den gesetzgebenden Körperschaften zugeleitet werden müssen. Die Leitlinie für diese Entscheidung ist in dem Begleitschreiben des Staatssekretärs im Bundeskanzleramt vom 6. September 1963 zu der oben erwähnten interministeriellen Vereinbarung festgelegt. Danach sollen Entwürfe zu Verordnungen und Richtlinien zur „Vereinfachung der erforderlichen Prüfung" auch dann zugeleitet werden, wenn Zweifel bestehen[13], ob die innerdeutsche Gesetzgebung hiervon berührt werden könnte. Entwürfe zu Entscheidungen des Rats sollen dagegen nur zugeleitet werden, wenn sie offensichtlich in die innerdeutsche Gesetzgebung eingreifen[14].

Das Zuleitungsverfahren im engeren Sinne läuft dann wie folgt ab: Sämtliche vom Ratssekretariat in Brüssel eingehenden Entwürfe zu Verordnungen und Richtlinien des Rates der Europäischen Gemeinschaften, sowie die Entwürfe zu offensichtlich in die deutsche Gesetzgebung eingreifenden Entscheidungen des Rates der Europäischen Gemeinschaften schickt das Bundesministerium für Wirtschaft und Finanzen umgehend in zwei Exemplaren an das Bundeskanzleramt zur Weiterleitung an Bundestag und Bundesrat. Dem Anschreiben ist der Entwurf eines Schreibens des Bundeskanzlers an die Präsidenten von Bundestag und Bundesrat, das sogenannte „Zuleitungsschreiben", beigefügt.

Dieses Zuleitungsschreiben enthält[15]:

— den im Entwurf der Kommission vorgesehenen Titel des jeweiligen Rechtsaktes,

— das Datum, wann die Kommission den Vorschlag an den Präsidenten des Rates der Europäischen Gemeinschaften übersandt hat,

— einen Hinweis, ob der Entwurf vor seiner Verabschiedung im Rat dem Europäischen Parlament und dem Wirtschafts- und Sozialausschuß vorgelegt wird,

— den voraussichtlichen Zeitpunkt der Verabschiedung im Rat.

Weiterhin ist in der Regel in dem Schreiben ein Hinweis auf Art. 2 S. 2 Zustimmungsgesetz, bzw. in Fällen, in denen zweifelhaft ist, ob die innerdeutsche Gesetzgebung berührt wird, ein allgemeiner Hinweis auf Art. 2 enthalten[16]. War die rechtzeitige Zuleitung nicht möglich, so

[13] Dabei bleibt offen, inwieweit derartige Zweifel z. B. bei Verordnungen entstehen können. Durch Verordnungen wird nach Art. 189 EWGV, 161 EAGV in jedem Mitgliedstaat, also auch in der Bundesrepublik Deutschland, unmittelbar geltendes Recht geschaffen. Von derartigen Ratsbeschlüssen sind aber gem. Art. 2 S. 2 BT und BR grundsätzlich vor der Beschlußfassung im Rat zu unterrichten.

[14] Zur Problematik einer solchen Regelung vgl. oben 2. Kap. III, 2.

[15] Vgl. z. B. das Zuleitungsschreiben BT-Drucks. V/4242.

[16] z. B. BT-Drucks. V/4238, allerdings handelt es sich hier um eine VO, bei der aus den oben genannten Gründen nicht zweifelhaft sein sollte, daß

wird in dem Schreiben auf die Gründe hingewiesen, die eine frühere Zuleitung verhindert haben[17].

Grundsätzlich wird für jeden Entwurf ein besonderes Zuleitungsschreiben verfaßt[18]. Mehrere Vorschläge werden nur dann in einem Zuleitungsschreiben zusammengefaßt, wenn sie das gleiche Sachgebiet betreffen[19].

Das Bundesministerium für Wirtschaft und Finanzen sendet zugleich — unverzüglich nach Erhalt der Kommissionsvorschläge — je eine Durchschrift vom Entwurf des Zuleitungsschreibens sowie ein Exemplar des Beschlußentwurfs an die Direktoren von Bundestag und Bundesrat. In diesem Verfahren der Vorabunterrichtung, das auf dem „kleinen Dienstweg" die bis zu einer Woche dauernde offizielle Zeichnung und Zuleitung unterläuft, liegt eines der wesentlichsten Mittel zur Beschleunigung des Verfahrens. Mit seiner Hilfe soll insbesondere die Verteilung des Entwurfs an die Mitglieder der gesetzgebenden Körperschaften bis zum Eintreffen des offiziellen Zuleitungsschreibens des Bundeskanzlers drucktechnisch vorbereitet werden.

Zugleich mit den Direktoren von Bundestag und Bundesrat erhalten die sachlich beteiligten Ressorts eine Durchschrift vom Entwurf des Zuleitungsschreibens und in der Regel den Text des Beschlußentwurfs.

Nach Zeichnung des Zuleitungsschreibens durch den Bundeskanzler oder dessen Stellvertreter leitet das Bundeskanzleramt offiziell das Zuleitungsschreiben und den Entwurfstext mit Kommissionsbegründung Bundestag und Bundesrat zu. Mit dem Eintreffen der beiden Schriftstücke in dem jeweiligen Präsidialbüro ist der schriftliche Teil des eigentlichen Zuleitungsverfahrens beendet. Es folgen die — unterschiedlich geregelten — internen Verfahren zur Behandlung der Vorlagesachen in Bundestag und Bundesrat, die begleitet werden von der nun im Wege der Kontaktpflege folgenden mündlichen Unterrichtung.

2. Das Verfahren innerhalb des Bundestags

Das Verfahren innerhalb des Bundestags[20] hat dieser in einem Beschluß vom 25. Juni 1959 zur Behandlung von Vorlagen gem. Art. 2

---

durch sie „in der Bundesrepublik Deutschland unmittelbar geltendes Recht geschaffen" wird.

17 Vgl. das Zuleitungsschreiben in BR-Drucks. 515/66.

18 z. B. die BT-Drucks. V/1163, 1164, 1165, 1166, 1167.

19 Vgl. BT-Drucks. V/1893.

20 Beim BT ist auf Anregung des Präsidenten des Bundestags und Beschluß der Fraktionen ein Ältestenrat für EWG-Fragen errichtet worden, der auf Anregung der Fraktionen politische und institutionelle Grundfragen der EWG erörtert. Das Ergebnis dieser Erörterungen wird dann den Ausschüssen zur Verfügung gestellt. Eigene Vorlagen an das Plenum macht der Integrations-Ältestenrat nicht. Die GOBT hat bisher noch keine Notiz von

und 3 Zustimmungsgesetz geregelt, der der Geschäftsordnung als Anlage 4 beigefügt wurde. Darin wird in Abweichung von der Geschäftsordnung des Bundestages folgendes vereinfachte Verfahren festgelegt[21].

a) Das reguläre Verfahren bei der Behandlung von Vorlagesachen im Bundestag

Anders als bei normalen Ausschußüberweisungen, die auf Grund eines Geschäftsordnungsantrages vom Plenum beschlossen werden müssen[22, 23], werden die Vorlagen der Bundesregierung im Rahmen der Unterrichtung nach Art. 2 S. 2 unmittelbar durch den Präsidenten im Benehmen mit dem Ältestenrat an die zuständigen Ausschüsse überwiesen. Der federführende Ausschuß hat dem Bundestag dann Bericht zu erstatten.

Die Ausschüsse erarbeiten zu den Kommissionsvorschlägen — meist in enger Fühlungnahme mit den Fachreferenten der Ministerien — Stellungnahmen, die sie dann dem Bundestag-Plenum zur Beschlußfassung vorlegen. In diesen Stellungnahmen empfehlen sie dem Bundestag entweder, die Bundesregierung aufzufordern, bei den Verhandlungen im Rat auf diese oder jene Änderungen der Vorlage zu dringen, oder aber ihr nur mitzuteilen, daß der Bundestag von dem betreffenden Rechtsakt (zustimmend) Kenntnis genommen habe.

b) Das Listenverfahren

Die Fülle von EWG-Rechtsakten, vor allem auf dem Gebiet des Agrarmarktes, hat — zunächst im Bereich des Ausschusses für Ernährung, Landwirtschaft und Forsten — zu einem vereinfachten Listenverfahren geführt. Minder wichtige Rechtsakte und solche, die sich mehr oder weniger eindeutig als Ausführungsvorschriften zu gemeinsamen Marktorganisationen erkennen lassen, werden im Ausschuß von vornherein en bloc behandelt[24].

Das Verfahren in den Ausschüssen läuft dann im einzelnen wie folgt ab: Die in Frage kommenden Gemeinschaftsvorlagen werden vom Ausschußsekretariat in einer Liste zusammengestellt. Diese Liste wird den

---

ihm genommen. Vgl. *v. Meibom*, Mitwirkung, Fußn. 8. Zur Einordnung des Integrations-Ältestenrats in die „europäischen Aktivitäten" des BT vgl. *Neunreither*, Parlement Européen et parlements nationaux, S. 66. *Neunreither* weist darauf hin, daß der Integrations-Ältestenrat seit 1967 nicht mehr zusammengetreten ist.

[21] Vgl. die BT-Drucks. III/1187 und IV/3633.

[22, 23] *Trossmann*, Parlamentsrecht, S. 34 ff.

[24] Vgl. den schriftlichen Bericht des Ausschusses für Ernährung, Landwirtschaft und Forsten, BT-Drucks. V/4150, der sich mit nicht weniger als 10 verschiedenen, dem Ausschuß unabhängig voneinander zugeleiteten Gemeinschaftsakten beschäftigt.

Mitgliedern zu gegebener Zeit rechtzeitig vor der Ausschußsitzung vorgelegt und dann auf die Tagesordnung der nächsten Sitzung gesetzt. Stellt der Vorsitzende in dieser Ausschußsitzung fest, daß Einwendungen gegen die in der Liste enthaltenen Vorlagen nicht erhoben werden, werden diese Vorlagen dem Plenum des Bundestages in einem Schriftlichen Bericht zur Kenntnisnahme mit dem kurzen Hinweis zugeleitet, daß es sich hier um Vorlagen von geringer Bedeutung handelt. Wenn dagegen ein Mitglied des Ausschusses den Wunsch äußert, daß eine der auf der Liste befindlichen Vorlagen beraten werden soll, wird diese Vorlage einer besonderen Behandlung in der darauffolgenden Sitzung unterzogen. Vorlagen, über die der Rat bereits beschlossen hat und die im Amtsblatt bereits veröffentlicht sind, werden ebenfalls auf die Liste gesetzt. Da diese Gemeinschaftsakte schon in Kraft getreten sind, ist hier eine Berichterstattung an das Plenum in der Regel nicht notwendig. Dennoch kann eine Erörterung im Ausschuß vorgesehen werden, falls dieses gewünscht wird.

Anders als bei dem vereinfachten Verfahren im Bundesrat[25] wird das Listenverfahren nicht nur bei zustimmenden Stellungnahmen angewendet. Es kann also durchaus vorkommen, daß der Ausschußbericht von 8 verschiedenen Rechtsakten bei fünf die Kenntnisnahme empfiehlt und im übrigen konkrete Änderungsvorschläge macht[26].

Das Verfahren wurde im Laufe der 5. Legislaturperiode vom Ausschuß für Ernährung, Landwirtschaft und Forsten eingeführt und dann sehr bald auch von den übrigen Bundestagsausschüssen, die Gemeinschaftsvorlagen zu bearbeiten haben, übernommen[27]. Der Unterschied zu früheren en bloc-Beschlüssen des Bundestages besteht darin, daß der Bundestag hier selbständig verschiedene Gemeinschaftsakte zusammenfaßt und nicht nur über ein ihm schon von der Regierung als Paket zugeleitetes Verordnungsbündel[28] seine Meinung bildet.

Die in einem solchen Verfahren sichtbar werdende Meinungsäußerung sollte nicht unterschätzt werden. Es liegt darin nicht allein eine Arbeits-

---

[25] Dazu vgl. unten 3 b.

[26] So z. B. in BT-Drucks. VI/1472.

[27] Vgl. den schriftlichen Bericht des Ausschusses für Wirtschaft in BT-Drucks. VI/1436, in der 12 verschiedene Verordnungen bzw. Richtlinien über so unterschiedliche Dinge zusammengefaßt wurden wie
a) Rechtsangleichung für Meßgeräte und Gaszähler,
b) Regelung für bestimmte Agrareinfuhren aus den assoziierten afrikanischen Staaten,
c) Schutzmaßnahmen für den Handel mit Tansania, Uganda und Kenia,
d) Gemeinschaftliche Versand-Verfahren,
e) Zollaussetzung für Weineinfuhren aus Algerien,
f) Zollkontingente für Baumwollgarne, Spinnfasern und Oberbekleidung aus Malta.

[28] Vgl. dazu die BT-Drucks. V/1893, die auf einmal 11 verschiedene Rechtsakte der Gemeinschaft enthielt.

erleichterung, bei der für Bundestag und Bundesrat gleichermaßen unerwartet großen Fülle von EWG-Rechtsakten. Vielmehr läßt sich hier die Tendenz erkennen, das von den EWG-Organen praktizierte Prinzip unterschiedlicher Gewichtung der Rechtsakte, die dann das unterschiedliche Verfahren impliziert[29], grundsätzlich auch im nationalstaatlichen Bereich anzuwenden. Nicht von ungefähr liegt der Schwerpunkt der in diesem Verfahren behandelten Gemeinschaftsakte bei den Ausführungsvorschriften zu gemeinsamen Marktorganisationen. Gerade in diesem Bereich zeigten sich nämlich die ersten Ansätze für eine neue Rechtsquellenlehre der Gemeinschaftsorgane.

3. Das Verfahren innerhalb des Bundesrats[30]

Das Verfahren innerhalb des Bundesrats entspricht im wesentlichen dem bundestagsinternen Verfahren.

a) Das reguläre Verfahren

Gemäß § 36 Geschäftsordnung des Bundesrats weist der Bundesratspräsident die zugeleiteten EWG-Rechtsakte den zuständigen Ausschüssen zu. Federführend ist im Bundesrat im Gegensatz zum Bundestag stets derselbe Ausschuß, der Ausschuß für Fragen der Europäischen Gemeinschaften (früher: Sonderausschuß Gemeinsamer Markt und Freihandelszone). Bevor dieser die eingehenden Stellungnahmen koordiniert und zusammenfaßt, findet stets noch in einem Arbeitskreis Gemeinsamer Markt eine Aussprache mit Vertretern der Bundesregierung statt[31].

Gleichzeitig leitet der Bundesratsdirektor die Vorlagesachen den Vertretungen der Länder zu, die wiederum ihre Länderregierungen informieren. Innerhalb der Länderregierungen werden dann die verschiedenen Länderressorts daran beteiligt, eine Stellungnahme für das Ausschußmitglied des betreffenden Landes zu erarbeiten. Es kann auch vorkommen, daß ein einzelnes Land zu den es besonders betreffenden Vorlagesachen als Land initiativ wird und neben den verschiedenen Ausschußanträgen einen eigenen Antrag nach § 26 Abs. 1 der Geschäftsordnung des Bundesrats stellt[32].

---

[29] Vgl. dazu die Begründung der Kommission zu der VO zur Errichtung einer gemeinsamen Marktorganisation für Schweinefleisch, BR-Drucks. 26/67 Nr.3 der Kommissionsbegründung.

[30] Vgl. dazu auch *v. Meibom*, Mitwirkung, S. 158 f.

[31] Vgl. *v. Meibom*, Mitwirkung, S. 159.

[32] z. B. Anträge der Länder Bayern und Nordrhein-Westfalen in BR-Drucks. 267/67 (Richtlinie über die Verwirklichung der Niederlassungsfreiheit und des freien Dienstleistungsverkehrs für die selbständigen Tätigkeiten der Architekten).

In den Ausschüssen werden dann Empfehlungen für das Plenum erarbeitet, in dieser oder jener Weise zu den Vorlagesachen Stellung zu nehmen. Dabei spiegeln sich die innerhalb der verschiedenen Länderregierungen bestehenden Meinungsverschiedenheiten zwischen den Ressorts in den kontroversen Ausschußanträgen wider[33]. Denn anders als im Bundestag kann hier auch der mitberatende Ausschuß seine Meinung in Form einer abweichenden Empfehlung dem Plenum zur Kenntnis bringen[34].

Die Empfehlungen der Ausschüsse werden vom Sekretär des federführenden Ausschusses dann den Vertretungen der Länder zugeleitet[35]. Im Plenum werden sie in aller Regel ohne Aussprache angenommen.

b) Das Verfahren nach § 35 Geschäftsordnung des Bundesrats

Für den Fall, daß die Ausschüsse lediglich empfehlen, der Bundesrat möge von der Vorlage „Kenntnis nehmen" oder aber „keine Bedenken erheben", wurde bei Gelegenheit der Neufassung der Geschäftsordnung des Bundesrats 1966 ein vereinfachtes Verfahren festgelegt. Gemäß § 35 Geschäftsordnung des Bundesrats „gelten" in den geschilderten Fällen „die Empfehlungen der zuständigen Ausschüsse ... als Stellungnahmen des Bundesrats, sofern bis zur nächsten Sitzung des Bundesrats kein Land Antrag auf Behandlung dieser Vorlage stellt". Dieses Verfahren wurde — auch dies eine Parallele zum bundestagsinternen Verfahren — im Rahmen der Agrarvorlagen entwickelt und dann in der neuen Geschäftsordnung vom 1. Juli 1966[36] sanktioniert. Der Bundesrat sollte auf diese Weise davor bewahrt werden, sich zur reinen „Abstimmungsmaschine" degradiert zu sehen[37].

Juristisch ist dieses Verfahren insofern interessant, als der Bundesrat es im übrigen strikt vermeidet, seinen Ausschüssen Organqualitäten zuzusprechen[38]. Hier jedoch stattet er die zuständigen Ausschüsse im Bereich der EWG-Vorlagen mit echten Entscheidungsbefugnissen aus. Daran ändert auch der mögliche Einspruch eines Landes nichts. Auf die-

---

[33] Vgl. die Berichte in BR-Drucks. 26/67; 27/67; 28/67.

[34] Beim BT sind abweichende Mindermeinungen und die Auffassungen der mitberatenden Ausschüsse im Bericht aufzuführen. Beteiligte Ausschüsse können keine Anträge an den BT stellen (§ 74 Abs. 2 GOBT). Vgl. dagegen § 45 GOBR: „Der Sekretär des federführenden Ausschusses stellt die Empfehlungen der Ausschüsse zu jeder Vorlage zusammen und leitet sie den Vertretern der Länder zu."

[35] § 45 GOBR.

[36] BGBl. I S. 437 ff.

[37] So der Berichterstatter Dr. *Heubl*, StenBerBR 296. Sitzung am 1. Juli 1966, S. 126 (C).

[38] Im Gegensatz zum BT, dessen Geschäftsordnung in § 60 Abs. 1 die Ausschüsse ausdrücklich als „Organe des BT" qualifiziert. Vgl. auch § 60 Abs. 2 S. 2 GOBT: „vorbereitende Beschlußorgane".

sem beschränkten Gebiet[39] sind die betreffenden Ausschüsse vielmehr ermächtigt, im Namen des Bundesrats selbständig und insofern als Organ des Bundesrats tätig zu werden.

4. Zweiter Verfahrensteil: Die Kontaktpflege

Wurde oben gesagt, daß die Ausschüsse ihre Empfehlungen für Stellungnahmen meist in enger Zusammenarbeit mit den Fachreferenten der Ministerien erarbeiten, so bedarf das hier noch einer näheren Erläuterung; denn in dieser Zusammenarbeit liegt der zweite, mündliche Teil des Unterrichtungsverfahrens, dem eine weit größere Bedeutung als dem ursprünglichen Zuleitungsverfahren zuzumessen ist.

a) Das Verfahren

Nach der schon eingangs erwähnten interministeriellen Vereinbarung vom 21. Januar 1961 hat das federführende Ressort bis zur endgültigen Beschlußfassung im Rat die Vorsitzenden oder die Sekretäre der federführenden Ausschüsse im Wege der Kontaktpflege über Inhalt und Auswirkungen sowie über alle sich abzeichnenden wesentlichen Änderungen der zugeleiteten Entwürfe zu unterrichten[40]. Die Unterrichtung soll auch während der Parlamentsferien fortgesetzt werden.

Die Bedeutung dieser Regelung läßt ein Blick auf den Stand des — parallel laufenden — gemeinschaftsinternen Rechtsetzungsverfahrens erkennen[41]. Das Informationsverfahren nach Art. 2 S. 2 beginnt mit der auf den Vorschlag der Kommission folgenden Zuleitung des Kommissionsentwurfs an die gesetzgebenden Körperschaften. Es endet spätestens mit der Verabschiedung des betreffenden Rechtsaktes im Rat. Was nach der Verabschiedung noch erfolgt, ist der allgemeinen Information nach Art. 2 S. 1 zuzurechnen. Zwischen diesen beiden Punkten, Kommissionsvorschlag einerseits und Ratsbeschluß andererseits, liegt einer der beiden Schwerpunkte der rechtsetzenden Tätigkeit in den Gemeinschaften, die Vorbereitung der Ratsbeschlüsse.

---

39 In der Praxis handelt es sich hierbei jedoch um die Masse der BR-Entschließungen.

40 Vgl. z. B. den Ausschußbericht zu einer Entschließung in BT-Drucks. V/968: „Zu der Richtlinie ... wurde dem Ausschuß die in den Sitzungen der Sachverständigen-Gruppe des Rats nunmehr erstellte Neufassung der Änderungsrichtlinie vorgelegt. Dabei nahm der Ausschuß zur Kenntnis, daß in der Richtlinie Unklarheiten beseitigt und Bestimmungen, die in der Praxis nicht durchführbar waren, umgestaltet wurden."

41 Eingehend dazu: La décision dans les Communautés européennes. Première Partie: Le mécanisme de la décision communautaire. Vgl. vor allem die Beiträge von *Cartou* (S. 1 ff.), *Mégret* (S. 13 ff.), *Noel-Etienne* (S. 33 ff.), *Salmon* (S. 57 ff.), *Vignes* (S. 75 ff.), *Torelli* (S. 83 ff.), *Neunreither* S. 109 ff.) und *Meynaud-Sidjanski* (S. 133 ff.).

Das Sekretariat des Rats weist den Kommissionsentwurf dem Ausschuß der Ständigen Vertreter[42] und dieser weist ihn wiederum einer seiner Arbeitsgruppen zu. In diesen aus Vertretern der Mitgliedstaaten und der Kommission zusammengesetzten Gruppen wird der weitaus größte Teil der streitigen Sachfragen geklärt. Hier werden die Kompromisse geschlossen, und hier fallen in der Masse auch schon die eigentlichen Entscheidungen. Der überwiegende Teil der Rechtsakte des Rates wird in den Arbeitsgruppen der Beschlußreife zugeführt. Der Rat erläßt diese Rechtsakte dann nur noch im Wege über die „A-Liste"[43]. Das bedeutet aber auch, daß zwischen Kommissionsinitiative und Ratsbeschluß nicht nur sehr viel Zeit vergehen kann, sondern daß hier der Kommissionsentwurf auch sachlich erhebliche Änderungen erfahren kann.

Diesen Tatsachen trägt das Informationsverfahren in der Weise Rechnung, daß zu der offiziellen Zuleitung die laufende weitere Unterrichtung im Wege der Kontaktpflege hinzutritt, um so eine maximale Flexibilität im Verfahren zu gewährleisten. In aller Regel bleibt es nicht bei der von der interministeriellen Vereinbarung geforderten Unterrichtung der Ausschußvorsitzenden bzw. -Sekretäre. Es genügt, die betreffenden Fragen auf die Tagesordnung der Ausschüsse zu setzen und diese, wie allgemein üblich, den beteiligten Ministerien mitzuteilen. Meist nehmen die Beamten der an den Fragen interessierten Referate dann schon von sich aus an den Sitzungen teil. Da in den Plenarsitzungen grundsätzlich keine erneuten Aussprachen über die in den Ausschüssen vorbereiteten Stellungnahmen des Plenums stattfinden[44], richtet sich der Schwerpunkt des Interesses der Bundesministerien auf die Ausschußarbeit.

Der auf diese Weise hergestellte Kontakt zwischen Regierung und gesetzgebenden Körperschaften ist allerdings nicht überall gleich stark ausgeprägt. Abgesehen von den schon in der Persönlichkeit von Ausschußvorsitzenden und -Sekretären bzw. Fachreferenten liegenden

---

[42] Zur Aufgabe, Bedeutung und Verfahren des Ausschusses der Ständigen Vertreter vgl. *Noel* in EuR 1967, S. 24 ff.

[43] Als „A-Punkte" werden in die Tagesordnung des Rates Fragen aufgenommen, zu denen eine vollständige Einigung im Ausschuß der Ständigen Vertreter zwischen den 6 Vertretern der Mitgliedstaaten und dem Vertreter der Kommission zustandegekommen ist. Diese Punkte werden vom Rat ohne Aussprache angenommen, es sei denn, ein Mitglied des Ausschusses verlangte die Aussprache. Ist letzteres der Fall, wird der Punkt auf eine spätere Tagesordnung verwiesen. Vgl. *Noel*, EuR 1967, S. 48. Die Bedeutung des A-Punkte-Verfahrens wird evident durch Noels Beispiel, aaO S. 49, daß nämlich 1964 von insgesamt 192 Tagesordnungspunkten des Rates 138 Fragen als A-Punkte auf der Tagesordnung standen. Kritisch zu diesem Verfahren *Sattler*, Funktionelle Integration, S. 120 f.

[44] Vgl. dazu im einzelnen unten 6. Kap. II.

Gründen tragen dazu auch die unterschiedliche Strukturierung von Bundestag und Bundesrat bei. Während dem Bundestag das Fachwissen und die sachliche Nähe der Ministerialbürokratie willkommen ist, steht für den selbst exekutiv strukturierten Bundesrat der Wunsch nach einem möglichst frühzeitigen Ausgleich von Bundes- und Länderinteressen im Vordergrund.

b) Kritische Würdigung des Verfahrens

Die große Bedeutung der Kontaktpflege im Rahmen der Unterrichtung nach Art. 2 S. 2 liegt gegenüber dem einfachen Zuleitungsverfahren in ihrer größeren Flexibilität und in der Möglichkeit, hier in einen Gedankenaustausch mit der Regierung treten zu können. Die größere Flexiblität äußert sich in der schnellen Reaktionsmöglichkeit auf neue Situationen in den Brüsseler Verhandlungen; der Ausschuß kann seine ursprüngliche Stellungnahme modifizieren. Er ist nicht auf den Text der Entschließung des Bundestags oder des Bundesrats festgelegt, soweit die nachfolgenden Beratungen in Brüssel den zugrundeliegenden Rechktsakt modifiziert haben[45].

Darüber hinaus stellt dieser Gedankenaustausch mit der Regierung die primäre und effizienteste Möglichkeit für die gesetzgebenden Körperschaften dar, auf die innerstaatliche Willensbildung zu den Gemeinschaftsakten Einfluß zu nehmen; denn in aller Regel stehen ihnen hier gerade diejenigen Beamten Rede und Antwort, die in den Ministerien die betreffende Sache zu bearbeiten und dann in den interministeriellen Gesprächen zu vertreten haben. Bundestag wie Bundesrat können damit in einem frühen Stadium der sachlichen Klärung ihre Rechtsauffassung gegenüber den in der Masse der Fälle entscheidenden sachverständigen Gliedern der Ministerialbürokratie direkt und in offener Diskussion zur Geltung bringen.

Auf der anderen Seite wird hier jedoch zugleich der auf dem Gebiet der Gesetzgebung beobachtete Bedeutungswandel des modernen Parlamentarismus in besonderer Weise deutlich.

Zum einen ist die Öffentlichkeitsfunktion parlamentarischer Arbeit im Bereich der Gemeinschaftsrechtsetzung nicht mehr gegeben. Die für Bundestag und Bundesrat gleichermaßen unerwartete Fülle von Gemeinschaftsrechtsakten hat zu einer ausschließlichen Verlagerung der Arbeit in die nicht öffentlich tagenden Ausschüsse[46] geführt. Die Entschließungsanträge werden im Plenum grundsätzlich ohne Aussprache

---

[45] Gem. Nr. 1 a der Anlage 4 zur GOBT können der federführende Ausschuß und die mitberatenden Ausschüsse sich erneut mit der Ratsvorlage befassen, wenn sie nach ihrer Behandlung im BT eine wesentliche Änderung erfährt.

[46] Vgl. § 73 Abs. 1 GOBT bzw. § 37 Abs. 2 S. 1 GOBR.

und en bloc angenommen. Die Berichte dazu werden in der Regel schriftlich erstattet, auf mündlichen Bericht wird grundsätzlich verzichtet[47]. Im Bundesrat gelten nach § 35 Geschäftsordnung des Bundesrats die zustimmenden Empfehlungen der zuständigen Ausschüsse als Stellungnahme des Bundesrats, sofern kein Bundesland Antrag auf Behandlung der Vorlage stellt. Letzteres ist seit der Einführung dieses Verfahrens im Juli 1966 noch nicht vorgekommen.

Zum anderen zeigt sich hier aber auch, in welchem Umfang sich die „demokratische Gesamtleitung"[48] im Rahmen des parlamentarischen Regierungssystems vom Bundestag auf die Bundesregierung verlagert hat. Ging die traditionelle Verfassungsdoktrin von der sich primär im Gesetzgebungsrecht manifestierenden Prärogative des Parlaments aus[49], so zeigt schon die Analyse des Verfahrens vor allem der modernen Wirtschaftsgesetzgebung[50], wie wenig die Verfassungswirklichkeit diesem Bild entspricht.

Im Rahmen der Gemeinschaftsrechtsetzung sind die innerstaatlichen Entscheidungskompetenzen in toto auf die Bundesregierung übertragen. Dem Parlament wurde dafür durch Art. 2 die Möglichkeit zur Mitwirkung an der innerstaatlichen Willensbildung eingeräumt, die es in den Ausschußberatungen und den nach außen in Erscheinung tretenden Plenarentschließungen wahrnimmt. An die Stelle des das Gesetzgebungsverfahren abschließenden Gesetzesbeschlusses ist die Entschließung an die Adresse der Bundesregierung getreten.

Dabei schafft die hier in weit stärkerem Maße als bei der nationalen Gesetzgebung hervortretende Überlegenheit des Sachverstandes den Ministerialbeamten häufig einen kaum zu überschätzenden Einfluß in den Ausschußberatungen. Die Regierung nutzt diese Tatsache, um von ihr gewünschte Problemlösungen in die Bundestagsentschließungen aufnehmen zu lassen. Diese Entschließungen werden dann als für die Bundesregierung beachtliche Willensäußerungen des Parlaments in die Beratungen in Brüssel eingebracht.

---

[47] Vgl. etwa die Frage des Vizepräsidenten *Schöttle* (StenBerBT V S. 467 (A): „Herr Berichterstatter, Sie möchten, daß das Haus auf die Berichterstattung verzichtet? Das ist ja wohl der ordentliche Gang der Dinge." Der Bericht wurde nicht erstattet.

[48] *Hesse*, Grundzüge des Verfassungsrechts, S. 212.

[49] Vgl. etwa *Hesse*, Grundzüge des Verfassungsrechts, S. 217; *Friesenhahn* in VVDStRL 16 (1958) S. 37 m. umfangreichen Nachweisen; *Jesch*, Gesetz und Verwaltung, S. 92 f.

[50] Dazu vgl. *Euchner*, Zur Lage des Parlamentarismus, S. 112, 131; *Blank-Hirsch*, Vom Elend des Gesetzgebers, S. 166 f. Dabei kommt es häufig vor, daß der Bericht des Ausschusses, der die Grundlage für die Entscheidung des Plenums darstellt, aus einer engen Zusammenarbeit von dem Berichterstatter und dem zuständigen Referenten resultiert.

Der als Weisung an die Regierung ergehende Parlamentsbeschluß stellt sich damit als ein formaler Akt der Konsentierung zu einer Entscheidung heraus, die in ihrem materiellen Gehalt bereits von der Regierung getroffen worden ist. In der scharfen Formulierung der neueren Parlamentarismuskritik bedeutet das, daß die verfassungsrechtliche Prärogative des Parlaments auf die formale Legitimierung der faktischen Prärogative der Regierung beschränkt bleibt[51, 52].

Die Ursachen hierfür wird man nicht allein in der Kompliziertheit und den Sachzwängen moderner Wirtschaftsplanung und -lenkung zu sehen haben[53], die diesen Bereich zu einer Domäne der Regierung werden lassen; sie liegen vielmehr zumindest in gleicher Weise in dem Abwandern der Entscheidungskompetenzen aus dem legislativen in den exekutiven Bereich und der daraus folgenden sachlichen Entfremdung. Letzterer vermag auch die Informationspflicht der Bundesregierung nach Art. 2 bei der gegenwärtigen Bundestagsorganisation nur begrenzt entgegenzuwirken.

Darüber hinaus darf nicht verkannt werden, daß ein sehr großer Teil der Gemeinschaftsvorlagen Bereichen entstammt, die traditionell nicht in den Funktionsbereich des Bundestages fielen. Es handelt sich dabei um alle jene Akte, die nach deutschem Recht im Verwaltungswege oder aber durch Rechtsverordnung zu regeln wären[53a]. Hier ist es nur natürlich, daß dem primär an den politischen Grundfragen orientierten Parlament der spezifische, administrative Sachverstand fehlt. Es drängt sich daher die Frage auf, ob der Bundestag sich bei Verabschiedung des Art. 2 ZustG nicht möglicherweise in Unkenntnis des tatsächlichen Charakters der Gemeinschaftsrechtsetzung übernommen hat.

Das geschilderte Übergewicht der Regierung in den Ausschußberatungen läßt sich allerdings nur im Bundestag, nicht aber auch im Bundesrat beobachten; denn hier steht dem Sachverstand der Bundesbeamten der zusammengefaßte Sachverstand der Länderverwaltungen

---

[51] So etwa *Euchner*, S. 127 f., 131.

[52] Dabei kann hier nicht darauf eingegangen werden, inwieweit die moderne Parlamentarismusdiskussion an dem historisch bedingten kontinentalen Fehlverständnis des Verhältnisses von Regierung und Parlament krankt. Der pragmatische britische Denkansatz weist zumindest darauf hin, daß eine Großzahl der kontinentalen Aporien mehr künstlich-theoretischer Art ist, wenngleich auch dort die Krise des Parlamentarismus nicht geleugnet wird.

[53] Dazu s. *Gehrig*, Parlament — Regierung — Opposition, S. 164.

[53a] Im Bundestag rechnet man fast 90 % aller Vorlagen diesen Bereichen zu. Ein typisches Beispiel dafür findet sich etwa bei den Vorschlägen der Kommission für Maßnahmen zur Harmonisierung der Bestimmungen über die Exportkreditversicherung, die in der Bundesrepublik traditionell im Verwaltungswege geregelt wurden. (Rechtsgrundlage im jeweiligen Haushaltsgesetz) Vgl. die BTDrcks. VI/321, VI/746, VI/1569, VI/3306, VI/3493, VI/3494.

gegenüber. Jeder der dem Bundesrat zugeleiteten Entwürfe zu Gemeinschaftsakten durchläuft innerhalb der Bundesländer das für die Bundesregierung geschilderte Verfahren in annähernd gleicher Weise, ehe er in die Ausschußberatungen des Bundesrats gelangt. Der Bundesrat ist dadurch häufig in der Lage, den Vorstellungen der Bundesregierung mit einer sehr dezidierten Auffassung zu den sachlichen wie den institutionellen Fragen der Gemeinschaftsakte entgegenzutreten und Alternativen anzubieten. Darin zeigt sich auch im Bereich der Gemeinschaftsrechtsetzung, daß den im Grundgesetz festgelegten Mechanismen föderaler Gewaltenhemmung[54] bei der zunehmenden Technizität moderner Gesetzgebung eine stetig wachsende Bedeutung zukommt.

5. Die Regelung der Neuvorlage

In engem Zusammenhang mit der laufenden Unterrichtung im Rahmen der Kontaktpflege steht das schon mehrfach angesprochene Problem der Neuvorlage. Die interministerielle Vereinbarung hat diese Frage folgendermaßen geregelt: Wird ein zugeleiteter Entwurf durch einen die bisherige Konzeption in wesentlichen Teilen ändernden neuen Entwurf ersetzt, so regt das federführende Ressort beim Bundesministerium für Wirtschaft und Finanzen, Abt. E, eine erneute Zuleitung durch den Bundeskanzler an. Für die übrigen Fälle der Änderung des Kommissionsentwurfs verwies der Bundesminister für Wirtschaft und Finanzen in seinem Bericht zu der Frage, wie den Schwierigkeiten des Bundestags zur Wahrung seiner Rechte begegnet werden könne[55], auf die laufende Unterrichtung im Wege der Kontaktpflege hin. Zugleich regte er eine erneute Beratung im Ausschuß für den Fall an, daß der Ausschußvorsitzende die Änderungen für „wesentlich genug" hält.

Der Bundestag hat diese Anregung aufgegriffen und durch Beschluß vom 30. Juni 1965 die Anlage 4 der Geschäftsordnung des Bundestags um eine Nr. 1 a erweitert[56]. Danach „können" der federführende Ausschuß und die mitberatenden Ausschüsse sich erneut mit der Ratsvorlage befassen, wenn sie nach ihrer Behandlung im Bundestag eine wesentliche Änderung erfährt. Der federführende Ausschuß „kann" dem Bundestag einen erneuten Bericht erstatten[57]. Eine vergleichbare

---

[54] Allgemein dazu *Ebke*, Bundesstaat und Gewaltenteilung, Diss. Göttingen 1965; vgl. auch *Hesse*, Der unitarische Bundesstaat, S. 21, 26 f.; *ders.*, Grundzüge, S. 91.

[55] BT-Drucks. IV/1944.

[56] Vgl. dazu auch den Bericht des Abgeordneten Dr. *Schäfer*, BT-Drucks. IV/3633.

[57] Von der Möglichkeit, einen neuen Bericht zu erstatten, wird jedoch in der Praxis kaum Gebrauch gemacht. Primär wird man das mit der ohnehin bestehenden Arbeitsüberlastung der Ausschüsse erklären können.

Regelung im Bereich des Bundesrats existiert nicht. Die Bundesratsausschüsse praktizieren jedoch ein ähnliches Verfahren.

Die Regelung der interministeriellen Vereinbarung unterliegt insofern keinen rechtlichen Bedenken, als sie die Fälle darauf beschränkt, daß die Kommission einen neuen Entwurf vorgelegt hat; denn diese Bestimmung muß im Zusammenhang mit der laufenden Unterrichtung im Wege der Kontaktpflege gesehen werden. Es wurde bereits oben festgestellt, daß ein bestimmtes Unterrichtungsverfahren durch Art. 2 nicht vorgeschrieben ist. Die Bundesregierung kann daher ihrer Pflicht sowohl durch eine mündliche wie durch eine schriftliche Unterrichtung voll genügen. Das heißt aber, daß es grundsätzlich in ihrem Ermessen steht, wann sie einen geänderten Entwurf erneut zuleitet und wann sie Bundestag und Bundesrat nur mündlich über die Änderungen des Kommissionsentwurfs informiert. Erfolgt jedoch trotz Änderung keine Neuvorlage, so hat die Bundesregierung die gesetzgebenden Körperschaften in jedem Falle zumindest mündlich zu unterrichten.

II. Das Verfahren nach Art. 2 S. 1

Ein geregeltes Verfahren zur allgemeinen laufenden Unterrichtung über die Entwicklungen im Rat gibt es nicht.

1. Die Berichte der Bundesregierung

Auf Grund von Bundestagsentschließungen erstellt die Bundesregierung in dem hier interessierenden Bereich insbesondere zwei Berichte: Den „Halbjahresbericht über die Tätigkeit der Europäischen Gemeinschaften“, den sogenannten „Integrationsbericht“ und den „Bericht über die Auswirkungen der EWG-Marktorganisationen auf dem Agrargebiet“[58]. Beide Berichte sind nicht Ausdruck der allgemeinen Unterrichtungspflicht des Art. 2 S. 1. Sie finden ihren Anlaß vielmehr in den entsprechenden Entschließungen des Bundestags, die Integrationsberichte in den Entschließungen vom 22. Februar und 28. April 1967[59] und die Landwirtschaftsberichte in den Beschlüssen vom 5. November 1962 (als Halbjahresberichte[60]) und vom 28. Januar 1964 (als Jahres-

[58] Neben diesen beiden wohl wichtigsten gibt es noch verschiedene andere. Hingewiesen sei etwa auf den Zweijahresbericht der Bundesregierung über „die Art, den Umfang und den Erfolg der von ihr oder den Länderregierungen vorgenommenen Beanstandungen betreffend die Anwendung des Art. 119 EWGV“. Vgl. z. B. BT-Drucks. VI/1702. Wie beim Agrarbericht handelt es sich hier um einen Bericht über die nationalen Folgen der Vergemeinschaftung.

[59] BT-Drucks. V/1010, V/1653.

[60] BT-Drucks. IV/725 (B).

berichte[61]). Unterzieht man den jeweiligen Inhalt beider Berichte einer näheren Untersuchung, so wird der mangelnde Zusammenhang mit Art. 2 S. 1 evident.

Die Agrarberichte geben eine ins einzelne gehende Darstellung der innerdeutschen Situation auf den Agrarmärkten wieder. Naturgemäß steht dabei die EWG-Agrarpolitik im Vordergrund. Die enge Verzahnung der nationalen mit der supranationalen Agrarpolitik hat dazu geführt, daß nunmehr auch die ursprüngliche Trennung von dem „Grünen Bericht" aufgehoben wurde. Seit 1971 erscheint nur noch ein einziger Agrarbericht[62].

Die Integrationsberichte[63] werden in gleicher Weise für die Westeuropäische Union[64] und den Europarat[65] erstellt. Sie sollen erklärtermaßen nicht nur die Entwicklungen im Rat der Europäischen Gemeinschaften, sondern die „Tätigkeit der Europäischen Gemeinschaften, des Europarats und der Westeuropäischen Union" beinhalten[66]. Dabei sollen sie

„eine Darstellung

a) der wesentlichsten Vorgänge der Berichtszeitraums und

b) der Politik der Bundesregierung zur Förderung des europäischen Einigungswerkes geben"[65].

Eine derartig umfassende Pflicht zur Unterrichtung wird man kaum aus Art. 2 herleiten können. Sie entspringt vielmehr der allgemeinen im parlamentarischen Regierungssystem begründeten Verpflichtung der Bundesregierung zur Erfüllung von Aufträgen, die das Parlament der Regierung stellt[67]. Es entspricht diesen Feststellungen, daß beide Berichte jeweils nur dem Bundestag erstattet werden. Ein solches Verfahren wäre mit dem aus Art. 2 resultierenden Gleichbehandlungsgebot[68] gegenüber Bundestag und Bundesrat sonst nicht zu vereinbaren. Im Rahmen des allgemeinen Verhältnisses von Bundesregierung und Bundestag einerseits und Bundesregierung und Bundesrat andererseits erscheint diese differenzierende Behandlung der gesetzgebenden Körperschaften jedoch zulässig.

---

[61] BT-Drucks. IV/1835 (B).

[62] Vgl. BT-Drucks. VI/1800 (Agrarbericht 1971 der BReg).

[63] Vgl. z. B. BT-Drucks. VI/2121 für den Zeitraum von Oktober 1970 bis März 1971.

[64] BT-Drucks. V/2798, V/4081.

[65] BT-Drucks. V/2799, V/4080. Jetzt wird nur noch jeweils ein Halbjahresbericht über die Tätigkeit im Europarat und in der WEU erstellt. Vgl. BT-Drucks. VI/2126.

[66] Vgl. BT-Drucks. V/1010.

[67] Derartige Berichte wird man wegen ihres Umfangs und ihrer Kontinuität auch nicht als Ausfluß des Fragerechts gem. Art. 43 GG betrachten können.

[68] Vgl. dazu oben 2. Kap. I, 2 b.

2. Die Unterrichtung durch Zuleitung von Programmen, Memoranden und Beschlußentwürfen der Kommission für den Rat

Neben beiden regelmäßig wiederkehrenden Berichten gibt es eine Fülle von Mitteilungen, Memoranden und Entwürfen der Kommission der Europäischen Gemeinschaften, die diese dem Rat unterbreitet, und die die Bundesregierung in der Regel in dem Verfahren der Unterrichtung nach Art. 2 S. 2 den gesetzgebenden Körperschaften zuleitet.

a) Zuleitung von Kommissionsentwürfen mit hochpolitischem Inhalt

Dazu gehören in erster Linie die Kommissionsentwürfe zu den großen politischen Problemen, die Pläne und Programme der Gemeinschaften: die Memoranden der Kommission zur Reform der Landwirtschaft in der EWG (Mansholt-Plan[69]) und über die Koordinierung der Wirtschaftspolitik, die Zusammenarbeit in Währungsfragen innerhalb der Gemeinschaften[70] und die Industriepolitik der Gemeinschaften[71], die Mitteilung der Kommission über eine erste Orientierung für eine gemeinschaftliche Energiepolitik[72], das Programm für eine mittelfristige Wirtschaftspolitik[73] oder etwa der Bericht an Rat und Kommission der Europäischen Gemeinschaften über die stufenweise Verwirklichung der Wirtschafts- und Währungsunion (Werner-Bericht[74]).

Die Zuleitung dieser Entwürfe ist insofern von besonderer Bedeutung, als das deutsche Parlament hier in politische Prozesse europäischer Dimensionen eingeschaltet wird, die ihm im heimischen Bereich verschlossen sind. Denn bei diesen Gemeinschaftsvorlagen handelt es sich vielfach um Pläne und planvorbereitende Akte, die gemeinhin — wenn auch zum Teil mit Bedauern — zur ausschließlichen Domäne der Regierung gerechnet werden[74a]. Nicht zu Unrecht wenden die Bundestagsausschüsse diesen Gemeinschaftsakten ihre ganz besondere Aufmerksamkeit zu. Handelt es sich doch darum, von Anfang an die im nationalstaatlichen Bereich umstrittene Teilhabe an der Plangewalt im überstaatlichen Bereich sicherzustellen und möglichst frühzeitig auf die Gestaltung der politischen Grundsatzentscheidungen in den Gemein-

---

[69] BT-Drucks. V/3700.

[70] BT-Drucks. V/3914.

[71] BT-Drucks. VI/606. Zur Stellungnahme des BT vgl. BT-Drucks. VI/1985.

[72] BT-Drucks. V/3955.

[73] BT-Drucks. V/629; VI/1393 (3. Programm für die mittelfristige Wirtschaftspolitik).

[74] BT-Drucks. VI/1315.

[74a] Vgl. etwa *Jürgensen-Kantzenbach*, Absatzmöglichkeiten gesamtwirtschaftlicher Planung, in: Planung II, S. 62; *Herzog*, VVDStRL H. 24, S. 202; *Redeker*, Staatliche Planung im Rechtsstaat, in: JZ 1968, S. 538. Kritisch dazu: *Fangmann*, Staatliche Wirtschaftsplanung und Staatsrechtsideologie, in: KJ 1972, S. 1 ff.

schaften Einfluß zu nehmen. Wenn die entsprechenden Ausschußberichte gleichwohl oft verhältnismäßig zurückhaltend sind, so ist das weniger auf den Umstand zurückzuführen, daß es sich hier um die noch ungewohnte Wahrnehmung einer Plankompetenz handelt, als vielmehr darauf, daß man dem besonderen Charakter der Brüsseler Beratungen wiederum Rechnung zu tragen hat und sich scheut, die Bundesregierung zu präjudizieren und ihre Verhandlungsposition gegenüber den übrigen Mitgliedstaaten zu erschweren.

b) Zuleitung von Ratsentscheidungen, die nicht unter Art. 2 S. 2 fallen

Darüber hinaus leitet die Bundesregierung Bundestag und Bundesrat aber auch noch verschiedene Akte der Gemeinschaftsorgane, die der laufenden Ratsarbeit zuzurechnen sind, in dem genannten Verfahren zu. Hierzu zählen z. B. Empfehlungen gem. Art. 189 Abs. 5 EWGV (161 Abs. 5 EAGV[75]), Beschlüsse[76] oder Entschließungen[77] des Rates. Alle diese Ratsbeschlüsse erfüllen die Voraussetzungen des Art. 2 S. 2 nicht. Gleichwohl leitet die Bundesregierung sie in dem für die vorherige Unterrichtung vorgesehenen Verfahren zu. Das bedeutet, daß in allen diesen Fällen Bundestag und Bundesrat *vor* der Beschlußfassung im Rat informiert werden. Damit ist ihnen die Möglichkeit gegeben, auch zu diesen Gemeinschaftsakten Stellung zu nehmen und so die interne nationale Willensbildung zu den Maßnahmen, Plänen und Programmen des Rats zu beeinflussen.

In den genannten Fällen läßt sich zwar die Regierungspflicht zur vorherigen Unterrichtung nicht unmittelbar aus dem Wortlaut des Art. 2 S. 2 herleiten. Sie ergibt sich jedoch aus der schon oben geschilderten Pflicht zur möglichst frühzeitigen Unterrichtung von Bundestag und Bundesrat. Je wichtiger die betreffende Ratsmaßnahme ist, desto strengere Maßstäbe wird man an die Rechtzeitigkeit der Unterrichtung zu legen haben. Insofern handelt es sich bei der Zuleitung der hochpolitischen Kommissionsmemoranden wie auch der Beschlußentwürfe vor deren Behandlung im Rat nur um eine korrekte Handhabung der Pflicht zur möglichst frühzeitigen Unterrichtung der gesetzgebenden Körperschaften.

---

[75] z. B. Empfehlung des Rats über die Angehörigen des Großherzogtums Luxemburg, die Inhaber eines im Drittland ausgestellten Architektendiploms sind, BT-Drucks. V/1810.

[76] z. B. der Beschluß des Rates zur Einsetzung eines ständigen Veterinärausschusses, bzw. zur Einsetzung eines ständigen Lebensmittelausschusses, BT-Drucks. V/1893.

[77] z. B. die Entschließung des Rats über die Zeitpunkte der Einsetzung der am 15. Dezember 1964 beschlossenen gemeinschaftlichen Ausgleichszahlungen in die Haushaltspläne der EWG, BT-Drucks. V/1604.

c) Nachträgliche Zuleitung von bereits verabschiedeten Rechtsakten und von Unterlagen zu Assoziierungsabkommen

Schließlich benutzt die Bundesregierung dasselbe Verfahren aber auch zu einer nachfolgenden Unterrichtung auf anderen Gebieten. So leitete sie z. B. unter dem Stichwort „Assoziierungspolitik der Europäischen Gemeinschaften" die Assoziierungsabkommen mit Marokko und Tunesien, die dazu gehörigen Protokolle, Schlußakte und Briefwechsel Bundestag und Bundesrat zu[78]. Hierunter fallen aber insbesondere auch alle jene Rechtsakte, die zwar der vorherigen Unterrichtung nach Art. 2 S. 2 unterliegen, über die jedoch die Bundesregierung aus irgendwelchen, hier nicht zu erörternden Gründen nicht berichten konnte[79]. Derartige bereits verabschiedete Rechtsakte gelangen im Bundesrat dann nicht einmal mehr ins Plenum. Sie werden vielmehr bereits von den Sekretären der zuständigen Ausschüsse abschließend bearbeitet.

d) Das bundestagsinterne Verfahren

In allen unter a)—c) erwähnten Fällen sieht die Anlage 4 zur Geschäftsordnung des Bundestages folgendes bundestagsinterne Verfahren vor: Die Vorlagen der Bundesregierung zur laufenden Unterrichtung des Bundestags nach Art. 2 S. 1 werden unmittelbar durch den Präsidenten des Bundestags im Benehmen mit dem Ältestenrat an die zuständigen Ausschüsse überwiesen. Im Gegensatz zu dem Verfahren nach Art. 2 S. 2 ist es hier jedoch in das Ermessen des federführenden Ausschusses gestellt, ob er Bericht erstattet oder nicht. Er muß allerdings Bericht erstatten, wenn der Bundestag das verlangt[80]. Letzteres ist bei nach der Verabschiedung zugeleiteten Rechtsakten der Gemeinschaften immer dann der Fall, wenn im Ausschuß — sei es auch nur von einem Abgeordneten — Bedenken gegen die Regelung des Gemeinschaftsaktes erhoben werden[81].

Für das bundesratsinterne Verfahren gibt es keine vergleichbare Regelung. In der Praxis findet in den betreffenden Fällen das Verfahren gem. § 35 Geschäftsordnung des Bundesrats häufig Anwendung[82].

---

[78] BT-Drucks. V/4141.

[79] Vgl. die oben Fußn. 6 zitierten Fälle.

[80] Ziff. 1 a) der Anlage 4 zur GOBT.

[81] So die ständige Praxis im BT. Der Präsident bittet um „Bericht innerhalb eines Monats, wenn Bedenken gegen die Verordnung (Richtlinie, Entscheidung) erhoben werden". Vgl. z. B. die amtlichen Mitteilungen, StenBer BT V S. 4686 (C).

[82] Vgl. z. B. BR-Drucks. 88/69 (Beschluß).

3. Unterrichtung im Rahmen der herkömmlichen Informationsmittel

Neben diesen beiden spezifisch für die EWG-Rechtsakte entwickelten Verfahren informiert die Bundesregierung Bundestag und Bundesrat häufig auch im Rahmen der herkömmlichen Informationsmittel. Dabei stehen beim Bundestag die Regierungserklärungen und bei Bundestag und Bundesrat gleichermaßen die Antworten der Regierung auf Anfragen und die Unterrichtung im Rahmen der Kontaktpflege im Vordergrund.

a) Die Unterrichtung im Rahmen der Regierungserklärungen

Von dem Mittel der Regierungserklärung machte die Bundesregierung im vorliegenden Zusammenhang nur selten Gebrauch[83]. Ein Überblick über die Gegenstände der jeweiligen Erklärung zeigt, daß es sich stets um hochpolitische Grundsatzfragen handelte, wenn die Bundesregierung diesen Weg zu einer Kommunikation mit dem Bundestag wählte. Dabei kam es ihr entweder darauf an, Berichte über ihr Verhalten im Rat richtigzustellen[84] oder dem Bundestag die Motivationen und Ergebnisse grundlegender Entscheidungen mitzuteilen[85], oder aber sie wollte ihre Haltung zu hochpolitischen Fragen schon vor den Verhandlungen im Rat offen legen[86]. Stets stand im Hintergrund derartiger Verfahren, die ja einer gewissen Solemnität nicht entbehren, der Wunsch aus der nachfolgenden Debatte eine Rückenstärkung für die weiteren Verhandlungen im Rat zu erhalten.

---

[83] Abgesehen von den stets in den Regierungsprogrammen enthaltenen Passagen zur Europa-Politik waren Fragen der EWG/EAG bisher Gegenstand folgender Regierungserklärungen:

1. StenBerBT II S. 11 327 (D) ff. zur Gründung der EWG und der EAG,

2.—4. StenBerBT IV S. 176, IV S. 315 (D), IV/S. 7300: zur Agrarpolitik in den Gemeinschaften,

5. StenBerBT V S. 673 (D) über den Stand der Verhandlungen des Ministerrats der EWG in Luxemburg,

6. StenBerBT V S. 6331 (D) zur Europapolitik,

7. StenBerBT V S. 6532 (A) zur Tagung des Ministerats der EWG am 23./24. Oktober 1967,

8. StenBerBT V S. 6533 (B) zum Beitritt Großbritanniens zu den Europäischen Gemeinschaften,

9. StenBerBT V/S. 10 160 (A) zur außen- und innenpolitischen Situation der Bundesrepublik,

10. StenBerBT V S. 591 zur Gipfelkonferenz in Den Haag.

In der 3. Legislaturperiode wurde keine Regierungserklärung zu Fragen der EWG/EAG abgegeben.

[84] Erklärung des damaligen Bundesministers des Auswärtigen *Brandt*, s. Nr. 7 der Fußn. 83.

[85] Vgl. Nr. 2—4 der Fußn. 83.

[86] So z. B. Nr. 5 der Fußn. 83: Hier benutzte der damalige Bundesminister des Auswärtigen *Schröder* die Form der Regierungserklärung, um am Tage vor weiteren Verhandlungen in Luxemburg, die zu dem bekannten Luxemburger Kommuniqué führten, noch einmal den deutschen Standpunkt zur

b) Die Unterrichtung im Rahmen des Interpellationsrechts

Nicht ganz so selten machen Bundestag und Bundesrat von ihrer Möglichkeit Gebrauch, mit konkreten Fragen zur europäischen Integration von der Bundesregierung Auskunft zu verlangen[87, 88]. Naturgemäß läßt sich hier nur die Aktivität des Bundestags einigermaßen klar erfassen, weil bei ihm das Verfahren in der Form von großen und kleinen Anfragen weitgehend formalisiert ist. Beim Bundesrat verschwimmen die Grenzen zur Kontaktpflege in starkem Maße. Wie das Beispiel des Bundesrats zeigt, läßt sich aus dem sparsamen Gebrauch des Interpellationsrechts auch kein Schluß darauf ziehen, daß Bundesrat und Bundestag sich schon im Rahmen des Art. 2-Verfahrens hinreichend informiert fühlen und deshalb auf weitere Fragen verzichten zu können glauben. Beim Bundesrat werden zwar im Rahmen der Antrittsrede der Präsidenten regelmäßig Klagen über eine ungenügende Unterrichtung nach Art. 53 S. 3 GG geführt; Interpellation des Bundesrats blieben aber dennoch selten[89].

Die Initiativen im Bundestag gehen in aller Regel von Abgeordneten der europäischen Versammlung aus, die mit der Materie meist näher vertraut sind und deren aktuelles Interesse an einzelnen Problemen sich in den entsprechenden Fragen äußert. Die Bundesregierung versucht meist die Gelegenheit kleiner oder großer Anfragen dazu zu benutzen, auch die Hintergründe der Entscheidungen aufzuzeigen und die Motive für die eigene Stellungnahme zu erklären. Kommt die Anfrage

---

Krise der Gemeinschaften und deren Beseitigungsmöglichkeiten darzulegen. Zugleich lassen seine Ausführungen deutlich erkennen, inwieweit er sich auch aus der Debatte eine Unterstützung seiner Haltung erhoffte.

[87] Insbesondere in der 6. Legislaturperiode ist eine Intensivierung der Fragen zu europäischen Zusammenhängen festzustellen. Hier hatten allein in den ersten 1 1/2 Jahren 10 Kleine und 2 Große Anfragen Themen aus dem Bereich der Europäischen Gemeinschaften zum Gegenstand.

Kleine Anfragen: BT-Drucks. VI/169, 447, 964, 971, 1188, 1405, 1417, 1507, 1576, 1939.

Große Anfragen: BT-Drucks. VI/1145 (Große Anfrage der CDU/CSU betreffend die Agrarpolitik, Fragen 6—9, 17, 18), BT-Drucks. VI/1728 (Große Anfrage der SPD und der FDP betreffend die Außenpolitik der BReg, Fragen 1 und 2).

[88] Inwieweit diese Verbindung von Interpellationsrecht und Informationspflicht auch den Abgeordneten bewußt ist, geht besonders klar aus der Begründung des Abgeordneten *Ertl* zu einer großen Anfrage der FDP-Fraktion hervor: „Wir sind der Meinung, daß es angesichts der Tatsache, daß in Brüssel immer noch ohne eine parlamentarische Kontrolle verhandelt wird, Aufgabe dieses hohen Hauses ist, immer und immer wieder informiert zu werden und laufend Stellung zu nehmen ... Im übrigen verweisen wir auf eine gesetzliche Verpflichtung. Im Ratifizierungsgesetz ... ist klar verankert, daß die Bundesregierung verpflichtet ist, vor allen wesentlichen Entscheidungen das Parlament zu konsultieren und zu informieren.“ Sten BerBT V S. 2243 (A) f.

[89] Zu diesem Problem kritisch *Herzog*, DVBl. 1966, S. 183.

jedoch noch vor den Ratsverhandlungen in die Debatte, so ist das Bemühen der Regierung, sich nicht schon für die Verhandlungen im Rat festzulegen, häufig offensichtlich[90].

c) *Die Unterrichtung im Rahmen der Kontaktpflege*

Im Rahmen des Art. 2 S. 1 kommt der Kontaktpflege grundsätzlich nur geringere Bedeutung zu. Wichtig wird sie allerdings dort, wo sich der Gegenstand der Unterrichtung, etwa der Verlauf einer Ratssitzung oder aber auch Berichte über den Meinungsstand im Rat zu grundsätzlichen politischen Fragen, wegen der angestrebten Vertraulichkeit kaum für die Behandlung im Plenum eignen.

Unterrichtet wird in einem derartigen Verfahren in der Regel über die abschließenden Verhandlungen in Brüssel und ihre dortigen Erfolge. Bundestag und Bundesrat wünschen häufig darüber informiert zu werden, wieweit die Bundesregierung ihre in den Entschließungen zu den einzelnen EWG-Rechtsakten geäußerten Vorstellungen in den Verhandlungen durchsetzen konnte. Derartige Berichte werden dann in den Ausschüssen mündlich erstattet.

Zu erwähnen ist an dieser Stelle schließlich auch die Übung der Bundesregierung, die Parlamentsausschüsse vor und nach Konferenzen, auf denen große politische Entscheidungen über die weitere Entwicklung der Gemeinschaften gefällt werden, wie etwa der Haager Konferenz vom 1./2. Dezember 1969, zu unterrichten[91]. Wenn vor derartig entscheidenden Konferenzen die zuständigen Minister oft selbst mit den betreffenden Gremien von Bundestag und Bundesrat in einen Gedankenaustausch treten, werden sie allerdings nur selten in Ausübung des Art. 2 tätig; denn diese Vorschrift verpflichtet die Bundesregierung nur zur Unterrichtung über die Entwicklungen *im Rat*. Die politischen Grundentscheidungen fallen dagegen in aller Regel im Rahmen von diplomatischen Konferenzen herkömmlichen Typs oder aber im Rah-

---

[90] Vgl. die Antwort der Bundesregierung zur großen Anfrage der FDP zum Memorandum der Kommission zur Reform der Landwirtschaft in der EWG. Große Anfrage: BT-Drucks. V/3756; Antwort der Bundesregierung: BT-Drucks. V/3872. Für eine kleine Anfrage vgl. die Fragen der Abgeordneten *Leicht, Ehnes,* Dr. *Stark* und Gen. betreffend den Kommissionsvorschlag zur Senkung des Zuckerrübenpreises. Frage: BT-Drucks. VI/169; Antwort: BT-Drucks. VI/218.

[91] Vgl. dazu insbesondere auch *Niblock,* National Parliaments in Community Decision-making, S. 49 ff., der zu Recht darauf hinweist, daß die Motivation für eine derartige Unterrichtung häufig in dem Wunsch einer präventiven Konfliktslösung zu finden ist: "... for any experienced negotiator knows that a committee which is informed and consulted prior to the event becomes to some extend implicated and involved in the subsequent decision-making and finds it much more difficult later on to attack the Government's conduct as going against the national interests."

men der „Beschlüsse der im Rat vereinigten Vertreter der Regierungen der Mitgliedstaaten", auf die sich die Berichtspflicht der Bundesregierung nach Art. 2 nicht erstreckt. Das ist jedoch nicht immer der Fall. Soweit die betreffenden Entscheidungen vom Rat möglicherweise ohne vorherigen Kommissionsvorschlag gefällt werden, greift Art. 2 Satz 1 unmittelbar ein[92].

4. Unterrichtung in Rundgesprächen

Der allgemeinen Unterrichtung des Bundestags dienen schließlich auch Rundgespräche, die der Staatssekretär des Auswärtigen Amtes und der „Europastaatssekretär" des Bundesministeriums für Wirtschaft und Finanzen etwa zweimal im Jahr mit den Abgeordneten des Bundestags führen, die zugleich Abgeordnete des Europäischen Parlaments sind. Dabei werden jeweils bestimmte aktuelle Themen der europäischen Integration diskutiert. Wenn diese Gespräche auch primär zum Zweck eines Gedankenaustauschs zwischen Regierung und Europaparlamentariern stattfinden, so läßt sich doch der dabei erzielte Nebeneffekt einer internen Information nicht übersehen.

---

[92] Vgl. etwa die Stellungnahme zum Werner-Plan in der Entschließung des Rates und der im Rat vereinigten Vertreter der Regierungen der Mitgliedstaaten vom 22. März 1971. (ABl. C 28 v. 27. 3. 1971, S. 1 ff.)

Viertes Kapitel

Artikel 2 im System des Grundgesetzes

I. Die Informationspflicht der Bundesregierung gegenüber dem Bundestag

1. Das Verhältnis von Bundesregierung und Bundestag hinsichtlich der Tätigkeit der deutschen Mitglieder im Rat der Europäischen Gemeinschaften

Obwohl die Gemeinschaftsverträge als ein System zur Ausübung eigener, selbständiger Hoheitsrechte ausgestaltet sind, enthalten sie doch nur rudimentäre Ansätze für die Regelung der demokratischen Legitimation und Kontrolle der von den Gemeinschaftsorganen ausgeübten öffentlichen Gewalt. Die Frage demokratischer Tiefengründung der Gemeinschaftsgewalt wurde damit in den Rahmen der nationalen Verfassungen verwiesen. Letztere tragen jedoch dem neuen Tatbestand der Vergemeinschaftung in ihren Vorschriften jedenfalls hinsichtlich dieses besonderen Teilaspekts keine Rechnung.

Das Grundgesetz der Bundesrepublik Deutschland entschied sich zwar in Art. 24 für eine generelle Öffnung deutscher Staatlichkeit zur Integration[1], stellte jedoch für die demokratische Konsentierung der nationalen Teilhabe an der Ausübung der Gemeinschaftsgewalt kein neues Instrumentarium zur Verfügung. Die gesetzgebenden Körperschaften waren damit auf die bereits im nationalstaatlichen Bereich nur begrenzt wirksamen herkömmlichen Kontrollmechanismen verwiesen, deren Tauglichkeit im supranationalen Bereich auf Grund der Eigengesetzlichkeiten der Gemeinschafts-Willensbildung erneut in Frage gestellt werden mußte.

Diesen Tatbestand gilt es zunächst näher zu untersuchen, bevor Art. 2 in seiner Beziehung zu den traditionellen Kontroll- und Konsensmitteln dargestellt wird. Dabei soll zunächst kurz auf die Rechtsstellung der Ratsmitglieder eingegangen werden; denn sie läßt in besonders

---

1 *Vogel*, Die Entscheidung des Grundgesetzes für eine internationale Zusammenarbeit, S. 35 f.

klarer Weise Umfang und Grenzen der Wirksamkeit nationalstaatlich begründeten Konsenses zur Gemeinschaftsgewalt deutlich werden.

a) Die Rechtsstellung der deutschen Ratsmitglieder

(1) Die Regelung im Gemeinschaftsrecht

Dem besonderen Charakter des Rats der Europäischen Gemeinschaften entsprechend regelt sich die Rechtsstellung von dessen Mitgliedern sowohl nach nationalem als auch nach Gemeinschaftsrecht. Das Gemeinschaftsrecht bestimmt zunächst nur in Art. 2 Abs. 1 Fusionsvertrag — unter Übernahme der gleichlautenden Bestimmungen der drei Verträge —, daß der Rat aus Vertretern der Mitgliedstaaten" besteht, und S. 2 präzisiert das dahin, daß es sich dabei um Regierungsmitglieder[2] handeln müsse. Die innerorganschaftlichen Rechte und Pflichten der Ratsmitglieder bestimmen sich dann, abgesehen von den Regelungen der Art. 2 Abs. 2 und 3 FusV nach der Geschäftsordnung des Rates[3].

In der Ausübung seiner Kompetenzen ist der Rat an das von den Verträgen vorgeschriebene Zusammenspiel mit den übrigen Gemeinschaftsorganen gebunden. Dabei beschränkt sich sein Verhältnis zum Europäischen Parlament im wesentlichen auf die Konsultationspflichten, sein Zutritts- und Mitspracherecht, sein Einberufungsrecht und die Budgetbefugnisse des Parlaments. Darüber hinaus beantwortet er in aller Regel die schriftlichen oder mündlichen Anfragen von Abgeordneten, ohne dazu auf Grund einer Vorschrift des Gemeinschaftsrechts verpflichtet zu sein[4]. Wenn damit, insbesondere im Rahmen der zu-

---

[2] Zu dem spezifisch deutschen Problem der Wahrnehmung der Ratsmitgliedschaft durch beamtete Staatssekretäre vgl. *Houben*, Conseils de ministres, S. 125; *Kapteyn*, L'Assemblée commune, S. 172 f. Rechtsgrundlage für diesen kaum mit dem Wortlaut der Verträge in Einklang stehenden Brauch ist eine nicht veröffentlichte Erklärung der Mitgliedstaaten vom 18. 3. 1958, durch die die bis dahin schon im Rahmen der EGKS bestehende Übung auch im Rahmen der EWG/EAG-Ratsverhandlungen übernommen wurde. Die deutsche Praxis unterlag wiederholt der Kritik des Europäischen Parlaments. Vgl. dazu Jahrbuch-Handbuch der Gemeinsamen Versammlung 1958 Nr. 236 Fußn. 2, sowie die Frage des Abgeordneten *van der Goes van Naters* und die Antwort von Staatssekretär *Müller-Armack*, Verhandlungen des Europäischen Parlaments, Sitzung v. 19. 9. 1961, S. 46 bzw. 58.

[3] Die vorläufige GOMinR (EWG) wurde ohne Änderungen nach der Fusion für den Rat der Europäischen Gemeinschaften übernommen. Sie wurde bisher noch nicht offiziell veröffentlicht. Der deutsche Wortlaut findet sich bei *Buerstedde*, Ministerrat, S. 243 ff., der französische bei *Houben*, Conseils de ministres, S. 227 ff.

[4] Vgl. z. B. die schriftlichen Anfragen Nr. 29/71 des Abgeordneten *Glinne*, ABl. C 74/5 und 154/71 der Abgeordneten *Lulling*, ABl. 74/20 v. 24. Juli 1971 und die Antworten des Rats ebenda. Der Rat hat sich allerdings stets geweigert, dem Parlament über Ratsinterna Auskunft zu geben. Vgl. dazu die schriftlichen Anfragen des Abgeordneten *Vredeling* Nr. 24/70 und 240/70 und

nehmenden Haushaltskontrolle durch die Versammlung[5], auch Ansätze vorhanden sind, so vermag die Gesamtheit der parlamentarischen Rechte in ihrer gegenwärtigen Ausgestaltung gleichwohl noch keine parlamentarische Legitimation und Kontrolle[6] der vom Rat ausgeübten öffentlichen Gewalt auf Gemeinschaftsebene zu begründen.

(2) Die Regelung im nationalen Recht

Indem das Gemeinschaftsrecht in Art. 2 Abs. 1 S. 2 FusV bestimmt, daß jede Regierung eines ihrer Mitglieder in den Rat entsendet, verweist es für die Organbestellung und -abberufung auf das nationale Recht und damit auf die innerstaatlichen Regelungen der supranationalen Kompetenzwahrnehmung einerseits und die nationalen interorganschaftlichen Beziehungen hinsichtlich dieser Kompetenzwahrnehmung andererseits. Der Verweis ist vollständig und ohne Vorbehalt. Insbesondere läßt sich den Vertragsvorschriften nichts über die Art des Entsendungsverhältnisses oder den Status der Regierungsmitglieder entnehmen. Beides bestimmt sich vielmehr ausschließlich nach nationalem Recht.

Innerhalb der Bundesregierung haben weder die Gemeinschaftsverträge noch die nationale Gesetzgebung dazu eine Modifikation der bestehenden Kompetenzverteilung bewirkt. Im Gegensatz zur Mitwirkung in den Organen der internationalen Organisationen handelt es sich bei der Wahrnehmung der Ratsmitgliedschaft nicht um eine „auswärtige Angelegenheit“, die deshalb von vornherein die Prärogative des Auswärtigen Amtes begründete. Ebensowenig lassen sich aus dem besonderen Charakter der im Rat behandelten Materien für einzelne der übrigen Ministerien, etwa das Bundesministerium für Wirtschaft und Finanzen, ausschließliche Kompetenzen herleiten[7]. Die durch Art. 65 GG konstituierte Zuordnung von Kanzler-, Ressort- und Kabinettsprinzip blieb auch hinsichtlich der Zuständigkeiten zur Mitwirkung im Rat der Europäischen Gemeinschaften unberührt.

Damit stehen auch hier dem historisch überkommenen[8] Kollegialprinzip die Prärogative des Bundeskanzlers mit Richtlinienkompetenz und materiellem Kabinettbildungsrecht auf der einen Seite und die Ressortselbständigkeit der Bundesminister auf der anderen Seite ge-

---

die Antworten des Rats, ABl. C 97/2 v. 30. Juni 1970 und ABl. C 140/6 v. 11. November 1970.

[5] Vgl. dazu *Lesort*, in: RMC 1970, S. 189.

[6] Zu dem gleichwohl in den Gemeinschaftsverträgen angelegten System effizienter Gewaltenkontrolle vgl. *Ipsen*, Fusionsverfassung, S. 28 ff.

[7] Auf die koordinierende Federführung des BMWF wurde bereits oben 3. Kap. I, 1 hingewiesen.

[8] Zur historischen Entwicklung des Kabinettsprinzips vgl. vor allem *Poetzsch-Heffter*, Reichsregierung, S. 519 f.

genüber. Das Kabinettsprinzip ist sowohl dem Kanzler als auch mit gewissen Einschränkungen dem Ressortprinzip untergeordnet[9].

Die vielfältigen Interdependenzen zwischen den verschiedenen Sachbereichen moderner Verwaltung haben allerdings dazu geführt, daß die Zahl der Fragen, die noch der autonomen Entscheidungsgewalt eines einzelnen Ministers unterliegen, auf ein Minimum zurückgegangen ist. Insbesondere im hier behandelten Bereich wirtschaftlicher Integration gibt es grundsätzlich keine Frage, die nicht zugleich zu mehreren Ministerien ressortierte.

Das Prinzip der Ressortselbständigkeit macht es daher erforderlich, daß die abschließende regierungsinterne Willensbildung[10] zu diesen Fragen einer koordinierenden Ressortbesprechung vorbehalten bleibt[11]. Die Ergebnisse der Besprechung stellen dann einen bindenden Rahmen für die Verhandlungen des deutschen Vertreters im Rat oder dessen Arbeitsgruppen dar. Abgesehen von den seltenen Ausnahmefällen, daß eine Kabinettsentscheidung nach Art. 65 S. 3 GG erforderlich wird oder daß der Bundeskanzler Fragen von zentraler politischer Bedeutung zur Richtlinie seiner Politik erhebt, ist es diese Bindung an die Ergebnisse interministerieller Gespräche, die allgemein als „Weisungsgebundenheit" des deutschen Ratsmitgliedes angesprochen wird. Treten während der Verhandlungen im Rat Probleme auf, die noch nicht Gegenstand der koordinierenden Gespräche waren, wird grundsätzlich eine neue Abstimmung der Ressorts erforderlich.

Was schließlich die interorganschaftlichen Beziehungen in der Bundesrepublik anbetrifft, so gilt das für die regierungsinternen Verhältnisse Gesagte entsprechend. Auch insofern haben die Gemeinschafts-

---

[9] Wie hier: *Böckenförde*, Organisationsgewalt, S. 171 ff., 246; *Gruber*, S. 107 ff.; a. A. *Kassimatis*, Bereich der Regierung, der Art. 62 GG den Vorrang des Kollegialprinzips entnehmen will. Er vermag allerdings keine Begründung dafür zu geben, warum diese Vorschrift im Gegensatz zu ihrem Wortlaut und zu Art. 65 GG mehr als nur eine organisatorische Vorschrift enthält. Ähnlich *Junker* aaO, S. 118. *v. Wick*, Kompetenzwahrnehmung, S. 51 und ähnlich *Münch*, Bundesregierung, S. 206, wollen über Art. 65 S. 4 GG i. V. m. § 15 GOBReg in allen Fällen des § 15 sogar ausschließliche Kompetenzen des Kabinetts begründet sehen. Dem kann nicht gefolgt werden. Art. 65 S. 4 GG begründet zwar die Zuständigkeit der Bundesregierung, sich eine Geschäftsordnung zu geben, nicht aber zugleich die Möglichkeit, im Wege über die GO-Bestimmungen Verfassungsnormen zu erweitern oder zu durchbrechen.

[10] Zum Verfahren der regierungsinternen Willensbildung vgl. insbesondere *v. Meibom*, Die Mitwirkung der Mitgliedstaaten bei der Rechtsetzung der EWG, S. 151 ff.

[11] Zu dem Zusammenhang von Ressortselbständigkeit und koordinierenden Besprechungen, in denen die eigentlichen Entscheidungen fallen, vgl. *Amphoux*, Chancelier fédéral, S. 292. *Amphoux* sieht zu Recht in dem Zwang zu solchen Besprechungen eine Garantie für die Ressortselbständigkeit. Ebenso *Böckenförde*, Organisationsgewalt, S. 172.

verträge rechtlich grundsätzlich keine Veränderungen im nationalen Verfassungsaufbau bewirkt. Das bedeutet für die hier interessierenden Beziehungen von Parlament und Regierung, daß die traditionellen Mechanismen parlamentarischer Legitimation und Kontrolle keinen Einschränkungen unterworfen wurden. Das soll im einzelnen noch am Beispiel des Interpellationsrechts nachgewiesen werden. Im vorliegenden Zusammenhang genügt die Feststellung, daß im nationalen Bereich die parlamentarische Verantwortung von Regierung und Regierungsmitgliedern[12] nicht angetastet wurde. Das gilt gleichermaßen für die Mitwirkung an der supranationalen Kompetenzausübung durch ein nationales Regierungsmitglied.

b) Die parlamentarische Verantwortung der Regierungsmitglieder für ihre Tätigkeit im Rat

Die Eigenart der parlamentarischen Verantwortung eines deutschen Regierungsmitgliedes für seine Tätigkeit im Rat läßt sich anhand einer Betrachtung des organisationsrechtlichen Zusammenhangs von Rats- und Regierungsmitgliedschaft in besonderer Weise verdeutlichen[13]: Nach Art. 2 FusV besteht der Rat aus je einem Regierungsmitglied der ver-

---

[12] Die Frage, ob man bei den deutschen Ministern von einer Verantwortlichkeit sprechen kann, ist nach wie vor umstritten. Vgl. aus der nahezu unübersehbaren Literatur zu dieser Frage: Verneinend, da die Möglichkeit eines Mißtrauensvotums fehle: *Eschenburg,* DÖV 1954, S. 199; *Hamann,* Kommentar, S. 271; *v. Mangoldt,* Grundgesetz, S. 350; *Maunz,* Maunz-Dürig-Herzog, Rdnr. 4 zu Art. 65; *Münch,* Bundesregierung, S. 221; *Scheuner,* DÖV 1957, S. 634; *Trossmann,* Parlamentsrecht, S. 71. Bejahend, trotz fehlenden Mißtrauensvotums: *Böckenförde,* Organisationsgewalt, S. 145 f.; *Friesenhahn,* VVDStRL 16, S. 58; *Hesse,* Grundzüge, S. 235; *Hennis,* Richtlinienkompetenz, S. 26; *Klein,* JZ 1957, S. 426; *v. Mangoldt-Klein,* Anm. IV, 4 zu Art. 65; *Rausch,* Parlament und Regierung, S. 169; *Stein,* Staatsrecht, S. 27; *v. Wick,* DÖV 1956, S. 113. Aus der Entstehungsgeschichte des Art. 65 lassen sich für beide Auffassungen Argumente finden. Vgl. Sten. Prot. des Hauptausschusses, S. 36, Abgeordn. *Dehler* und S. 37, Abgeordn. *Laforet.* Für die Bezeichnung des bestehenden Rechtsverhältnisses trotz fehlenden Mißtrauensvotums als „Verantwortlichkeit" spricht zum einen die historische Entwicklung dieses Begriffs (vgl. dazu *Marschall v. Bieberstein,* HdDStR, I S. 521 und schon *Mohl,* Verantwortlichkeit der Minister, S. 10 f.; *B. Constant,* Cours de politique constitutionnelle, S. 408). Zum anderen ist das Mißtrauensvotum nie etwas anderes gewesen als ein Mittel zur Effektuierung der parlamentarischen Verantwortlichkeit. Ebensowenig wie aber die Durchsetzbarkeit Kriterium des Rechts überhaupt ist, können bestimmte, aus spezifischen historischen Situationen heraus geschaffene verfassungsrechtliche Zwangsmittel nicht als Kriterium einer parlamentarischen Verantwortlichkeit gelten. So zu Recht *v. Wick,* DÖV 1956, S. 114.

[13] Dabei soll im folgenden entsprechend der von *H. J. Wolff* geprägten Formulierung unter Organ ein „durch organisatorische Rechtssätze gebildetes Subjekt zur transitorischen Wahrnehmung von Eigenzuständigkeiten einer juristischen Person" und unter Organwalter die physische Person verstanden werden, welche die dem Organ zugewiesenen Kompetenzen wahrnimmt. Vgl. Organschaft, Bd. 2, S. 229; Verwaltungsrecht II, S. 43.

schiedenen Mitgliedstaaten. Voraussetzung für die Organwalterschaft in dem Gemeinschaftsorgan Rat ist mithin, daß die Ratsmitglieder ihrerseits bereits Organwalter eines anderen Organs, der jeweiligen nationalen Regierung, sind[14]. Ein Bundesminister kann nur deshalb Ratsmitglied sein, weil dem Organ Bundesregierung das Recht zusteht, bei der im Rat stattfindenden Bildung, Äußerung und Betätigung des Gemeinschaftswillens mitzuwirken, und weil ihm als Teil des nationalen Organs die Wahrnehmung dieses Rechts auf Grund der innerstaatlichen Kompetenzverteilung zukommt.

Wenn auf diese Weise die Bundesregierung über ihre Mitglieder Einfluß auf die Willensbildung der Gemeinschaften nehmen kann, so handelt es sich dabei doch nicht um ein Übergreifen in die Wahrnehmung von Gemeinschaftskompetenzen. Vielmehr wird hier ein nationales Organ tätig, das auf Grund der in Art. 2 FusV festgelegten eigenartigen Konstruktion des Rates und dessen Verhältnis zu den Regierungen der Mitgliedstaaten berufen ist, an der Bildung des Gemeinschaftswillens mitzuwirken. Die Ausübung der nationalen Mitwirkungskompetenz ist also begrifflich von der Wahrnehmung der Gemeinschaftskompetenzen zu unterscheiden.

Als Organwalter des Kollegialorgans Rat unterliegen die Minister keiner parlamentarischen Verantwortlichkeit bei der Wahrnehmung von Gemeinschaftskompetenzen. Dagegen bleiben sie als Organwalter des Organs Bundesregierung dem Bundestag in vollem Umfang für die Wahrnehmung der nationalen Mitwirkungskompetenzen verantwortlich. Der Kontrolle des Bundestags unterliegt mithin nicht die Gemeinschaftsgewalt, sondern allein die Ausübung nationaler öffentlicher Gewalt[15]. Auf Grund der personellen Identität der Organwalter äußert die Kontrolle durch das nationale Parlament jedoch notwendig zugleich Wirkungen für die Gemeinschaftsgewalt[16].

Diese Wirkungen bleiben allerdings personell auf die Tätigkeit des jeweiligen nationalen Regierungsmitgliedes beschränkt; denn die obige Unterscheidung der Organwalterstellungen hat zur Folge, daß der Minister dem Parlament nur für seine eigenen Aktivitäten, nicht aber für den Organbeschluß verantwortlich ist[17]. Das kann insbesondere bei

---

[14] Damit erweist sich der Rat als ein „potenziertes Organ" i. S. *G. Jellineks*, Allgemeine Staatslehre, S. 547. Zum potenzierten Organ vgl. auch *H. J. Wolff*, Verwaltungsrecht II, S. 54.

[15] *Ipsen*, Fusionsverfassung, S. 34, spricht von der „Mediatisierung" des demokratischen Konsenses zur Organbesetzung und Organentscheidung. Dieselben Wirkungen werden unter strukturellen Gesichtspunkten auch mit dem Stichwort „nationale Rückbindung" der Gemeinschaftsgewalt bezeichnet. So etwa *Badura*, VVDStRL 23 (1964), S. 47.

[16] Im Ergebnis ebenso: *Wohlfarth*, Rechtsetzungsbefugnisse, S. 32; *ders.*, Gemeinschaftskommentar, Anm. 13 vor Art. 137.

[17] *Hallstein*, Der unvollendete Bundesstaat, S. 67.

der Anwendung des Mehrheitsprinzips von erheblicher Bedeutung sein. Hier kann sich der Minister stets damit exculpieren, daß er im Rat überstimmt worden ist.

Zugleich zeigt sich hierin eine qualitative Veränderung der parlamentarischen Kontrolle im Bereich der Ausübung von Gemeinschaftsgewalt. Solange die Entscheidungskompetenzen im nationalen Bereich lagen, erstreckte sich die parlamentarische Kontrolle und Verantwortlichkeit auch auf das Ergebnis und die Wirkungen der regierungsinternen Willensbildung, den Rechtsakt oder den Kabinettsbeschluß. Mit dem Abwandern der Kompetenzen in den supranationalen Bereich wurde die Entscheidung selbst dem Einfluß der Parlamente entzogen; ihre Kontrolle wurde auf den tatsächlichen Beitrag der nationalen Regierungsmitglieder in den Brüsseler Verhandlungen beschränkt.

c) Demokratischer Konsens zu den Gemeinschaftsakten

Demokratischer Konsens innerhalb eines Staates kommt primär in der Wahlfunktion und der legislativen Funktion des Parlaments zum Ausdruck. Der Wille der Wählerschaft schlägt sich nieder in der Wahl einer Regierung und der Verabschiedung von Gesetzen durch die Volksvertretung[18].

In den Europäischen Gemeinschaften findet die demokratische Konsentierung zu den Rechtsakten des Rates vorerst unintegriert, d. h. im Rahmen des jeweiligen Mitgliedstaates statt. Damit unterliegt sie ähnlichen Grenzen und Beschränkungen wie die parlamentarische Kontrolle. Rechtlich können die Bestellung und die Abberufung der Regierung zwar gerade auch im Hinblick auf deren Tätigkeit in den Europäischen Gemeinschaften erfolgen, tatsächlich spielen derartige Überlegungen jedoch praktisch noch keine Rolle.

Auf die Modifikationen der legislativen Funktion des nationalen Parlaments wurde bereits mehrfach hingewiesen. Soweit Gesetzgebungskompetenzen auf die Gemeinschaften übertragen worden sind, haben sich die Parlamente dieses Mittels zur Konsentierung grundsätzlich begeben; und im Rahmen der Durchführungsgesetzgebung schränkt die weitgehende Präjudizierung durch die Gemeinschaftsrechtsakte deren Wirkung wesentlich ein. Inwiefern das Informationsverfahren nach Art. 2 hier einen Ausgleich zu schaffen vermag, wird noch zu erörtern sein.

2. Inhalt und Umfang der Informationsmittel nach dem Grundgesetz

Um dem Parlament eine laufende effektive Kontrolle der Regierung zu ermöglichen, stellt das Grundgesetz mit dem Budget-, dem Inter-

[18] Dazu vgl. *Kaltefleiter*, Funktion und Verantwortung, S. 56 ff.

pellations- und dem Enquêterecht die traditionellen parlamentarischen Kontrollmechanismen zur Verfügung. Davon sind im vorliegenden Zusammenhang auf Grund ihres informatorischen Charakters vor allem die letzteren von Interesse. Insbesondere hinsichtlich des Interpellationsrechts wurde wiederholt eingewendet, daß es dem Parlament für eine Kontrolle der nationalen Teilhabe am supranationalen Willensbildungsprozeß auf Grund der rechtlichen Absicherung und der tatsächlichen Eigenarten der Beschlußfassung im Rat der Europäischen Gemeinschaften nicht zur Verfügung steht[19]. Die gleichen Einwände können im Grund auch gegen das Enquêterecht vorgebracht werden.

a) Das Interpellationsrecht

Im Gegensatz zum Enquêterecht ist das Interpellationsrecht im Grundgesetz nicht ausdrücklich geregelt. Es ergibt sich jedoch zwingend aus dem Zitierungsrecht gem. Art. 43 Abs. 1 GG. Nach der schon unter der Weimarer Verfassung üblichen Interpretation bedeutet „Anwesenheit" in diesem Artikel nicht nur stummes Dabeisitzen, sondern Beteiligung an den parlamentarischen Debatten, insbesondere aber die Pflicht der Bundesregierung, auf Anfragen des Bundestags Rede und Antwort zu stehen[20]. Dieses Recht des Bundestags hat seine Konkretisierung in den §§ 105 ff. Geschäftsordnung des Bundestags gefunden, wo die näheren Formen und Voraussetzungen in einem subtilen System sich gegenseitig ergänzender Verfahren geregelt worden sind[21]..

Gegenständlich ist das Interpellationsrecht nicht beschränkt. Der Bundestag kann jedes ihn interessierende Problem der Regierung zur Beantwortung vorlegen, um deren offizielle Meinung dazu zu erfahren[22]. Dem korrespondiert die Pflicht der Bundesregierung, grundsätzlich auf

---

[19] *Sattler*, Funktionelle Integration, S. 106; ähnlich *Deringer*, Bericht zum 5. Gesamtbericht über die Tätigkeit der EWG, Sitzungsdokumente des Europäischen Parlaments 1962—1963 Nr. 74 S. 42 Abs. 135; *Carstens*, Diskussionsbeitrag, VVDStRL 16 (1964), S. 132 f. — In der Praxis ist das Ratsgeheimnis ohnehin bereits gegenüber der Presse recht durchlässig. Vgl. etwa die sorgfältigen Berichte über die Ratstagungen in „agence europe" oder etwa die Darstellung selbst der Äußerungen einzelner Ratsmitglieder bei *Götz*, „Kurz vor fünf Uhr früh ein Anruf für den Kanzler", in: FAZ v. 10. 5. 1971 Nr. 107, S. 3.

[20] Zur Rechtslage unter der WRV vgl. *Anschütz*, WRV, S. 213; *Marschall v. Bieberstein*, HdDStR, S. 536. Zur Rechtslage unter dem GG vgl. *Maunz-Dürig-Herzog*, Rdnr. 8 zu Art. 43; *v. Mangoldt-Klein*, Anm. II, 2 zu Art. 43. *Trossmann*, Parlamentsrecht, S. 151, will diese Regierungspflicht mangels Regelung im Grundgesetz dem Grundsatz der parlamentarischen Demokratie entnehmen.

[21] *Schäfer*, Bundestag, S. 244 f.; *Hesse*, Grundzüge, S. 235; *Maunz-Dürig-Herzog*, Rdnr. 1 zu Art. 43.

[22] Dabei bestimmt der Umfang der Fragen und die Möglichkeit einer kurzen oder längeren Beantwortung die Wahl des Verfahrens. Vgl. dazu im einzelnen: *Trossmann*, Parlamentsrecht, S. 148 ff., 168 ff.

alle Fragen vollständig und sachlich richtig zu antworten. Allerdings wird man ihr dabei das Recht zubilligen müssen, aus wichtigen Gründen, die dann jedoch dem Bundestag offengelegt werden müssen, die Antwort zu verweigern[23]. Das kann jedoch schon qua definitione nur in seltenen Ausnahmefällen zulässig sein.

Unzulässig wäre es daher z. B., wenn ein Regierungsmitglied unter Berufung auf das Kabinettsgeheimnis die Beantwortung einer Frage ablehnen würde. Denn zum einen qualifiziert die Tatsache, daß ein Sachverhalt Gegenstand von Kabinettsberatungen war, ihn allein noch nicht zu einem „wichtigen Grund", und zum anderen können die Vorschriften der Geschäftsordnung der Bundesregierung über das Beratungsgeheimnis[24] den Umfang der Auskunftspflicht der Bundesregierung nicht wirksam einschränken. Die Geschäftsordnung der Bundesregierung kann als autonome Satzung eines obersten Bundesorgans den Umfang verfassungsrechtlicher Pflichten nicht modifizieren[25].

Das zur nationalen Rechtslage Gesagte gilt auch — mutatis mutandis — hinsichtlich der Mitwirkung von Regierungsmitgliedern in den Organen der Gemeinschaften. Entgegen der von den eingangs zitierten Autoren vertretenen Auffassung können sich die Minister, die die deutsche Ratsmitgliedschaft wahrgenommen haben, Fragen nach den Beratungen im Rat nicht mit dem Hinweis auf das Beratungsgeheimnis entziehen.

Etwas anderes würde nur dann gelten, wenn höherrangige gemeinschaftsrechtliche Normen derartige Geheimhaltungspflichten begründeten und insofern eine Modifikation der aus Art. 43 GG resultierenden Auskunftspflicht der Bundesregierung bewirkt hätten.

Die genannten Autoren berufen sich in diesem Zusammenhang auf die Art. 3 a und 18 der vorläufigen Geschäftsordnung des Ministerrats[26].

---

[23] *Maunz-Dürig-Herzog*, Rdnr. 8 zu Art. 43. Zu weitgehend hier *v. Mangoldt-Klein*, Anm. III, 2 zu Art. 43, nach deren Auffassung es der Regierung vollständig überlassen sei zu entscheiden, in welchem Umfang sie Informationen geben will.

[24] Vgl. § 22 Abs. 3 GOBReg.: „Die Sitzungen der Bundesregierung sind vertraulich. Insbesondere sind Mitteilungen über Ausführungen einzelner Minister, über das Stimmenverhältnis und über den Inhalt der Niederschrift ohne besondere Ermächtigung des Bundeskanzlers unzulässig."

[25] So die h. M. Vgl. *H. J. Wolff*, Verwaltungsrecht I, S. 123; *Forsthoff*, Verwaltungsrecht, S. 135; *Fleiner*, Institutionen, S. 78 ff.; a. A. vor allem *Böckenförde*, der die GOBReg als „Verfassungssatzung" bezeichnet. Da derartige Satzungen jedoch auch keine neuen, in der Verfassung nicht schon enthaltenen Rechte und Pflichten zu begründen vermögen, weicht im hier interessierenden Zusammenhang Böckenfördes Lösung nicht von der Lösung der h. M. ab.

[26] Art. 3 a: „Die Sitzungen des Rates sind nicht öffentlich, es sei denn, daß der Rat einstimmig anders entscheidet."
Art. 18: „Unbeschadet anderer einschlägiger Bestimmungen unterliegen

Es scheint jedoch fraglich, ob der Geschäftsordnung des Ministerrats eine so tiefgreifende Wirkung zukommen kann. Bei der Geschäftsordnung des Ministerrats handelt es sich um einen Gemeinschaftsrechtsakt sui generis, der an dem Geltungsvorrang des Gemeinschaftsrechts nicht teil hat und auf Grund seines innerorganschaftlichen Regelungscharakters auch nicht teilzuhaben braucht. Modifikationen nationaler Verfassungspflichten könnten daher allenfalls dann eingetreten sein, wenn es sich bei den genannten Artikeln der Geschäftsordnung um Konkretisierungen von Pflichten handelte, die entweder bereits in den Verträgen oder in Vorschriften des Sekundärrechts mit Geltungsvorrang konstituiert sind. Das ist jedoch nicht der Fall.

Die Rechtsgrundlage der vorläufigen Geschäftsordnung des Ministerrats, Art. 5 FusV, enthält ebenso wie ihre Vorgänger, Art. 151 EWGV und Art. 121 EAGV, neben der bloßen Ermächtigung zum Erlaß der Geschäftsordnung keinerlei materielle Regelung. Ebensowenig enthalten die Art. 214 EWGV, 149 EAGV, auf die Art. 18 Geschäftsordnung des Ministerrats Bezug nimmt, eine Regelung derart, daß die Verhandlungen im Rat insgesamt der Geheimhaltungspflicht unterliegen. Wortlaut, systematischer Zusammenhang und Sinn weisen auf den grundsätzlich andersartigen Schutzbereich dieser Vorschriften hin. Schließlich sind auch keine anderen Normen des Gemeinschaftsrechts ersichtlich, aus denen sich eine derartige generelle Verschwiegenheitspflicht der Ratsmitglieder herleiten ließe.

Damit unterliegen die Beratungen im Ministerrat in vollem Umfang dem Fragerecht des Bundestags. Der Minister kann sich der Frage des Parlaments grundsätzlich[27] nicht durch Hinweis auf seine Verschwiegenheitspflicht entziehen.

Einschränkungen dieser Auskunftspflicht ergeben sich aus dem oben geschilderten Umfang der Verantwortlichkeit. D. h., das parlamentarische Kontrollrecht beschränkt sich auf die Wahrnehmung der Ratsmitgliedschaft durch den deutschen Minister und erstreckt sich nicht auf den Gesamtbereich des Ministerrats. Soweit jedoch das Verhalten des Ministers im Rat in Frage steht, ist er im Rahmen des Interpellationsrechts voll zur Auskunft verpflichtet[28].

---

die Beratungen des Rates dem Berufsgeheimnis, es sei denn, daß der Rat anders entscheidet. Der Rat kann die Vorlage einer Abschrift oder eines Auszugs seiner Beratungsniederschriften vor Gericht genehmigen."

[27] Daß er aber auch unter dem Gesichtspunkt des Art. 214 EWGV in den dort geschilderten Fällen die Auskunft verweigern muß, wird durch diese Feststellung nicht berührt.

[28] Im Ergebnis ebenso: *Kapteyn*, Internationale en supranationale variaties, S. 22; *Samkalden*, Het Gemeenschapsrecht en het parlementaire stelsel, in: SEW 1962, S. 694; *Houben*, Conseils de ministres, S. 189 f. Vgl. auch die Stellungnahme des damals amtierenden Ratspräsidenten *Pella* zu dem Be-

Wenn sich damit auch die rechtlichen Einwände als unbegründet herausgestellt haben, so kann doch andererseits nicht geleugnet werden, daß der Wirksamkeit des Interpellationsrechts als eines die parlamentarische Kontrolle ermöglichenden Informationsrechts des Bundestags durch die tatsächlichen Eigenarten des supranationalen Willensbildungsprozesses enge Grenzen gesetzt sind. Wie auch im Rahmen der auswärtigen Beziehungen vollzieht sich die eigentliche Willensbildung in Bereichen, die naturgemäß dem Bundestag entzogen sind. Die abschließenden Entscheidungen stellen sich häufig als ein Produkt der dem Außenstehenden nicht faßbaren Interdependenz der Willensbildung von allen an den Verhandlungen beteiligten Regierungen dar[29]. Hinzu kommt die nicht zu unterschätzende Fremdartigkeit des Regelungscharakters verschiedener Rechtsakte, die in ihrer hohen Technizität häufig das Erkennen der wahren Interessenlagen und der daraus resultierenden Problemstellung außerordentlich erschwert. Bei einer derartigen Konstellation kann ein Informationsrecht, das stets einer neuen Aktualisierung durch Beschlüsse des zu Informierenden bedarf, seiner Aufgabe nur noch unvollkommen gerecht werden, weil der Auskunftsempfänger oft auch nicht über jenes Kenntnis-Minimum verfügt, das erforderlich ist, um sinnvoll Fragen stellen zu können. Hieraus erhellt zugleich die Bedeutung der Regierungspflicht zur unaufgeforderten, fortlaufenden Unterrichtung über das Ratsgeschehen auf Grund von Art. 2.

b) Das Enquêterecht

Während beim Interpellationsrecht von den beiden Aufgaben Information und Kontrolle im wesentlichen die erstere im Vordergrund steht, wird das Enquêterecht in der Praxis primär im Rahmen von Mißstandsenquêten zur Kontrolle der Regierung benutzt[30]. Ebenso wie das Interpellationsrecht ist es gegenständlich nicht beschränkt. Neben den reinen Mißstandsenquêten kann der Bundestag z. B. auch bloße Kontroll- oder Gesetzgebungsenquêten durchführen. Es wäre dabei auch theoretisch denkbar, daß das Verhalten eines deutschen Ministers im Rat der Europäischen Gemeinschaften Gegenstand eines förmlichen

---

richt des Abgeordneten *Janssen* für die Europäische Versammlung, in dem er eine Veröffentlichung der Ratsprotokolle forderte: „Die Ministerräte können nichts dergleichen mitteilen, aber im nationalen Parlament kann man fragen, wie die eigene Regierung gestimmt hat, und fürchten Sie nicht, daß die Antwort nicht der Wahrheit entspricht; es wird nicht möglich sein, eine Lüge zu erzählen, wenn fünf andere Regierungen bereit sind zu erklären, daß man eine Lüge erzählt." Verhandlungen des Europäischen Parlaments v. 25. 11. 1959, S. 162.

[29] *Wildenmann*, Macht und Konsens, S. 288. Vgl. zu dem Problem auch *Sattler*, Funktionelle Integration, S. 117 ff.

[30] Vgl. *Partsch*, Gutachten für den 45. Deutschen Juristentag, S. 29; *Ehmke*, Verhandlungen des 45. DJT, S. E 7.

parlamentarischen Untersuchungsverfahrens nach Art. 44 GG werden könnte.

Der Vorzug der förmlichen Untersuchungsverfahren gegenüber dem Interpellationsrecht liegt darin, daß das Enquêterecht dem Parlament eine eigene Ermittlungstätigkeit ermöglicht[31]. Im Gegensatz zu der Situation bei der Beantwortung von Fragen durch die Bundesregierung kann der Bundestag hier als Herr des Verfahrens, unterstützt von den strengen prozeduralen Vorschriften, Art und Umfang der Auskünfte in wesentlichen Teilen selbst bestimmen[32].

3. Die Informationspflicht der Bundesregierung nach Art. 2 als neuartiges Konsens- und Kontrollmittel des Bundestages

Im Rahmen des Grundgesetzes stellt sich die Informationspflicht der Bundesregierung gegenüber dem Bundestag nach Art. 2 Zustimmungsgesetz als ein grundsätzlich neuartiges Konsens- und Kontrollmittel des Parlaments heraus. Insbesondere läßt sie sich nach dem bisher Gesagten ohne weiteres gegen die traditionellen Unterrichtungsmittel abgrenzen. Hier erweist es sich, daß es sich bei Art. 2 nicht nur um eine Konkretisierung der im Grundgesetz bereits konstituierten Informationsmittel des Parlaments handelt. Der verfassungsrechtliche Bezugsrahmen kann daher nicht in den Art. 43, 44 GG gefunden werden. Er bietet sich vielmehr in dem diese Vorschriften übergreifenden Prinzip des parlamentarischen Regierungssystems[33].

a) Art. 2 im Rahmen der Kontrollfunktion des Bundestags

Gegenüber dem Interpellationsrecht und dem Enquêterecht des Bundestags ergibt sich die Neuartigkeit der Regelung in Art. 2 vor allem

---

[31] *Heck*, Parlamentarisches Untersuchungsrecht, S. 7 f., bezeichnet das Interpellationsrecht sogar als „unvollkommene Vorstufe" des Untersuchungsrechts im technischen Sinne. Vgl. auch *Partsch*, Gutachten für den 45. Deutschen Juristentag, S. 190.

[32] Abgesehen von der auch hier wie beim Interpellationsrecht bedingt möglichen Berufung auf die Amtsverschwiegenheit. Vgl. im einzelnen *Partsch*, Gutachten für den 45. Deutschen Juristentag, S. 94, 135 ff., 141. Zur Frage der entsprechenden Anwendung der §§ 54, 96 StPO vgl. *Ehmke*, Parlamentarische Untersuchungsausschüsse und Verfassungsschutzämter, DÖV 1956, S. 417 ff. *Ehmke* tritt hier zu Recht für eine restriktive Interpretation des Art. 44 GG ein, das ergebe sich aus der Funktion des Enquêterechts im Rahmen des parlamentarischen Regierungssystems.

[33] Die weitaus überwiegende Meinung sieht in Art. 43 Abs. 1 einen Ausfluß des parlamentarischen Regierungssystems. Vgl. *v. Mangoldt-Klein*, Anm. II, 2 ff. zu Art. 43, Anm. III, 1 ff. vor Art. 62; *Hesse*, Grundzüge, S. 218. Bedenken hat vor allem *Maunz*, Maunz-Dürig-Herzog, Rdnr. 1 zu Art. 43; *ders.*, Staatsrecht, S. 283. *Maunz* will den Begriff des parlamentarischen Regierungssystems allein auf die sich im Mißtrauensvotum äußernde Verantwortlichkeit der Regierung beschränkt wissen.

aus der Kontinuität, der Selbständigkeit und dem Umfang der Unterrichtung.

Zum Interpellationsrecht wurde festgestellt, daß sich die Auskunftspflicht der Bundesregierung auf die Wahrnehmung der Ratsmitgliedschaft durch den deutschen Minister beschränkt. Die Unterrichtungspflicht nach Art. 2 erstreckt sich dagegen auf das gesamte Ratsgeschehen. Damit greift Art. 2 über die nationalen Grenzen hinaus und macht dem Bundestag gerade auch jene Vorgänge und Entwicklungen zugänglich, deren Kenntnis für die verständige Würdigung der supranationalen Entscheidungen zwingend erforderlich ist.

Unterstützt wird diese Wirkung durch den Zwang zur unaufgeforderten, selbständigen Unterrichtung; denn er ermöglicht dem Bundestag, sich gerade auch jene Basisinformationen zu erarbeiten, die die Voraussetzung für sinnvolle Fragen bilden. Damit in unmittelbarem Zusammenhang steht das Erfordernis der Kontinuität. Die supranationale Willensbildung stellt sich als ein fortlaufender Prozeß dar, der vielfach wechselnde Positionen der verschiedenen Delegationen mit sich bringt. Interpellationen können zwar derartige Vorgänge im Nachhinein transparent werden lassen, im Verlauf des Willensbildungsprozesses können sie jedoch allenfalls punktuell Aufklärung über den Stand der Verhandlungen verschaffen. Demgegenüber ermöglicht die selbständige, fortlaufende Unterrichtung eine die Willensbildung begleitende Kontrolle, die die abschließende Entscheidung als Produkt des vorangegangenen vielseitigen Interessenausgleichs verstehen läßt.

In alledem erweist sich die Unterrichtungspflicht nach Art. 2 als ein spezifisch neues, zu den traditionellen Unterrichtungsverfahren hinzutretendes Institut, das den Unzulänglichkeiten der bisherigen Verfahren im überstaatlichen Bereich Rechnung trägt.

b) Art. 2 im Rahmen der legislativen Funktion des Bundestags

Auf den Zusammenhang von demokratischem Konsens und legislativer Funktion des Parlaments ist eingangs hingewiesen worden. Hier nun erschließt sich der zweite Wirkungsbereich von Art. 2, insbesondere aber des vorherigen Unterrichtungsverfahrens nach Art. 2 S. 2 Zustimmungsgesetz.

Zunächst gilt es festzustellen, daß Art. 2 auch im Rahmen der legislativen Funktion eine Ausweitung des Tätigkeitsbereichs des Bundestages mit sich brachte. Denn die nach Art. 2 zuzuleitenden Rechtsakte betreffen nur zum Teil Materien, die traditionell dem Parlament in Form von Gesetzen zur Regelung offenstanden. Von ihrem Inhalt her lassen sich die dem Art. 2-Verfahren unterworfenen Gemeinschaftsakte nicht allein einem der herkömmlichen Bereiche „Gesetzgebung, Regierung, Verwaltung" zuordnen. Art. 2 knüpft die Informationspflicht allein an das formale Kriterium der „Entwicklungen im Rat". Damit eröffnet er den gesetzgebenden Körperschaften die Möglichkeit, an der innerstaatlichen Willensbildung zu Rechtsakten mitzuwirken, auf die Einfluß zu nehmen ihnen traditionell auf Grund der innerstaatlichen Funktionenteilung versagt war.

Auf der anderen Seite führte die Integration in dem angestammten Bereich der Legislative zu einer effektiven Minderung des Einflusses des Bundestages. An die Stelle des ursprünglichen, wechselseitigen Arbeitsverhältnisses im Rahmen der Gesetzgebungsarbeiten ist hinsichtlich der Gemeinschaftsrechtsetzung ein Informationsverfahren mit konsultativem Charakter getreten. Dem ursprünglichen Initiativ- und Entscheidungsrecht des Bundestags steht nunmehr der Zwang zur legislativen Ausführung bzw. die Sperrwirkung ergangenen Gemeinschaftsrechts[34] gegenüber. Der supranationale Charakter dieser Rechtsmasse schließt eine unmittelbare Beteiligung der nationalen Legislativen am Entscheidungsprozeß der Gemeinschaften aus und verweist sie auf die mittelbare Einflußnahme im Rahmen des nationalen Willensbildungsprozesses zu den Gemeinschaftsakten.

Diese Einflußnahme vollzieht sich in der Bundesrepublik Deutschland einmal in der Kontaktpflege zwischen Bundesregierung und Bundestag in dessen Ausschüssen und zum anderen, nach außen in Erscheinung tretend, in den Entschließungen des Bundestags zu den Gemeinschaftsrechtsakten. Die Basis hierfür wurde durch das Gebot ständigen Kontaktes von Regierung und Parlament im Rahmen des Unterrichtungsverfahrens nach Art. 2 Zustimmungsgesetz gelegt. Wenn diesem Verfahren auch die Stringenz des Gesetzesbeschlusses fehlt, so wird man ihm doch seine Wirksamkeit als Mittel zur Gewährleistung ständigen demokratischen Konsenses zu den Gemeinschaftsentscheidungen nicht absprechen können.

II. Die Informationspflicht der Bundesregierung gegenüber dem Bundesrat

Die anfänglichen Erörterungen hatten gezeigt, inwieweit Art. 2 auch einen Ausgleich für die als Folge der Integration auftretenden Modifikationen des föderalen Verfassungsaufbaus leisten sollte. Wenn durch Art. 2 mit dem Bundesrat wiederum ein Bundesorgan und nicht die

---

[34] Zur Sperrwirkung ergangenen Gemeinschaftsrecht vgl. vor allem *Grabitz*, Gemeinschaftsrecht bricht nationales Recht, S. 114 f. und die Entscheidungen des EuGH v. 18. 2. 1970 in der Rs. 40/69 (Putensterze), RsprGH XVI, S. 69 ff. und vom 18. 6. 1970, Rs. 72/69 und 74/69 (Manihotmehl), RsprGH XVI, S. 427, 451 ff. = EuR 1971, S. 38 ff. (Anm. v. *Ipsen*).

Länder selbst in den Adressatenkreis der Regierungspflicht einbezogen wurde, so entsprach das dem durch das Grundgesetz vorgegebenen konstitutionellen System. Soweit die Länder an der Staatstätigkeit des Bundes teilzunehmen berufen sind, verweist sie das Grundgesetz auf das Medium des Bundesrats. Es war daher nur konsequent, wenn mit Art. 2 der Bundesrat, nicht aber die Bundesländer in den nationalen Willensbildungsprozeß zu den Gemeinschaftsakten einbezogen wurden.

Gleichwohl kann nicht verkannt werden, daß die dadurch bewirkte doppelte Mediatisierung der Länder in Verbindung mit der häufig großen Eigendynamik der Landespolitik die Entwicklung eines parakonstitutionellen Verhältnisses von Gemeinschaften und Bundesländern förderte. Auf diese Entwicklung soll unten kurz eingegangen werden. Die folgenden Erörterungen mit dem Ziel, Art. 2 in das institutionelle System des Grundgesetzes einzuordnen, können sich zunächst auf das Verhältnis von Bundesrat und Bundesregierung beschränken.

1. Das Verhältnis von Bundesregierung und Bundesrat hinsichtlich der Tätigkeit der deutschen Mitglieder im Rat der Europäischen Gemeinschaften

Der Untersuchung des Verhältnisses von Bundesregierung und Bundesrat hinsichtlich der Tätigkeit der deutschen Ratsmitglieder muß zunächst ein kurzer Überblick über das generelle Verhältnis, in dem diese beiden Organe zueinander stehen, vorangestellt werden. Denn anders als bei Bundesregierung und Bundestag läßt sich letzteres nicht mit einem historisch und dogmatisch abgesicherten Begriff wie dem des „parlamentarischen Regierungssystems" erfassen.

a) Das Verhältnis von Bundesregierung und Bundesrat

Gem. Art. 50 GG wirken die Bundesländer durch den Bundesrat bei der Gesetzgebung und der Verwaltung des Bundes mit. Der Bundesrat ist damit als ein Bundesorgan[35] umschrieben, das den Ländern als „Medium zur Einflußnahme auf den Bund"[36] dient. Den Ländern wurde durch die gesamtstaatliche Verfassungsordnung ein Organ zur Verfügung gestellt, das sie in die Lage versetzte, einen föderativen Gesamtwillen zu bilden, und diesen im Wege der Willensbildung des Bundes in die Tat umzusetzen[37].

---

[35] *Hesse*, Grundzüge, S. 225; *Schüle*, Informationspflicht, S. 448; *Ehard*, Bundesrat, S. 5; *Schäfer*, Bundesrat, S. 27 ff.; *Kopf*, in: 10 Jahre Bundesrat, S. 45.

[36] *Hesse*, Grundzüge, S. 224.

[37] Vgl. *Schüle*, Informationspflicht, S. 448, der den Bundesrat daher als „janusköpfiges Gebilde" bezeichnet, als eine „clearing-Stelle für wider-

Im Gegensatz zur Bedeutung des Reichsrats unter der Weimarer Verfassung, bei dem die Sacherledigung immer mehr überwog und der politische Einfluß auf die Gestaltung der Regierungsgeschäfte immer mehr zurückging[38], nahm die Bedeutung des Bundesrats ständig zu. Der Bundesrat ist heute zu einem der wichtigsten und arbeitsfähigsten Organe des Bundes geworden[39]. Diese Entwicklung beruht weniger auf der Tatsache, daß sich in ihm das föderale Element der Individualität der Länder zur Geltung brächte, als vielmehr darauf, daß in ihm anders als in den übrigen Bundesorganen das spezifische, administrative Element der Länder bestimmend ist[40].

Die exekutive Struktur des Bundesrats bringt nach den Worten *W. Webers* in die Willensbildung des Bundes „die geläuterte Sachnähe und staatsmännische Sachverantwortung ein, die dem Minister aus der zwingenden Auseinandersetzung mit den realen Problemen seines Heimatressorts zuwächst"[41]. Diesem Umstand ist es auch primär zuzuschreiben, daß die Kontrolle der Bundesexekutive durch die Exekutive der Länder häufig von höherer Effizienz ist, als es die parlamentarische Kontrolle durch den Bundestag sein kann.

Als Mittel der Einflußnahme auf Bundestag und Bundesregierung nennt das Grundgesetz die Mitwirkung bei der Gesetzgebung und der Verwaltung des Bundes. Die größte Bedeutung kommt in diesem Zusammenhang der Mitwirkung bei der Gesetzgebung zu, die dem Bundesrat die Einwirkung auf die Regierungsvorlagen und damit auf deren gesamte Politik ermöglicht[42]. Insbesondere das Zustimmungserfordernis hat dem Bundesrat eine bei Inkrafttreten des Grundgesetzes kaum vorhersehbare Mehrung seines Gewichts im Kräftesystem der Bundesrepublik gebracht[43]. Eine extensive Interpretation der Zustimmungsbedürftigkeit von Bundesgesetzen hat dazu geführt, daß nunmehr die weit überwiegende Zahl der Bundesgesetze nur mit Zustimmung des

---

streitende Interessen" zwischen dem Ganzen und den Teilen. Ebenso *v. Merkatz*, in: 10 Jahre Bundesrat, S. 91.

[38] *Schüle*, Informationspflicht, S. 447.

[39] *Herzog*, BayVBl. 1966, S. 181.

[40] *Hesse*, Der unitarische Bundesstaat, S. 24; *Herzog*, BayVBl. 1966, S. 181.

[41] *W. Weber*, Gegenwartslage des deutschen Föderalismus, S. 15, weist darauf hin, daß sich dadurch für den Bundesrat das Klima einer gegen „ideologische und demagogische Anwandlungen imprägnierten Sachgerechtigkeit" ergebe.

[42] *Neunreither*, Bundesrat, S. 93.

[43] *Hesse*, Der unitarische Bundesstaat, S. 22; *Herzog*, BayVBl. 1966, S. 181 will zudem den Machtzuwachs des Bundesrats darauf zurückführen, daß im Verwaltungsstaat der Gegenwart die Entscheidungen des Gesetzgebers ihrerseits weithin nur vorweggenommene Verwaltungsentscheidungen, „Initialzündungen" für die Verwaltung seien.

Bundesrats erlassen werden kann[44]. Berücksichtigt man, in welch hervorragendem Maß das Gesetz zu einem Mittel der Regierung und Verwaltung geworden ist, so erhellt ohne weiteres der Umfang des Einflusses vom Bundesrat auf die Regierungspolitik.

Außerhalb der Mitwirkung bei der Gesetzgebung und der Verwaltung wird das eigentliche interorganschaftliche Verhältnis von Bundesrat und Bundesregierung in Art. 53 GG durch die Konstituierung gegenseitiger mehr technisch-organisatorischer Beziehungen geschaffen. Waren in der Zeit des Bismarckschen Reiches und, wenn auch schwächer, in der Weimarer Republik Reichsrat und Reichsregierung noch organisatorisch und personell miteinander verflochten, so sind Bundesregierung und Bundesrat in dieser Hinsicht streng voneinander geschieden[45]. Insbesondere schuldet die Bundesregierung dem Bundesrat weder Rechenschaft, noch ist sie ihm für die Führung der Regierungsgeschäfte in irgendeiner Weise verantwortlich[46].

Als Grundnorm des Verhältnisses von Bundesregierung und Bundesrat außerhalb der Mitwirkungskompetenzen wird man Art. 53 S. 3 GG anzusehen haben. Danach ist die Bundesregierung verpflichtet, den Bundesrat über die Führung der Geschäfte auf dem laufenden zu halten. Wortlaut und Regelungscharakter dieser Vorschrift rücken sie in eine große Nähe zu Art. 2 Zustimmungsgesetz. Sie wird daher noch gesondert untersucht werden müssen. Hier mag der Hinweis genügen, daß Art. 53 S. 3 GG das Verhältnis von Bundesregierung und Bundesrat im Sinne eines die Kompetenzausübung übergreifenden Gebots ständiger Kooperation regelt und damit zugleich die Grundlage für eine effektive Bewältigung der föderalen Probleme bereitstellt, indem er den Bundes-

---

44 Von den vom Bundesrat im sog. „2. Durchgang" beratenen Gesetzen waren

	nicht zustimmungsbedürftig	zustimmungsbedürftig
1967	33	74
1968	38	134
1969	42	72
1970	30	71

Zahlen lt. Statistik des Bundesrats. Maßgeblich für die Verteilung ist dabei, ob die amtliche Verkündungsformel die Zustimmung des Bundesrats ausdrücklich aufführt oder nicht.

45 *Schüle*, Informationspflicht, S. 450, spricht von „einigen nicht zu breiten Türen, die eine Art Trennwand zwischen Bundesrat und Bundesregierung durchbrechen".

46 *Schüle*, Informationspflicht, S. 450; *v. Mangoldt-Klein*, Anm. III, 1 zu Art. 53; *Herzog*, BayVBl. 1966, S. 182; so schon für den Reichstag: *Anschütz*, WRV, S. 357.

rat durch die fortlaufenden Regierungsinformationen am politischen Geschehen des Bundes teilhaben läßt[47].

Gegenüber dieser Vorschrift treten die übrigen Regelungen des Art. 53 GG, das Zutrittsrecht der Bundesregierung und das Zitierungs- und Fragerecht des Bundesrates in ihrer Bedeutung zurück. Für das Interpellationsrecht kann auf die Ausführungen zum Fragerecht des Bundestags verwiesen werden. Das dort Gesagte gilt hier entsprechend.

b) Modifikationen des interorganschaftlichen Verhältnisses

Art und Umfang der Modifikationen des Verhältnisses von Bundesregierung und Bundesrat unter den Gemeinschaftsverträgen wurden bereits im Eingangskapitel dargestellt. Dort hatte sich gezeigt, daß der Schwerpunkt der durch die Integration bewirkten Veränderungen im Bereich der Mitwirkung des Bundesrats an der Bundesgesetzgebung liegt.

Der Verlust dieser Mitwirkungskompetenzen führte zu einer Aktivierung des vom Bundesrat zuvor selten gebrauchten Mittels des schlichten Parlamentsbeschlusses. In ihm spiegelt sich der Wandel des interorganschaftlichen Verhältnisses am deutlichsten wider. An die Stelle der verbindlichen Mitwirkung an den nationalen Entscheidungen ist nach Abwanderung der entsprechenden Kompetenzen in den supranationalen Bereich die Einflußnahme auf die vorbereitende nationale Willensbildung zu den Gemeinschaftsentscheidungen getreten. Diese vollzieht sich in den für die Bundesregierung unverbindlichen, aber unter dem Gebot des bundesfreundlichen Verhaltens nicht unbeachtlichen[48] Entschließungen und den ihnen vorangehenden Auschußberatungen des Bundesrats.

Im übrigen ließen die Gemeinschaftsverträge das interorganschaftliche Verhältnis jedoch unberührt. Das gilt zunächst für die Mitwirkung des Bundesrats bei der Verwaltung des Bundes[49]. Die dort dem Bundesrat zustehenden Kompetenzen liegen ohne Ausnahme in von der Vergemeinschaftung nicht betroffenen Bereichen der Verfassung. Es gilt aber in gleicher Weise für die institutionell-organisatorischen Normen. Weder das Interpellationsrecht noch die Berichtspflicht nach Art. 53 S. 3 GG haben durch die Integrationsverträge oder die nationale Gesetzgebung dazu irgendwelche Einschränkungen erfahren. Hinsichtlich der

---

[47] Nicht zu Unrecht mißt daher *Schüle*, Informationspflicht, S. 452, dieser Vorschrift den Charakter einer verfassungsrechtlichen Fundamentalnorm zu, die den Art. 67 und 65 an Bedeutung nicht nachsteht. Ebenso *v. Mangoldt-Klein*, Anm. IV, 1 zu Art. 53; *Schäfer*, Bundesrat, S. 105 ff.

[48] Vgl. dazu unten 6. Kap. III, 1 b.

[49] Zu den diesbezüglichen Bundesratskompetenzen vgl. die Aufstellung bei *v. Mangoldt-Klein*, Anm. V, 2 zu Art. 50 GG.

Informationspflicht wird das im folgenden noch zu zeigen sein. Für das Fragerecht ergibt sich das aus dem zum Verhältnis von Bundestag und Bundesregierung Gesagten. Wie beim Interpellationsrecht des Bundestags können sich die Fragen des Bundesrats auch auf das Verhalten des deutschen Mitgliedes im Rat der Europäischen Gemeinschaften erstrecken, ohne daß sich die Bundesregierung ihrer Beantwortungspflicht durch den Hinweis auf das Beratungsgeheimnis im Rat entziehen kann.

2. Die Informationspflicht der Bundesregierung nach Art. 53 S. 3 GG

Im Gegensatz zum Bundestag verfügt der Bundesrat mit Art. 53 S. 3 GG bereits über ein Informationsrecht, dessen Regelungsumfang sich weitgehend mit dem des Art. 2 Zustimmungsgesetz deckt. Bereits der Wortlaut beider Vorschriften ist nahezu kongruent. Art. 53 S. 3 GG bestimmt: „Der Bundesrat ist von der Bundesregierung über die Führung der Geschäfte auf dem laufenden zu halten."

Damit erlegt das Grundgesetz der Bundesregierung die verfassungsrechtliche Pflicht auf, den Bundesrat von sich aus, unaufgefordert, d. h. ohne zuvor vom Bundesrat gefragt oder sonstwie ersucht worden zu sein, über die Regierungsgeschäfte fortlaufend zu unterrichten[50].

Die Bundesregierung hat den Bundesrat „über die Führung der Geschäfte" auf dem laufenden zu halten. Auf diese Weise ist der gesamte Bereich staatsleitender Tätigkeit, soweit er in die Kompetenzen der Bundesregierung fällt, zum Gegenstand der Informationspflicht gemacht worden[51], die damit weit über diejenigen Gebiete hinausreicht, auf denen der Bundesrat von Verfassungs wegen berufen ist, an Bundesangelegenheiten mitzuwirken[52]. Freilich ist auch diese Auskunftspflicht nicht schrankenlos[53]. Zu Recht weist Schüle aber darauf hin, daß jedenfalls das Erfordernis der Geheimhaltung im Verhältnis zwischen Bundes- und Landesregierungen ein Auskunftsverweigerungsrecht nicht zu begründen vermag.

Zu den der Informationspflicht unterliegenden Regierungsgeschäften gehören vor allem auch die Aktivitäten der Bundesregierung im Bereich der auswärtigen Angelegenheiten, der auf Grund der Kompliziertheit

[50] *Schüle*, Informationspflicht, S. 454; *v. Mangoldt-Klein*, Anm. IV, 2 zu Art. 53; *Maunz-Dürig-Herzog*, Rdnr. 12 zu Art. 53; *Ziller*, Der Bundesrat, S. 69; *Herzog*, BayVBl. 1966, S. 183.

[51] *Ziller*, Der Bundesrat, S. 69; *Maunz-Dürig-Herzog*, Rdnr. 14 zu Art. 53.

[52] Vgl. *Schüle*, Informationspflicht, S. 456; *Schäfer*, Der Bundesrat, S. 107; *v. Mangoldt-Klein*, Anm. IV, 4 b zu Art. 53.

[53] Zur Abgrenzung vgl. *Schüle*, Informationspflicht, S. 457, der zugleich auf die Unmöglichkeit klarer juristischer Grenzziehung in diesem Bereich hinweist.

der Sachzusammenhänge und der notwendigen Vertraulichkeit, mit der die Dinge behandelt werden, sich nur in sehr beschränktem Umfang für den Bundesrat als einem aus Mitgliedern der Länderexekutiven zusammengesetzten Organ erschließen läßt.

Hinsichtlich der Tätigkeit von Regierungsmitgliedern im Rat der Europäischen Gemeinschaften kann wiederum auf die Ausführungen zum Umfang des Interpellationsrechts im Bundestag verwiesen werden. Die innerdeutsche Willensbildung zu den Gemeinschaftsakten fällt ohne Einschränkung in den Bereich der Regierungsgeschäfte. Gleiches gilt für die Wahrnehmung der Ratsmitgliedschaft durch deutsche Minister. Nicht dazu gehören jedoch die Vorgänge im Rat als ganzem wie etwa das Abstimmungsverhältnis oder der Verlauf der Verhandlungen.

Mit der Formulierung „auf dem laufenden halten" ist festgelegt, daß die Bundesregierung nur zur Information, nicht aber zur Konsultation des Bundesrats verpflichtet ist[54] und daß die Unterrichtung kontinuierlich und rechtzeitig zu erfolgen hat[55]. Eine kontinuierliche und rechtzeitige Unterrichtung verlangt von der Bundesregierung, daß sie ihre Informationen ständig dem Stand ihrer Geschäfte entsprechend vornimmt. Der Bundesrat soll nicht nur in zufälligen Abständen, bruchstückweise oder in sachwidriger Reihenfolge unterrichtet werden.

Dabei werden an das Erfordernis der Rechtzeitigkeit der Unterrichtung um so höhere Anforderungen zu stellen sein, je stärker Aufgabenbereiche und Interessen der Länder selbst tangiert werden. Letzteres ist vor allem im Bereich der Gemeinschaftsrechtssetzung der Fall; denn hier werden entweder die Bundesländer oder der Bundesrat durch Gemeinschaftsrechtsakt verpflichtet, in einer bestimmten Weise legislativ tätig zu werden, oder aber es treten Gemeinschaftsrechtswirkungen auf dem Territorium der Länder ein, ohne daß die Länder selbst, oder aber über den Bundesrat, an der Rechtsetzung beteiligt worden sind. Beide Fälle stellen derartig schwere Eingriffe in die Länderhoheit oder in deren Recht zur Mitwirkung an der Gesetzgebung dar, daß der Bund die Länder nicht einfach vor vollendete Tatsachen stellen darf. Vielmehr erfordert es das alle Kompetenzausübung im Bundesstaat übergreifende Prinzip der Bundestreue, daß die Länder hier vorzeitig d. h.: vor der Beschlußfassung im Rat der Europäischen Gemeinschaften, von den Entwürfen entsprechender Gemeinschaftsrechtsakte in Kenntnis gesetzt werden.

---

[54] *Schüle*, Informationspflicht, S. 454; *v. Mangoldt-Klein*, Anm. IV, 3 zu Art. 53. Zur Abgrenzung vgl. auch oben 2. Kap. II, 1.

[55] *Schäfer*, Der Bundesrat, S. 107; *Schüle*, Informationspflicht, S. 459; *v. Mangoldt-Klein*, Anm. IV, 5 zu Art. 53; *Maunz-Dürig-Herzog*, Rdnr. 12 zu Art. 53.

3. Aufgabe und Bedeutung der Informationspflicht nach Art. 2 im Rahmen des Verhältnisses von Bundesregierung und Bundesrat

a) Das Verhältnis von Art. 2 ZustG und Art. 53 S. 3 GG

Vergleicht man nunmehr den Regelungsgehalt des Art. 53 S. 3 GG mit demjenigen des Art. 2 Zustimmungsgesetz, soweit er sich auf den Bundesrat bezieht, so erweist sich die Informationspflicht nach Art. 2 im wesentlichen als eine Konkretisierung der im Grundgesetz normierten Unterrichtungspflicht im Hinblick auf die Mitwirkung der Bundesregierung im Rat der Europäischen Gemeinschaften. Übereinstimmungen zwischen den beiden Vorschriften bestehen insbesondere hinsichtlich der Normadressaten, der Art und Weise und dem Zeitpunkt der Unterrichtung.

Dagegen hat sich gezeigt, daß der Umfang der Informationspflicht nach Art. 2 im supranationalen Raum weiter gesteckt ist als der der herkömmlichen Unterrichtung. Im Gegensatz zu Art. 53 S. 3 GG erfaßt Art. 2 den gesamten Bereich des Ratsgeschehens. Allein hierin besteht auch die institutionelle Neuerung, mit der diese Vorschrift den Modifikationen des Verhältnisses von Bundesregierung und Bundesrat Rechnung trägt. Indem sie über den nationalen Rahmen hinausweist und auch das übernationale Geschehen der Berichtspflicht unterwirft, macht sie den Ländern über das Medium des Bundesrats auch diejenigen Vorgänge und Zusammenhänge zugänglich, deren Kenntnis ihnen eine effektive Mitwirkung im Rahmen der nationalen Willensbildung zu den Gemeinschaftsakten ermöglicht.

b) Das Verhältnis von Art. 2 ZustG zu den Mitwirkungskompetenzen des Bundesrats

Art. 2 Zustimmungsgesetz erweitert den Katalog der Mitwirkungskompetenzen des Bundesrats nicht. Insbesondere enthält er keine Rechtsgrundlage für die bereits erwähnten Entschließungen zu den Gemeinschaftsvorlagen. Gleichwohl liegt gerade in diesem Bereich der Wirkungsschwerpunkt der Vorschrift.

Die vorzeitige Zuleitung der Kommissionsvorschläge ermöglicht es dem Bundesrat, die Auffassung der Länder zu den wichtigsten Gemeinschaftsrechtsakten zur Geltung zu bringen. Im Wege über die Ausschußberatungen und die Stellungnahmen kann er so den föderalen Erfahrungsschatz insbesondere bei der Bewältigung regionalpolitischer Probleme in die nationale und damit mittelbar auch in die supranationale Willensbildung zu den Gemeinschaftsakten einbringen. Zugleich versetzt ihn der zusammengefaßte administrative Sachverstand der Länderexekutiven in die Lage, den Kommissionsvorschlägen mit dezidierten Vorstellungen zu einzelnen sachlichen und institutionellen Fragen entgegenzutreten[56].

Insgesamt rückt damit das vom Bundesrat praktizierte Verfahren in große sachliche Nähe zu der im Rahmen der nationalen Gesetzgebung vorgeschriebenen Konsultation des Bundesrats gem. Art. 76 Abs. 2 GG. Dort verleiht allerdings der Zwang zur Einigung vor dem Hintergrund eines möglichen Einspruchs oder der Versagung der Zustimmung im sog. „zweiten Durchgang" den Stellungnahmen des Bundesrats ein weitaus höheres Gewicht.

4. Die Beziehungen der Bundesländer zu den Europäischen Gemeinschaften, insbesondere: Der Beobachter der Länder bei den Europäischen Gemeinschaften[56a]

Die Entwicklungen moderner Bundesstaatlichkeit haben zu einer weitgehenden sachlichen Unitarisierung des durch das Grundgesetz konstituierten Bundesstaats geführt[57]. Dabei wurde der schrittweise Abbau der föderalen Eigenstaatlichkeit weitgehend durch die vermehrte Teilhabe der Bundesländer an der Ausübung der Zentralstaatsgewalt ausgeglichen[58]. Diese Mehrung des föderalen Gewichts auf Bundesebene kommt vor allem in der zunehmenden Bedeutung des Bundesrats zum Ausdruck.

Im Verlauf des europäischen Integrationsprozesses fand eine derartige Kompensation der bundesstaatlichen Kompetenzverschiebung nicht statt. Im Gegenteil: Hier entsprach dem gliedstaatlichen Kompetenzverlust eine Minderung des Einflusses des föderativen Bundesorgans. Die Bemühungen der Länder im Wege eines vor allem auf Art. 32 Abs. 2 GG gestützten Konsultationsrechts ihren Einfluß auf die Gemeinschaftsrechtsetzung zur Geltung zu bringen, waren am Wider-

---

[56] Daß sich damit das im Rahmen von Art. 2 ZustG entwickelte Verfahren *in der Praxis* von Art. 53 S. 3 GG wesentlich unterscheidet, verkennt *Schröder*, Die EWG und die Länder der BRD, S. 86, wenn er bei der — grundsätzlich richtigen — Feststellung stehen bleibt, Art. 2 normiere nur das, „was auch das Grundgesetz für den Normalfall verlangt".

[56a] Besonderen Dank schulde ich dem Beobachter der Länder bei den Europäischen Gemeinschaften, Herrn Ministerialdirigenten Grunert, der durch seine prompten und präzisen Informationen den folgenden Abschnitt überhaupt erst ermöglichte.

[57] Vgl. dazu vor allem *Hesse*, Der unitarische Bundesstaat; *ders.*, Grundzüge, S. 91 f.; *Lerche*, VVDStRL 21 (1964), S. 66 ff., 69 f. Zu den Gefahren verstärkter Unitarisierung im Rahmen des sog. „kooperativen Föderalismus" vgl. *Hesse*, Aspekte des kooperativen Föderalismus in der Bundesrepublik, in: Festschrift für Gebhard Müller, 1970, S. 141 ff.

[58] So bereits für die WRV *Smend*, Verfassung und Verfassungsrecht, in: Staatsrechtliche Abhandlungen, S. 270.

stand der Bundesregierung gescheitert[59], und das an dessen Stelle in Art. 2 Zustimmungsgesetz instituierte Unterrichtungsverfahren trug den Wünschen der Länder auf Grund der mangelnden Verbindlichkeit der Bundesratsstellungnahmen nur unvollkommen Rechnung.

Es liegt daher in der Logik des oben angesprochenen Prozesses, wenn die Bundesländer nunmehr in zunehmendem Maße unter Umgehung der Bundesbehörden auf unmittelbare Kontakte zu den überstaatlichen Kompetenzträgern drängen. Dementsprechend hat sich im Laufe der Jahre ein parakonstitutionelles System von Konferenzen, Konsultationen und mehr oder weniger formellen Kontakten der Bundesländer zu Gemeinschaftsorganen herausgebildet[60].

Von besonderem Interesse ist in diesem Zusammenhang die Institution des „Beobachters der Länder bei den Europäischen Gemeinschaften"; denn zum einen kann deren historische Entwicklung und verfassungsrechtliche Problematik als symptomatisch für den Gesamtvorgang angesehen werden, und zum anderen macht die vorwiegend informative Funktion des Beobachters seine Zuordnung zum Unterrichtungsverfahren nach Art. 2 Zustimmungsgesetz erforderlich.

Der Beobachter der Länder nimmt an nahezu allen Ratssitzungen, in der Regel selbst an den Sitzungen im „cadre restreint", und häufig auch an den Arbeitsgruppensitzungen teil. Seine Aufgabe besteht primär darin, Bundesrat und Bundesländer unverzüglich vom Gang der Verhandlungen und den erzielten Ergebnissen zu unterrichten. Darüber hinaus soll er Kontakte zu den Organen der Gemeinschaften, insbesondere auch der Kommission, pflegen, um so den Ländern die Möglichkeit zu eröffnen, schon auf die dem Kommissionsentwurf vorangehenden Verhandlungen Einfluß zu nehmen.

a) Die Entstehungsgeschichte

Auf Grund einer Vereinbarung zwischen den Ministerpräsidenten von Baden-Württemberg und Bayern einerseits und dem damaligen

---

[59] Vgl. oben 1. Kap. II, 2 a. Zu Recht weist die Bundesregierung darauf hin, daß Art. 32 Abs. 2 GG nicht als Rechtsgrundlage für die Konsultation zu den Gemeinschaftsrechtsakten herangezogen werden kann. Das folgt allerdings weniger aus der Tatsache, daß durch die Gemeinschaftsakte nicht nur die Verhältnisse *eines* Landes, sondern die *aller* Länder berührt werden, als daraus, daß die Rechtsakte der Gemeinschaften auf Grund ihres spezifischen Charakters nicht unter den Begriff der völkerrechtlichen Verträge subsummiert werden können. Vgl. *Rabe*, Verordnungsrecht, S. 56.

[60] So fanden etwa wiederholt Konferenzen der Länderfachminister mit den entsprechenden Mitgliedern der Kommission bzw. Kommissionsbeamten statt. Jede der einschlägigen Ministerkonferenzen (Wirtschafts-, Finanz-, Landwirtschaftsminister) hat bisher wenigstens einmal einen derartigen Gedankenaustausch organisiert. Zu den verfassungsrechtlichen Bedenken gegen derartige Länderaktivitäten vgl. *v. Meibom*, Die Mitwirkung der Mitgliedstaaten bei der Rechtsetzung der EWG, S. 157 ff.

Bundesaußenminister andererseits, nahm vom Sommer 1956 bis zur Fertigstellung der Verträge im März 1957 ein namentlich benannter höherer Beamter dieser beiden Länder als Beobachter an den Sitzungen der deutschen Delegation und an den einschlägigen Ressortbesprechungen zur Ausarbeitung der Römischen Verträge teil. Seine Aufgabe war es, die Länder über den Fortgang der Arbeiten laufend zu unterrichten und die spätere Ratifizierung der Verträge vorzubereiten.

Am 3. Juli 1958 wurde dann zwischen Bevollmächtigten der Länder und des Bundes[61] im Rahmen eines gentlemen's agreement vereinbart, daß ein Beobachter der Länder zur laufenden Unterrichtung aller Länder an den damals stattfindenden Verhandlungen für eine Europäische Freihandelszone und an den Koordinierungssitzungen der EWG in Paris teilnehmen könne[62]. Vier Monate später berichtete der Länderbeobachter, daß er zu den Freihandelszonen-Verhandlungen unmittelbar hinzugezogen würde. Er wies dabei darauf hin, daß für die ebenfalls sehr interessanten Verhandlungen im Bereich der EWG eine solche Möglichkeit noch nicht bestünde, sie sei aber angesichts der späten Unterrichtung der Länder auf Grund von Art. 2 sehr zu wünschen.

Nachdem die Länder-Wirtschaftsminister-Konferenz auf ihrer Sitzung am 8. Januar mit dem damaligen Wirtschaftsminister Erhard darüber verhandelt hatte, ob der Länderbeobachter auch an den Verhandlungen des EWG-Ministerrats und seiner Institutionen in Brüssel teilnehmen könne, und nach den notwendigen Konsultationen im Bundeskabinett, wurde durch den Bundeswirtschaftsminister „die Funktion eines Beobachters auch für die EWG gestattet"[63]. Daraufhin übertrug die Konferenz der Ministerpräsidenten dem bisherigen Beobachter bei den Freihandelszonen-Verhandlungen diese Aufgabe auch für den Gesamtbereich der EWG. Mit der Fusion der Gemeinschaftsorgane nahm der Länderbeobachter dann darüber hinaus an allen Ratstagungen teil, die sich mit Angelegenheiten aus dem EGKS- und dem EAG-Bereich befaßten. Diese Erweiterung des Tätigkeitsbereichs wurde 1968 formal dadurch kenntlich gemacht, daß der Beobachter der Länder bei der EWG sich nunmehr als „Beobachter der Länder bei den Europäischen Gemeinschaften" bezeichnete.

---

61 An den Verhandlungen haben teilgenommen: für die Bundesländer: Ministerpräsident Dr. Seidel (Bayern), Minister Dr. Farny (Baden-Württemberg), Senator Dr. Klein (Berlin) und für den Bund: Bundesratsminister Dr. v. Brentano (als Vertreter des Außenministers), Ministerialdirektor Dr. Dittmann (Auswärtiges Amt) und Ministerialdirigent Dr. Meyer-Cording.

62 Über dieses gentlemen's agreement besteht eine Aufzeichnung, die in einem Schreiben des damaligen Bundesratsministers v. 30. Juli 1958 niedergelegt worden ist.

63 So lt. internen Protokolls des Vorsitzenden des Bundesrats-Ausschusses Gemeinsamer Markt und Freihandelszone in dessen 5. Sitzung am 25. Februar 1959.

Organisatorisch wurde der Beobachter bisher im Wirtschaftsministerium des Landes Baden-Württemberg geführt[64]. Seine Besoldung wird von allen Ländern gemeinsam nach dem Länderschlüssel aufgebracht.

b) Vorzüge und verfassungsrechtliche Problematik

In der praktischen Arbeit scheint sich die Institution bewährt zu haben. Das wird bis zu einem gewissen Grade selbst von den Bundesressorts anerkannt.

Die Tätigkeit des Länderbeobachters bietet nämlich nunmehr die Gewähr, daß die Länder bereits frühzeitig über den Verlauf und die Ergebnisse der Verhandlungen im Rat und dessen Untergliederungen informiert werden. Dadurch kann die Meinungsbildung zu den Gemeinschaftsvorlagen auch im Bereich der Bundesländer schon einsetzen, bevor der entsprechende Rechtsakt im offiziellen Unterrichtungsverfahren nach Art. 2 zugeleitet worden ist. Darüber hinaus kann der Beobachter aber auch die Länderressorts mit den notwendigen „inside informations" versorgen, die diese sonst — wenn überhaupt — erst in den Ausschußberatungen mit den Ministerialbeamten erhalten könnten.

Auf der anderen Seite zeigt sich hier zugleich die verfassungsrechtliche Problematik dieser Institution. Denn mit dem Inkrafttreten der Gemeinschaftsverträge wurde die ausschließliche Kompetenz des Bundes begründet, im Rahmen der Gemeinschaften die Interessen der Bundesrepublik wahrzunehmen[65]. Diese Regelung umfaßte den gesamten Bereich der Gemeinschaftskompetenzen, unabhängig von der ursprünglichen Zuständigkeitsverteilung zwischen Bund und Ländern. Für die Mitwirkung der Länder an der supranationalen Kompetenzausübung blieb daneben grundsätzlich kein Raum[66].

Im Rahmen der nationalen Verfassung können sich Bedenken gegen die Tätigkeit des Länderbeobachters aus der in Art. 32 GG festgelegten Zuständigkeitsverteilung ergeben[67]. Danach ist den Ländern zwar eine

---

[64] Mit Dienstsitz in Bonn im Hause der Vertretung des Landes Baden-Württemberg.

[65] Zur „Landesblindheit" der Gemeinschaftsverträge vgl. *Ipsen*, Hallstein-Festschrift, S. 256 ff., der auf den „fehlenden Willen und mangelnden Aussagegehalt der Verträge" hinweist, „von den Ländern der Bundesrepublik als staatlich hoheitlichen Kompetenzträgern öffentlicher Gewalt Kenntnis zu nehmen".

[66] Eine, wenn auch nur mittelbare Beteiligung der Länder auf Gemeinschaftsebene stellt die Möglichkeit dar, daß ein Teil der deutschen Abgeordneten für die Europäische Versammlung aus der Mitte des Bundesrats gewählt würde. Zu den dahingehenden Initiativen des Bundesrats vgl. oben 1. Kap. II, 2 a und c und in neuerer Zeit BRDrucks. 453/65, StenBerBR 1965 S. 231 (B).

[67] Dazu allgemein: *Maunz-Dürig-Herzog*, Rdnr. 13 zu Art. 32; *v. Mangoldt-Klein*, Anm. III, 2 b zu Art. 32; *Krüger*, Kaufmann-Festgabe, S. 241; *Berber*,

begrenzte Teilhabe an der auswärtigen Gewalt der Bundesrepublik gewährleistet; diese ist jedoch auf Vertragsabschlüsse beschränkt[68]. Die Pflege der politischen Beziehungen zu anderen Völkerrechtssubjekten obliegt dagegen gem. Art. 32 Abs. 1 GG allein dem Bund.

Für die verfassungsrechtliche Beurteilung der Aktivitäten des Länderbeobachters und des diesen zugrundeliegenden gentlemen's agreement wird man daher differenzieren müssen: Soweit sich sein Verhalten auf das stumme Dabeisitzen und das Beobachten beschränkt, soweit der Länderbeobachter also nicht eigene unmittelbare Kontakte zu den Gemeinschaftsorganen pflegt, scheinen gemeinschafts- oder verfassungsrechtliche Probleme nicht zu entstehen. Die Zulassung eines stummen Beobachters in der deutschen Delegation tangiert die heikle Frage der bundesstaatlichen Zuständigkeitsverteilung bei der Wahrnehmung überstaatlicher Kompetenzen noch nicht.

Sobald der Länderbeobachter jedoch eigene Initiativen auf überstaatlicher Ebene entwickelt, sobald er etwa eigene Recherchen bei den Gemeinschaftsorganen anstellt, Kontakte knüpft, als Mittler zwischen den Bundesländern und den Gemeinschaften auftritt, oder gar zu einzelnen Problemen in Gemeinschaftsvorlagen den Standpunkt der Bundesländer gegenüber Gemeinschaftsorganen vertritt, wird er in einer Weise tätig, die als Pflege der politischen Beziehungen zu übernationalen Organen gekennzeichnet werden muß, die ausschließlich dem Kompetenzbereich des Bundes zugehört. Hier tritt der Beobachter als Repräsentant der Länder selbständig den verschiedenen Gemeinschaftsinstitutionen gegenüber. Seine Tätigkeit verbleibt nicht mehr im Rahmen der deutschen Delegation und wirkt damit in einem Bereich, der durch das Grundgesetz der zentralstaatlichen Kompetenzwahrnehmung zugewiesen worden ist.

Daran vermag auch das gentlemen's agreement zwischen Bund und Ländern selbst dann nichts zu ändern, wenn sich aus seinem Wortlaut eine Gestattung weitergehender Initiativen des Länderbeobachters ergeben sollten; denn dieser formlosen internen Übereinkunft vermag keine der Verfassung derogierende Wirkung zuzukommen.

Die Tätigkeit des Länderbeobachters wird man daher nur insoweit für zulässig halten können, als sie auf die rein passiv-rezeptive Beobachtung beschränkt bleibt.

Zu den föderalistischen Aspekten der Auswärtigen Gewalt, in: Nawiasky-Festschrift, S. 245 ff.

[68] So bereits BVerfGE 2, 347 (378); zu den aktuellen Problemen der Teilhabe der Länder an der auswärtigen Gewalt vgl. insbesondere *v. Meibom*, NJW 1968, S. 1607 ff.; *Hirsch*, Kulturhoheit und auswärtige Gewalt, S. 105 ff.

c) Art. 2 Zustimmungsgesetz und der Beobachter der Länder

Bedenken gegen die rein beobachtende Tätigkeit des Länderbeobachters können auch nicht aus Art. 2 Zustimmungsgesetz hergeleitet werden. Vielmehr erweist sich die Gestattung derartiger Funktionen durch die Bundesregierung als ein legitimer Ausfluß des durch Art. 2 konstituierten Unterrichtungsverhältnisses. Indem die Bundesregierung nämlich zuließ, daß ein Vertreter der Länder beobachtend an den Sitzungen des Rates teilnahm, eröffnete sie den Ländern nur im Rahmen der bereits bestehenden Unterrichtungspflicht die Möglichkeit, selber Informationen darüber zu sammeln, worüber sie die Regierung ohnehin kraft Art. 2 — im Umweg über den Bundesrat — zu unterrichten hat.

Freilich kann sich die Bundesregierung auf diese Weise auch nicht ihrer Informationspflicht entziehen und etwa mit dem Hinweis, der Länderbeobachter könne sich ja zur Genüge über das Ratsgeschehen informieren, ihre Unterrichtung gegenüber dem Bundesrat einschränken. Die Gestattung des Länderbeobachters kann allenfalls neben die bereits praktizierte Unterrichtung treten, um so die Unzulänglichkeiten des normalen Verfahrens durch eine den spezifischen Bedürfnissen des Bund-Länder-Verhältnisses entsprechende Institution zu korrigieren. Anderenfalls bestünde die Gefahr, daß der Informationsstandard der Länder sich nicht verbessern, sondern verschlechtern würde; denn abgesehen davon, daß der Bundesregierung häufig Informationen in einem weit größeren Umfang offen stehen, ist es oft auch für die Länder von ausschlaggebender Bedeutung, aus der Unterrichtung der Bundesregierung auch die offizielle „Lagebeurteilung“ der Bundesregierung zu erfahren.

Fünftes Kapitel

Die Verletzung der Informationspflicht durch die Bundesregierung

Die große Fülle von Gemeinschaftsrechtsakten, die Eigenarten des internationalen Vertragsverhandlungen ähnelnden Rechtsetzungsverfahrens im Rat und nicht zuletzt die unterschiedliche Interessenlage von Bundesregierung und gesetzgebenden Körperschaften bedingen, daß sich Bundestag und Bundesrat häufiger nicht rechtzeitig unterrichtet fühlen[1]. Daraus ergeben sich die Fragen, welche rechtlichen Konsequenzen die Verletzung des innerdeutschen Informationsverfahrens für den Gemeinschaftsrechtsakt hat und wie Bundestag und Bundesrat notfalls die Regierung zur Erfüllung ihrer Unterrichtungspflicht anhalten können.

I. Die Auswirkungen auf den Gemeinschaftsrechtsakt

Bestand und Geltungsumfang eines Gemeinschaftsrechtsaktes können auch durch die Verletzung des Unterrichtungsverfahrens nach Art. 2 nicht beeinträchtigt werden. Die Gemeinschaften sind Träger einer durch entäußernde „Übertragung" der Mitgliedstaaten entstandenen öffentlichen Gewalt, die gegenüber der öffentlichen Gewalt der Mitgliedstaaten selbständig und unabhängig ist[2]. Die Akte dieser von den Gemeinschaftsorganen ausgeübten, unabhängigen öffentlichen Gewalt sind weder Akte der deutschen öffentlichen Gewalt, noch bedürfen sie irgendwelcher innerstaatlichen Mitwirkung zu ihrer Gültigkeit. Sie sind in ihrem Bestand insbesondere nicht von Verfahrensnormen abhängig, die den nationalen Willensbildungsprozeß im Vorfeld der Ge-

---

[1] Das kommt z. B. zum Ausdruck, wenn etwa eine große Anfrage zur EWG-Politik der Bundesregierung damit begründet wird, daß auf diese Weise der Bundestag sein Recht aus Art. 2 S. 1 ZustG wahrnehmen wolle. Vgl. die Begründung des Abgeordneten *Ertl* in StenBerBT V S. 2243 (B).

[2] Aus der nahezu unübersehbaren Literatur zu dieser Frage vgl. insbesondere, jeweils mit umfangreichen Nachweisen: *Grabitz*, Gemeinschaftsrecht bricht nationales Recht, S. 41 ff.; *Zuleeg*, Das Recht der europäischen Gemeinschaften im innerstaatlichen Bereich, S. 127 f. Aus der Rechtsprechung vgl. in neuerer Zeit insbesondere die Urteile des EuGH in der Rs. 40/69 (Putensterze), RsprGH XVI, S. 69 f. und 72/69 (Manihotmehl), RsprGH XVI, S. 427 ff.

meinschaftswillensbildung regeln. Gemeinschaftsrecht und nationales Recht sind vielmehr zwei in Bestand[3] und Entstehung voneinander unabhängige Rechtsordnungen.

Kommt daher ein Gemeinschaftsrechtsakt unter Verstoß gegen nationale Vorschriften über die Willensbildung zu den Gemeinschaftsakten zustande, so kann dieser Verstoß für das Gemeinschaftsrecht keinerlei Folgen zeitigen. Das gilt auch für die Verletzung des Art. 2 Zustimmungsgesetz. Wird etwa vom Rat der Europäischen Gemeinschaften mit der Stimme des deutschen Ratsmitgliedes eine Verordnung beschlossen, ohne daß die Regierung die gesetzgebenden Körperschaften vorher pflichtgemäß von der Vorlage unterrichtet hat, so kann dieser Fehler des nationalen Willensbildungsverfahrens die uneingeschränkte Geltung der Verordnung auch in der Bundesrepublik in keiner Weise beeinträchtigen[4]. Gleiches gilt für alle anderen der vorherigen Unterrichtung nach Art. 2 S. 2 Zustimmungsgesetz unterliegenden Gemeinschaftsrechtsakte.

Es wurde bereits in den Ausführungen zum Regelungsgehalt von Art. 2 darauf hingewiesen, daß auch der Wortlaut des Art. 2 S. 2 Rechtswirkungen mangelhafter Unterrichtung für die Gemeinschaftsrechtsakte ausschließt; denn die Wortwahl, die Unterrichtung „soll" vor der Beschlußfassung des Rats erfolgen, kann hier nur so verstanden werden, daß ein Ratsbeschluß, der ohne die vorherige Unterrichtung gefaßt wurde, auch nach innerstaatlichem Recht unbeschränkt gültig wäre[5]. Eine mögliche Kollision mit dem Geltungsanspruch des Gemeinschaftsrechts wurde auf diese Weise von vornherein ausgeschlossen.

II. Die Erzwingbarkeit der korrekten Unterrichtung

Wenn damit feststeht, daß eine mangelhafte Unterrichtung keinerlei Rechtsfolgen für den Bestand des betreffenden Gemeinschaftsrechtsakts hat, kommt der Frage nach der Erzwingbarkeit der Unterrichtung eine um so größere Bedeutung zu. Zwangsmittel können einmal im Rechts-

---

[3] Die Frage des Bestands von mit Gemeinschaftsrecht kollidierendem nationalen Recht ist nach wie vor umstritten. Die vor allem von *Grabitz*, S. 98 f. vertretene Auffassung von der Aufhebungswirkung des Gemeinschaftsrechts vermag allerdings nicht zu überzeugen. Keines der von ihm zur Begründung des Vorrangs herangezogenen Argumente vermag eine derartig umfassende Rechtsfolge zu tragen. Vgl. dazu insbesondere die überzeugenden Ausführungen bei *Zuleeg*, Das Recht der Europäischen Gemeinschaften, S. 127.

[4] *Maunz-Dürig-Herzog*, Rdnr. 18 zu Art. 24; *Ipsen*, Hallstein-Festschrift, S. 255; *Wohlfarth*, Gemeinschaftskommentar, S. 725.

[5] *Wohlfarth*, Gemeinschaftskommentar, S. 725.

wege und zum anderen als politisch-parlamentarische Mittel eingesetzt werden.

1. Die Erzwingbarkeit der Unterrichtung im Rechtsweg

Für die Erzwingung der Unterrichtung im Rechtsweg stünde den gesetzgebenden Körperschaften im Rahmen des begrenzten Zuständigkeitskatalogs des Bundesverfassungsgerichts allenfalls ein Organstreitverfahren nach Art. 93 Abs. 1 Nr. 1 GG i.V.m. §§ 13 Nr. 5, 63 ff. BVerfGG zur Verfügung. Ziel eines derartigen Verfahrens kann allerdings nur die Feststellung durch das Bundesverfassungsgericht sein, daß „die beanstandete Maßnahme oder Unterlassung ... gegen eine Bestimmung des Grundgesetzes verstößt" (§ 67 BVerfGG). Die gesetzgebenden Körperschaften könnten also in keinem Fall einen Rechtstitel erstreiten, der die Bundesregierung verpflichtete, bestimmte Informationen zu erteilen oder auch nur in Zukunft ihrer Verpflichtung korrekter nachzukommen. Sie sind vielmehr darauf verwiesen feststellen zu lassen, daß die Nichtunterrichtung oder die nicht rechtzeitige Unterrichtung rechtswidrig war, um so in Anbetracht der Autorität, die dem Spruch des Bundesverfassungsgerichts zukommt, einer Fortsetzung der solchermaßen fehlerhaften Unterrichtung vorzubeugen. Insofern erweist sich daher Art. 2 Zustimmungsgesetz als eine lex imperfecta.

Zulässigkeitsvoraussetzung für ein Organstreitverfahren ist, daß der Antragsteller eine unmittelbare Gefährdung oder Verletzung von „ihm durch das Grundgesetz übertragenen Rechten und Pflichten" geltend macht (§ 64 Abs. 1 BVerfGG). Nun gehört Art. 2 Zustimmungsgesetz zwar mit Sicherheit zum materiellen Verfassungsrecht[6], zu den im Rahmen von § 64 BVerfGG allein relevanten[7] Normen des formellen Verfassungsrechts zählt die Vorschrift jedoch nicht. Ein Organstreitverfahren wäre daher allenfalls dann zulässig, wenn der Antragsteller geltend machen könnte, daß die Verletzung des Art. 2 zugleich eine Verletzung von Vorschriften des Grundgesetzes impliziert[8]. Ob das der Fall ist, ist für die Unterrichtung von Bundestag und Bundesrat unterschiedlich zu beantworten.

a) Die Unterrichtung des Bundestags

Für die Informationspflicht gegenüber dem Bundestag wurde oben festgestellt, daß es sich dabei um ein spezifisch neues, dem deutschen

---

[6] Vgl. zu der Abgrenzung: *Forsthoff*, Verwaltungsrecht, 9. Aufl., S. 12: Rechtsvorschriften, „welche die wesentliche, die Staatsform bestimmende Organisation und Funktion der obersten Staatsgewalt ... zum Gegenstand haben". Ebenso *Goessl*, Organstreitigkeiten, S. 99.

[7] *Goessl*, S. 188.

[8] *Goessl*, S. 188.

Verfassungsrecht bislang unbekanntes Rechtsinstitut handelt. Zwar gehört die Vorschrift zu dem gesamten Normenkomplex, der das parlamentarische Regierungssystem in der Bundesrepublik regelt; das Unterlassen der Unterrichtung des Bundestags durch die Bundesregierung würde jedoch in keinem Fall den Kernbestand dieses Verfassungsprinzips in einer derartigen Weise berühren, daß zugleich die Verletzung von Grundgesetznormen behauptet werden könnte.

Der Bundestag kann folglich die Verletzung der Unterrichtungspflicht nicht in einem Organstreitverfahren vor dem Bundesverfassungsgericht geltend machen. Das bedeutet zugleich, daß ihm keinerlei Mittel zur Verfügung stehen, die Unterrichtung im Rechtswege zu erzwingen.

b) Die Unterrichtung des Bundesrats

Für die Informationspflicht gegenüber dem Bundesrat wurde dagegen festgestellt, daß es sich dabei im wesentlichen um eine Konkretisierung der in Art. 53 S. 3 GG bereits institutionalisierten Informationspflicht der Bundesregierung gegenüber dem Bundesrat handelt. Allein hinsichtlich des Umfangs der Berichtspflicht hatten sich Differenzen zwischen beiden Vorschriften ergeben. Das aber bedeutet, daß die Verletzung von Art. 2 Zustimmungsgesetz, soweit es sich um den auch der Unterrichtungspflicht nach Art. 53 GG unterliegenden Bereich handelt, stets auch die Verletzung von Art. 53 S. 3 GG impliziert. Ein Verstoß gegen diese Verfassungsnorm kann jedoch unstreitig im Organstreitverfahren geltend gemacht werden[9]. Allerdings handelt es sich auch hierbei um eine lex imperfecta[10], deren korrekte Befolgung der Bundesrat nicht erzwingen kann[11]. Für den durch Art. 53 S. 3 GG nicht gedeckten Bereich stehen dem Bundesrat keinerlei Rechtsmittel zur Verfügung.

2. Die Erzwingbarkeit der Unterrichtung mit politisch-parlamentarischen Mitteln

a) Die Unterrichtung des Bundestags

Hinsichtlich der Erzwingbarkeit der Informationspflicht des Bundestags mit politisch-parlamentarischen Mitteln muß man zwischen der allgemeinen Informationspflicht nach Art. 2 S. 1 Zustimmungsgesetz und der besonderen, vorherigen nach S. 2 unterscheiden.

---

[9] *H. Schäfer*, Bundesrat, S. 108; *Ziller*, Bundesrat, S. 70; *Wöhler*, Aufgaben und Stellung des Bundesrats, S. 149. *Schüle*, Informationspflicht, S. 443 weist darauf hin, daß eine Verfassungsklage praktisch kaum Aussicht auf Erfolg haben dürfte, weil es sich bei Art. 53 S. 3 GG um eine „politische" Bestimmung handle, deren juristischer Gehalt nicht leicht zu erfassen sei.

[10] *v. Mangoldt-Klein*, Anm. IV, 8 zu Art. 53.

[11] *Wöhler*, Aufgaben und Stellung des Bundesrats, S. 149.

Für die *allgemeine* Informationspflicht ergeben sich die bereits erwähnten Grenzen; denn es ist zwar dem Bundestag möglich, im Wege von Anfragen[12], Beschlüssen und letztlich auch Untersuchungsausschüssen die Bundesregierung zur Erfüllung ihrer Pflicht anzuhalten und damit die Mittel, die ihm zur Durchsetzung seines so artikulierten Willens zur Verfügung stehen, einzusetzen, letztlich handelt es sich dabei jedoch um Verfahren, die dem Wesen des Informationsrechts nicht gerecht werden[13].

Die Erzwingbarkeit der *vorherigen* Unterrichtung des Bundestags unterliegt noch engeren Grenzen; denn ihr Sinn erfordert gerade die Information von den Gemeinschaftsakten, bevor diese erlassen worden sind. Da hierfür die Einsetzung eines Untersuchungsausschusses und in der Regel auch eine förmliche Anfrage nicht geeignete Mittel sind, weil sie gerade erst nach dem betreffenden Ereignis die näheren Umstände aufklären, ist der Bundestag auf allgemeine Entschließungen angewiesen, in denen er die Bundesregierung zur rechtzeitigen Vorlage der betreffenden Entwürfe anhält. Die Befolgung dieser Entschließungen kann er jedoch wiederum nicht erzwingen. Es bleibt ihm nur die Möglichkeit, das Verhalten der Regierung förmlich zu mißbilligen oder aber im äußersten Falle mit dem Mißtrauensvotum zu ahnden.

b) Die Unterrichtung des Bundesrats

Die Erzwingbarkeit der Information des Bundesrats durch die Bundesregierung scheitert schon an dem besonderen Verhältnis von Bundesrat und Bundesregierung. Da die Bundesregierung weder vom Vertrauen des Bundesrats abhängig ist, noch der Bundesrat dieser gegenüber echte Kontrollrechte besitzt, besteht die einzige Möglichkeit des Bundesrats, die Bundesregierung zur pflichtgemäßen Information anzuhalten, darin, daß der Bundesrat von seinem Interpellationsrecht Gebrauch macht[14] oder aber die Bundesregierung in besonderen Beschlüssen zur Berichterstattung auffordert. Über die geringe Eignung dieser Mittel, die Unterrichtung zu erzwingen, wurde schon gesprochen. Insbesondere kann auf diese Weise die vorherige Unterrichtung nach Art. 2 S. 2 Zustimmungsgesetz nicht durchgesetzt werden.

---

[12] Vgl. die oben Anm. 1 zitierte Anfrage des Abgeordneten *Ertl*.

[13] Vgl. dazu oben 4. Kap. I, 2 a.

[14] Kritisch zu der diesbezüglichen Praxis: *Herzog*, DVBl. 1966, S. 183, der Bundesrat habe wenig Grund, sich über die Praxis der Bundesregierung hinsichtlich Art. 53 S. 3 GG zu beklagen, solange er selbst nicht den Mangel durch eine entschlossene Ausübung des Art. 53 S. 1 GG auszugleichen suche.

Sechstes Kapitel

Die Entschließungen von Bundestag und Bundesrat zu den Berichten und Vorlagen der Bundesregierung

I. Zulässigkeit und Verbindlichkeit der Entschließungen

Seinen sichtbarsten Ausdruck findet das geschilderte Zusammenspiel von Parlament und Regierung in den Entschließungen zu den Gemeinschaftsakten. In ihnen tritt die Meinung von Bundestag und Bundesrat nach außen hin und damit möglicherweise auch gegenüber den übrigen Mitgliedstaaten und den Organen der Gemeinschaften in Erscheinung. Mit ihnen nehmen die gesetzgebenden Körperschaften auch häufiger zu den auf Grund von Art. 2 S. 1 Zustimmungsgesetz zugeleiteten allgemeinen Programmen und Memoranden der Kommission Stellung.

Rein quantitativ haben die Beschlüsse zu den Gemeinschaftsvorlagen dabei die herkömmlichen Entschließungen weit hinter sich gelassen. Allerdings unterliegt ihre Zahl entsprechend der unterschiedlichen Intensität der rechtsetzenden Tätigkeit des Rats recht erheblichen Schwankungen[1].

1. Rechtscharakter

Formell wie materiell handelt es sich bei den Beschlüssen zu den Gemeinschaftsakten um sog. „schlichte Parlamentsbeschlüsse". Unter dieser Formulierung von *Thoma*[2] werden solche Akte des Parlaments

---

[1] Die Statistik weist folgende Zahlen für EWG/EAG-Vorlagen aus:

1962:	126	1965:	83	1968:	201
1963:	96	1966:	102	1969:	146
1964:	85	1967:	158	1970:	176

Die Zahlen für die Jahre 1962 bis 1966 einschließlich sind den allgemeinen Statistiken entnommen, die den jeweiligen Sach- und Sprechregistern zu den Stenografischen Berichten des Bundesrats vorangestellt sind.

[2] HdDStR, Bd. 2, S. 221.

verstanden, die „der umständlichen Solemnität des Gesetzgebungsverfahrens“[3] entbehren und in denen die Auffassungen und Wünsche des Parlaments zu bestimmten Tagesordnungspunkten zum Ausdruck gebracht werden[4].

Gegenüber den herkömmlichen schlichten Parlamentsbeschlüssen haben die Entschließungen zu den Gemeinschaftsakten auf Grund ihrer großen Zahl und einer starken Formalisierung in Text und Verfahren eine gewisse Eigenständigkeit erlangt[5]. Diese Besonderheiten sind jedoch nur oberflächlich-formaler Natur und rechtfertigen noch nicht, die in Rede stehenden Entschließungen als Parlamentsakte sui generis zu qualifizieren. Damit stellen sich auch hier die immer noch kontrovers behandelten Fragen nach der Zulässigkeit[6], der Verbindlichkeit und der Durchsetzbarkeit der schlichten Parlamentsbeschlüsse.

In der Literatur werden diese drei Fragenkreise nicht immer klar genug voneinander geschieden. So wird vor allem von einer größeren Zahl von Autoren die Zulässigkeit der Beschlüsse von ihrer Verbindlichkeit und damit von ihrer Wirkung abhängig gemacht[7], ohne daß zuvor die Möglichkeit erörtert worden wäre, daß der (aus anderen Gründen) zulässige Parlamentsbeschluß nur die der Verfassung entgegenstehenden Wirkungen nicht zu zeitigen vermag.

2. Zulässigkeit

Zunächst ist festzustellen, daß weder der Bundestag noch der Bundesrat auf Grund einer besonderen Vorschrift des Grundgesetzes oder eines formalen Gesetzes (mit Ausnahme weniger, hier nicht interessierender Fälle[8]) zum Erlaß derartiger Beschlüsse ermächtigt sind. Weder

---

[3] *Obermayer*, Grundzüge des Verwaltungsrechts, S. 22.

[4] *Trossmann*, Parlamentsrecht, S. 91. Zu dem Problem des schlichten Parlamentsbeschlusses vgl. insbesondere die (vielfach kontroversen) Monographien von *Sellmann*, Der schlichte Parlamentsbeschluß, und *Obermeier*, Schlichte Parlamentsbeschlüsse.

[5] Zum Verfahren vgl. oben 3. Kap. I, 2.

[6] Vgl. zu der Terminologie „Zulässigkeit“ oder „Rechtmäßigkeit“ *Sellmann*, Der schlichte Parlamentsbeschluß, S. 41.

[7] So vor allem *Sellmann*, S. 38 ff., der zusätzlich noch differenziert nach verbindlich und nicht verbindlich gewollten Beschlüssen. Zur Unfruchtbarkeit dieser Unterscheidung vgl. *Hild. Krüger*, DVBl. 1968, S. 159, die allerdings ihrerseits auch die Frage nach der Rechtmäßigkeit aus der Wirkung der Beschlüsse beantworten will und dabei verkennt, daß nur die verfassungswidrigen Wirkungen nicht eintreten, während derselbe Beschluß durchaus andere, verfassungskonforme Wirkungen zeitigen kann.

[8] z. B. Art. 76 Abs. 2 S. 2 GG.

die reinen Verfahrensvorschriften der Art. 42 Abs. 2 bzw. 52 Abs. 3 GG[9] noch die einschlägigen Vorschriften der Geschäftsordnungen[10] können als Kompetenznormen für derartige Beschlüsse dienen.

Gleiches muß auch für Art. 2 Zustimmungsgesetz gelten. Der Regelungsgehalt dieser Vorschrift erschöpft sich in der Konstituierung einer Regierungspflicht zur Information von Bundestag und Bundesrat. Wenn dadurch auch den gesetzgebenden Körperschaften unter anderem ermöglicht werden sollte, an der innerstaatlichen Vorklärung des deutschen Ratsverhaltens mitzuwirken, so regelt Art. 2 doch weder die Art und Weise dieser Mitwirkung noch begründet er Kompetenzen zu einer bestimmten Art der Mitwirkung. Vielmehr sind Bundestag und Bundesrat darauf verwiesen, sich der ihnen schon zur Verfügung stehenden Mittel zu bedienen, um ihren Einfluß auf die Bundesregierung geltend zu machen.

a) Die Bundestagsentschließungen

Die Zulässigkeit der Beschlüsse beim Bundestag ergibt sich aus parlamentarischem Gewohnheitsrecht, das sich im Rahmen der allgemeinen Grundentscheidung der Verfassung für ein parlamentarisches Regierungssystem gebildet hat. Darunter soll hier die Summe derjenigen Vorschriften verstanden werden, deren Aufgabe es ist, die gewünschte „Homogenität in den Grundanschauungen von Parlamentsmehrheit und Regierung" herbeizuführen[11]. Diesem Ziel dient die ständige Kommunikation zwischen Parlament und Regierung. Abgesehen von den Debatten und den informellen Beziehungen über die Mehrheitspartei erfolgt die Artikulation des Mehrheitswillens im Parlament auf dem typischen Wege der Willensbildung eines Kollegialorgans, dem Beschluß. Der Bundestag ist geradezu auf dieses Mittel angewiesen, um seinen Willen jederzeit und zu jedem Problem, seiner Aufgabe entsprechend, artikulieren zu können[12].

---

[9] So schon BVerfGE 2, 143 (161). Zu der Frage der Rechtsgrundlage s. *Maunz-Dürig-Herzog*, Rdnr. 15 zu Art. 42; *v. Mangoldt-Klein*, Anm. III, 2 zu Art. 47; *Hamann*, Anm. C 2 zu Art. 42, die allerdings weitgehend Art. 42 auch als Verfahrensnorm nicht für schlichte Parlamentsbeschlüsse anwenden wollen. Dieser Meinung kann nicht gefolgt werden. Sachliche Gründe sind für eine derartige Differenzierung nicht erkennbar. Wie hier: *Obermeier*, Schlichte Parlamentsbeschlüsse, S. 15.

[10] §§ 81 Abs. 2 S. 2, 89, 99 GOBT; §§ 32, 35 GOBR.

[11] *Leibholz*, Strukturprobleme, S. 17.

[12] *C. Schmitt*, Verfassungslehre, S. 238. Im Ergebnis wie hier: *Obermeier*, Schlichte Parlamentsbeschlüsse, S. 138; *Friesenhahn*, VVDStRL 16, S. 36 Fußn. 70; ausführliche Darstellung des Streitstandes bei *Sellmann*, Der schlichte Parlamentsbeschluß, S. 24 ff. mit umfangreichen Nachweisen.

b) Die Bundesratsentschließungen[13]

Für die Bundesrats-Beschlüsse gilt das Gesagte mutatis mutandis. Die Aufgabe dieses Bundesorgans besteht darin, im Rahmen seiner Mitwirkung an Bundesangelegenheiten die Interessen der Bundesländer gegenüber der Bundespolitik zur Geltung zu bringen. Die in diesem Rahmen begründete gewohnheitsrechtliche Kompetenz hat zudem in Art. 76 Abs. 2 GG für den besonderen Fall der Gesetzesvorlagen durch die Bundesregierung in der Verfassung seinen Niederschlag gefunden. Zwar verbietet der eindeutige Bezug in dieser Vorschrift auf die nationale Gesetzgebung ihre Anwendung auf die hier in Rede stehenden Bundesratsbeschlüsse; der in ihr zum Ausdruck kommende Rechtsgedanke läßt sich jedoch als Bestätigung für die Zulässigkeit von Stellungnahmen des Bundesrats zu den Gemeinschaftsrechtsakten, die sich auf die innerdeutsche Rechtsordnung auswirken, heranziehen. Durch Art. 76 Abs. 2 GG sollte gewährleistet werden, daß bei Regierungsinitiativen dem Bundesrat die Möglichkeit zu einer vorherigen formlosen Stellungnahme gegeben wurde, um so in einem möglichst frühen Stadium die Einflußnahme der Länder auf die Willensbildung des Bundes im legislativen Bereich sicherzustellen.

3. Verbindlichkeit

Mit der Bejahung der Zulässigkeit von schlichten Parlamentsbeschlüssen ist jedoch noch nichts über ihre Wirkungen, die Verbindlichkeit oder Unverbindlichkeit ausgesagt. Die weitaus überwiegende Meinung spricht den schlichten Parlamentsbeschlüssen jede rechtliche Verbindlichkeit ab. Dabei wird zur Begründung der Gewaltenteilungsgrundsatz[14], das Gesetzmäßigkeitsprinzip[15], die Gleichrangigkeit von Legis-

---

[13] Im Gegensatz zu den Bundestags-Entschließungen sind die Bundesrats-Entschließungen noch nicht Gegenstand umfangreicher wissenschaftlicher Arbeiten gewesen. Das mag seine Ursache primär in dem Umstand haben, daß zum einen Entschließungen des Bundesrats praktisch keine Rolle gespielt haben, bis dieses Mittel für die Stellungnahmen zu den Gemeinschaftsakten aktiviert wurde und zum anderen der Bundesrat ohnehin nicht zu den bevorzugten Gegenständen der juristischen Diskussion gehört. Bundesratsentschließungen sind bisher diskussionslos als rechtmäßig angesehen worden: *Herzog*, BayVBl. 1966, S. 185; *Ziller*, Der Bundesrat, S. 33; *Weber*, StenBerBR 1957, S. 33. Ein Beispiel für eine Bundesratsentschließung findet sich in der BR-Drucks. 423/65 (Beschluß) (zum Gesetz über die Feststellung eines Nachtrags zum ERP-Sondervermögen für das Rechnungsjahr 1965).

[14] *Nawiasky*, Verpflichtung der Regierung, S. 148; *Kern*, MDR 1950, S. 656 und die bei *Sellmann* S. 24 zitierten Autoren.

[15] *Lerche*, NJW 1961, S. 111; BVerwGE 12, 16 und die bei *Sellmann* S. 25 zitierten Autoren.

lative und Exekutive[16], die Richtlinienkompetenz des Bundeskanzlers[17] oder aber eine Synthese dieser Prinzipien[18] herangezogen. Für die hier in Rede stehenden Entschließungen von Bundestag und Bundesrat ergibt sich die Unverbindlichkeit bereits aus gemeinschaftsrechtlichen Gesichtspunkten und aus der Entstehungsgeschichte von Art. 2 Zustimmungsgesetz.

Im Gemeinschaftsrecht spricht insbesondere die Ratsstruktur gegen die Möglichkeit der Bindung der Ratsmitglieder an Weisungen nationaler Parlamente. Art. 2 FusV bestimmt, daß jede Regierung eines ihrer Mitglieder in den Rat entsendet. Durch diese, in das nationale Verfassungsrecht übergreifende Bestimmung sollte gewährleistet werden, daß die sonst nur nationalen Kabinetten eignende und auf der parlamentarischen Verantwortung der Regierungsmitglieder beruhende Entscheidungsfreiheit[19] und hohe Mobilität der Willensbildung auf den Rat der Europäischen Gemeinschaften übertragen wurde. Im Rat sollte in der Formulierung des EGKS-Vertrages, die in abgewandelter Form in Art. 6 EWGV wiederkehrt, die Tätigkeit der Gemeinschaftsorgane und der für die allgemeine Wirtschaftspolitik ihrer Länder verantwortlichen Regierungen aufeinander abgestimmt werden.

Den nationalen Parlamenten war dagegen der Weg über die Europäische Versammlung zur Einflußnahme auf die Gemeinschaftsrechtsetzung geöffnet. Ein darüber hinausgehendes Mitwirkungsrecht, etwa in Form einer Weisungsbefugnis gegenüber den Ratsmitgliedern wäre dagegen mit den Verträgen unvereinbar[20].

Neben diesen gemeinschaftsrechtlichen Erwägungen spricht auch die Entstehungsgeschichte von Art. 2 Zustimmungsgesetz gegen ein Weisungsrecht der gesetzgebenden Körperschaften. Es hatte sich gezeigt, daß in den Ratifizierungsdebatten zu den Gemeinschaftsverträgen ein

---

[16] *Friesenhahn*, VVDStRL 16, S. 36 Fußn. 70; *Leibholz*, Strukturprobleme, S. 163 und die bei *Sellmann* S. 26 zitierten Autoren.

[17] *Jesch*, Gesetz und Verwaltung, S. 95 f.; *Menzel*, VVDStRL 12, S. 196 will jedoch im Gegensatz zu *Jesch* in dem schlichten Parlamentsbeschluß einen verbindlichen Beschluß sehen, durch den die Richtlinienkompetenz des Kanzlers eingeschränkt wird. Allerdings „steht im Hintergrund (nur) das Mißtrauensvotum“. Gegen diese Auffassung wandten sich zu Recht *Grewe* und *Schneider* in ihren Diskussionsbeiträgen VVDStRL 12, S. 260 und 248.

[18] So insbesondere *Nawiasky*, Verpflichtung der Regierung, S. 148; *Klein*, JuS 1964, S. 181; *Sellmann*, S. 33 tritt für eine differenzierende Betrachtungsweise ein. Zustimmend: *Hild. Krüger*, DVBl. 1968, S. 158.

[19] Zu der Wechselwirkung von Verantwortlichkeit und Entscheidungsfreiheit vgl. BVerfGE 9, 281 und *Obermeier*, Schlichte Parlamentsbeschlüsse, S. 147.

[20] Im Ergebnis ebenso: *Carstens*, Diskussionsbeitrag, VVDStRL 16, S. 132; *Wohlfarth*, Gemeinschaftskommentar, Anm. zu Art. 2 ZustG, S. 725; *Holch*, EuR 1967, S. 217; *Ziller*, Bundesrat, S. 33.

solches Weisungsrecht ausdrücklich diskutiert worden war[21]. Wenn sich dann die gesetzgebenden Körperschaften angesichts der Bedenken der Bundesregierung mit der Aufnahme einer Informationspflicht begnügten, lag darin zugleich eine Entscheidung gegen die Bindung der deutschen Ratsmitglieder an die auf die Information folgenden Beschlüsse von Bundestag und Bundesrat[22].

4. Durchsetzbarkeit

Was schließlich die Frage der Durchsetzbarkeit anbetrifft, so herrscht hier in der Literatur und Rechtsprechung Einigkeit darüber, daß schlichte Parlamentsbeschlüsse — soweit sie nicht ausnahmsweise im Grundgesetz selbst geregelt sind — nicht im Rechtswege durchgesetzt werden können[23].

Beim *Bundestag* räumen selbst die Autoren, die schlichte Parlamentsbeschlüsse für verbindliche Äußerungen halten, ein, daß solche Akte nur im Wege der allgemeinen Effektuierung der Regierungsverantwortlichkeit durchgesetzt werden können[24], in härtesten Fällen also mit dem Mißtrauensvotum. Dabei ist zu Recht darauf hingewiesen worden, daß man darin kaum eine rechtliche Sanktion eines schlichten Parlamentsbeschlusses sehen kann[25]. Denn trotz seiner rechtlichen Regelung im Grundgesetz hat der Beschluß nach Art. 67 primär nicht rechtliche, sondern politische Voraussetzungen und politischen Gehalt.

Der *Bundesrat* verfügt über keinen den politisch-parlamentarischen Mitteln vergleichbaren Weg zur Durchsetzung seiner Entschließungen. Die Beziehungen von Bundesrat und Bundesregierung erschöpfen sich in den reinen Arbeitsbeziehungen, d. h. seinen Mitwirkungs- und Informationsrechten. Politische Zwangsmittel gegen die Bundesregierung hat der Bundesrat nicht. Rechtliche Mittel zur Durchsetzung seiner

---

21 Vgl. dazu oben 1. Kap. II, 2 a.

22 Zu weitgehend allerdings *Wohlfarth*, Anfänge einer europäischen Rechtsordnung, S. 255, der im Wege des Umkehrschlusses aus Art. 2 ableitet, daß die Mitwirkungsmöglichkeit der gesetzgebenden Körperschaften insgesamt nicht über das Recht unterrichtet zu werden hinausgeht. Dafür, daß die traditionellen Mitwirkungsrechte der beiden Organe, z. B. die hier in Rede stehenden Entschließungen ausgeschlossen werden sollen, ergibt Art. 2 ZustG nichts. So auch *Sattler*, Funktionelle Integration, S. 102.

23 So z. B. *Sellmann*, Der schlichte Parlamentsbeschluß, S. 133 ff.; BayVerf GH in DVBl. 1959, 816; *Friesenhahn*, VVDStRL 16, S. 70 LS II 2; *Klein*, Jus 1964, S. 186; *Ziller*, Bundesrat, S. 53.

24 Vgl. *Menzel*, VVDStRL 12, S. 196.

25 *Obermeier*, Schlichte Parlamentsbeschlüsse, S. 97; a. A. *Herzog*, Bay VBl. 1966, S. 182, der auch im Mißtrauensvotum eine „rechtliche Sanktion“ sehen will.

Vorstellungen verbieten sich schon aus den zur Verbindlichkeit der Beschlüsse vorgetragenen Erwägungen[26].

II. Verfahren und Inhalt der Entschließungen

1. Die Behandlung der Entschließungen in Bundestag und Bundesrat

Über das bundestags- bzw. bundesratsinterne Verfahren bis zur Vorlage der Ausschußentwürfe in dem jeweiligen Plenum, wurde im II. Kapitel bereits das Notwendige gesagt. Hier ist nun noch nachzutragen, welches Schicksal die Ausschußvorschläge im Plenum erfahren.

Im *Bundesrat* ist in der Masse der Fälle, nämlich stets dann, wenn nach § 35 Geschäftsordnung des Bundesrats verfahren wird, in den Ausschüssen bereits das letzte Wort gesprochen. Der Bundesrat sendet in diesen Fällen nur eine kurze Mitteilung an das Bundeskanzleramt, er bestätige, in der betreffenden Sache gem. Art. 2 Zustimmungsgesetz unterrichtet worden zu sein[27].

Im *Bundestag* werden dagegen sämtliche Ausschußvorschläge offiziell dem Plenum zur Beschlußfassung vorgelegt, unabhängig davon, ob der Ausschuß dem Bundestag lediglich empfiehlt, den betreffenden Vorschlag für einen Gemeinschaftsrechtsakt zur Kenntnis zu nehmen, oder ob die Bundesregierung zu einem bestimmten Verhalten im Rat aufgefordert werden soll. Die Kommissionsvorschläge werden dann so verabschiedet, wie es dem Plenum empfohlen worden ist. Änderungen der Entschließungsanträge kommen praktisch nicht vor.

Die Annahme der Entschließungen erfolgt in aller Regel ohne Aussprache[28]. Das kann bei der Masse der außerordentlich technisch erscheinenden Regelungen, deren politischer Gehalt selten klar erkennbar ist, nicht verwundern. Die Experten haben ihr Votum bereits im Ausschuß gegeben und brauchen es nicht noch einmal im Plenum zu wiederholen. Das völlige Schweigen des jeweiligen Plenums muß jedoch dann auffallen, wenn Vorschläge mit erheblicher politischer Brisanz auf der Tagesordnung stehen, oder wenn etwa einer der anfangs hart erstrittenen „Integrationsberichte" an den Ausschuß überwiesen wird und im übrigen im Plenum nicht mehr behandelt wird.

---

[26] Im Ergebnis ebenso: *Ziller*, Bundesrat, S. 53; *Holch*, EuR 1966, S. 217. Dazu, daß die Entschließungen des Bundesrats u. U. im Rahmen des Prinzips der Bundestreue mit dem Anspruch höherer Beachtlichkeit ausgestattet sind, vgl. unten III, 1 b.

[27] Vgl. z. B. BRDrucks. 203/67 (B).

[28] Eine der großen Ausnahmen findet sich in StenBerBT V S. 4240, 92. Sitzung des Bundestags v. 3. 2. 1967. Hier konnte der zuständige Minister noch eine Reihe von neuen Fakten vortragen.

Allein auf dem Agrarsektor kann es vorkommen, daß die Behandlung verschiedener Ausschußanträge im Verlaufe des Art. 2-Verfahrens auch noch in die Plenardebatte vordringt. So wurde z. B. eine ganze Anzahl von Entschließungen in der Bundestagsdebatte über den „Grünen Plan" 1968 mitbehandelt[29]. Aber auch hier handelt es sich um bloße Randerscheinungen einer Debatte, die wegen der weitgehenden Fremddeterminiertheit ihres Gegenstandes notwendig den nationalen Rahmen sprengen mußte. Ergreift im übrigen ausnahmsweise einmal ein Berichterstatter im Plenum das Wort, so handelt es sich hierbei stets nur um Richtigstellungen oder den Hinweis auf eine „dissenting opinion" eines mitberatenden Ausschusses[30].

Grundsätzlich muß damit festgestellt werden, daß die allgemein zu beobachtende Verlagerung der parlamentarischen Arbeit in die Ausschüsse auch in dem Verfahren nach Art. 2 Zustimmungsgesetz ihren lebhaften Ausdruck findet. Daß es sich dabei nicht um eine eindeutig begrüßenswerte Erscheinung handelt, ist häufig betont worden[31]. Im vorliegenden Verfahren muß das vollständige Fehlen von Plenardebatten besonders ins Gewicht fallen, weil damit gerade im Bereich der dem einzelnen Staatsbürger fremden und nicht selten unverständlichen Gemeinschaftsrechtsetzung der hohe Integrationswert und die Aufklärungsfunktion parlamentarischer Aussprachen verloren gehen.

2. Der Inhalt der Entschließungen

a) Allgemeines

Der Inhalt der Entschließungen wird im wesentlichen durch ihren Zweck bestimmt, Einfluß auf die Gemeinschaftsrechtsetzung zu nehmen. Nur verhältnismäßig selten finden sich in ihnen daher Gedanken zur allgemeinen politischen Lage oder Wünsche, die den politischen Rahmen des Brüsseler Geschehens betreffen[32], wie das bei den traditionellen schlichten Parlamentsbeschlüssen überwiegend der Fall ist. Hier setzen sich Bundestag und Bundesrat vielmehr in unterschiedlich substantiier-

---

29 StenBerBT V S. 4546 (C).

30 Vgl. z. B.: StenBerBT V S. 5057 (B).

31 *Hennis*, Der Deutsche Bundestag 1949—1965, in: Der Monat 1966, S. 32, kritisiert die „Fachhuberei der Ausschüsse" gar als „systemwidrige Parlamentsaktivitäten".

32 So etwa in der Entschließung des Bundestags, BT-Drucks. V/1530, in der der Bundestag seine Erwartung zum Ausdruck bringt, „daß die Bundesregierung für die Vollendung des Agrarmarktes" eintrete. Dazu sollten insbesondere die Ausnahmeregelungen abgebaut werden. In diesen Kreis wird man aber vor allem auch jene Entschließungen einbeziehen müssen, die auf die Erweiterung der Befugnisse der Versammlung drängen. Typisch dafür: BT-Drucks. VI/2065.

ten Entschlüssen mit den häufig sehr komplizierten Gegenständen supranationaler Wirtschaftsgesetzgebung auseinander, d. h., sie bringen ihre in aller Regel recht detaillierten Vorstellungen zu den juristischen und ökonomischen Problemen des betreffenden Rechtsakts zur Darstellung.

Bei der Mehrzahl der in den Ausschüssen beratenen Vorlagen werden allerdings keinerlei Änderungswünsche geäußert. Der Bundestagsbeschluß lautet dann nur, der Bundestag habe den betreffenden Rechtsakt „zustimmend zur Kenntnis genommen" oder einfach „zur Kenntnis genommen"[33]. Beim Bundesrat lautet die entsprechende Formulierung, daß er gegen eine Vorlage „keine Bedenken erhebt" oder daß er sie „zur Kenntnis nimmt"[34].

Quantitativ werden bei etwa zwei Dritteln aller Bundestag und Bundesrat zugeleiteten und dort bearbeiteten Kommissionsvorschlägen keine Änderungswünsche geäußert. Obwohl diese Quote bei beiden gesetzgebenden Körperschaften etwa gleich ist, brauchen doch die Vorstellungen im Einzelfall nicht übereinzustimmen. Häufig kommt es vor, daß der Bundestag keine Einwendungen erhebt, während der Bundesrat eine ganze Anzahl von Änderungswünschen äußert, und umgekehrt[35].

---

[33] Zustimmend zur Kenntnis genommen: vgl. z. B. BT-Drucks. V/1554, zur Kenntnis genommen: vgl. z. B. BT-Drucks. V/1848. Durchführungsverordnungen zu landwirtschaftlichen Marktorganisationen wurden im Bundestag häufiger mit folgendem Argument „zur Kenntnis genommen": „Da der Bundestag diesen Marktorganisationen zugestimmt hat, können gegen Einzelmaßnahmen, die diese Marktorganisationen zur Grundlage haben, Einwendungen nicht geltend gemacht werden." So z. B. im Ausschußbericht BT-Drucks. V/1550. Diese Ausführungen sind insofern aufschlußreich, als der Bundestag hier für weite Bereiche der Gemeinschaftsrechtsetzung auf seine Funktion mittelbarer Kontrolle verzichtet und damit die These *Ipsens* (Fusionsverfassung, S. 64 f.) bestätigt, daß einzelne wichtige Organakte der Gemeinschaften „nicht eigentlich das Resultat von Willensbildung und Willensentscheidung ..." sind, „sondern das Produkt organisierter Wissensbildung", bei der „die Frage ihrer Konsentierung und Legitimation im Grunde nicht mehr gestellt werden" könne.

[34] Vgl. etwa BR-Drucks. 29/67 (Beschluß); BT-Drucks. V/1809. Beim Bundesrat würde es sich in den beiden Fällen um ein Verfahren nach § 35 GOBT handeln, d. h. der Ausschußbericht gelte als ein Beschluß des Bundesrats, sofern nicht ein Land widerspricht.

[35] So z. B. die unterschiedlichen Stellungnahmen von Bundestag und Bundesrat zu den Vorschlägen der Kommission für eine Verordnung des Rates über „die gemeinsame Marktordnung für Reis" und für eine Verordnung des Rates über die „Regelung für Reis, Bruchreis mit Ursprung in den assoziierten Staaten und Madagaskar und den überseeischen Ländern und Gebieten". Der Bundestag nahm diese Vorschläge ohne Aussprache zur Kenntnis (StenBerBT V S. 5835 [B]), während der Bundesrat recht eingehende Änderungswünsche zum institutionellen System der geplanten Reismarktordnung äußerte. Vgl. BR-Drucks. 263/67, wo es u. a. heißt: „Der Bundesrat hält es außerdem für erforderlich, daß politische Entscheidungen ... dem Rat vorbehalten bleiben."

Nur selten sind die Wünsche des einen Hauses mit denen des anderen völlig identisch[36].

Äußern Bundestag oder Bundesrat Änderungswünsche zu den Vorlagen, so werden diese in die Form von Bitten, Ersuchen oder Aufforderungen an die Bundesregierung gekleidet. Dabei ist die Wortwahl vielfältig nuanciert. Sie reicht von der Bitte, die Bundesregierung möge ihren Vertretern im Rat von der „Anregung des Bundestags Kenntnis geben" über das Ersuchen „bei den weiteren Verhandlungen im Rat folgendes zu berücksichtigen" bis hin zu der bestimmten Aussage „der Bundestag legt Wert darauf, daß die Bundesregierung dafür Sorge trägt, daß ..."[37]. Rechtliche Konsequenzen ergeben sich aus diesen Differenzierungen allerdings nicht.

Die Gegenstände der Stellungnahmen sind so vielfältig, wie es die möglichen Änderungsvorschläge im Laufe moderner Wirtschaftsgesetzgebung nur sein können. Das Spektrum reicht von der bloßen Richtigstellung einer im Verordnungsentwurf falsch zitierten nationalen Rechtsvorschrift[38] und der Aufforderung, bestimmte Vorschriften näher zu präzisieren[39] über differenzierte Vorstellungen zu dem sachlichen und ökonomischen Regelungsgehalt der Vorschrift[40] und die ständige Mahnung an die Regierung, bei den Brüsseler Verhandlungen die nationalen Interessen zu wahren[41], bis hin zu langen Ausführungen zu den Rechtsfragen und zum Gemeinschaftsverfassungsrecht.

Selten nur lassen sich die Stellungnahmen in einer Entschließung nur einer dieser Gruppen zuordnen. In aller Regel werden wenigstens zwei verschiedene Aspekte angesprochen. Meist handelt es sich dabei um eine Kombination von ökonomisch motivierten Änderungsvorschlägen mit der Äußerung juristischer Bedenken als Folge einer abweichenden Interpretation des Gemeinschaftsrechts[42].

---

[36] Dazu s. unten d). Vgl. auch BT-Drucks. VI/592.

[37] BT-Drucks. V/1809; vgl. auch BR-Drucks. 29/67 (Beschluß).

[38] BR-Drucks. 357/64 (Beschluß). Im Richtlinienentwurf wurde ein schleswig-holsteinisches Gesetz zitiert, das inzwischen außer Kraft getreten war.

[39] Vgl. BT-Drucks. V/1563. Die Bundesregierung wurde hier ersucht, „bei den weiteren Verhandlungen darauf hinzuwirken, daß die in Art. 2 festgelegten Maßnahmen näher präzisiert werden".

[40] Vgl. BT-Drucks. VI/678; VI/1473; und beim Bundesrat: BR-Drucks. 323/70 (Beschluß), wo der Bundesrat auf acht Seiten seine Vorstellungen zur Agrarstrukturpolitik darlegt.

[41] Vgl. dazu unten b).

[42] Ein Beispiel für die Vielfalt möglicher Stellungnahmen bietet die Entschließung des Bundestags in BT-Drucks. V/1534, in der die Bundesregierung aufgefordert wurde dafür zu sorgen, daß zum Ausgleich der energiepolitischen Schwierigkeiten der Bundesrepublik eine zusätzliche Ausnahme für Einfuhren von Erdöl in die Verordnung aufgenommen würde, daß im Interesse des innerdeutschen Handels eine Schutzklausel auch im Protokoll

Bevor im folgenden auf die letzten beiden der aufgezählten Gruppen von Stellungnahmen eingegangen wird, soll zunächst noch ein kurzer Blick auf jene Entschließungsteile geworfen werden, die keine Änderung der Vorlage zum Inhalt haben, sondern sich mit einigen besonderen Bitten oder Aufträgen im Zusammenhang mit der in der Vorlage behandelten Materie an die Bundesregierung wenden[43].

Die in diesem Zusammenhang größte Bedeutung kommt jenen Entschließungsteilen zu, in denen die Bundesregierung gebeten wird, „in angemessener Frist über den weiteren Gang der Verhandlungen und insbesondere darüber zu berichten, inwieweit die Stellungnahme berücksichtigt worden ist“[44]. Hier versucht der Bundesrat[45] nämlich auf der einen Seite seiner sonst sanktionslosen Stellungnahme ein größeres Gewicht zu verleihen, und zum anderen möchte er auf diese Weise bei den oft jahrelang dauernden Verhandlungen in den ihn besonders interessierenden Fällen die „fortlaufende“ Unterrichtung ausdrücklich sicherstellen. Die Bundesregierung kommt entsprechenden Aufforderungen in aller Regel nach[46]. Wird dann derselbe Gemeinschaftsakt in seiner neuen Form erneut zugeleitet, so nimmt der Bundesrat die neue Stellungnahme zum Anlaß, seine Zufriedenheit oder sein Mißfallen über die Berücksichtigung seiner Anregungen zum Ausdruck zu bringen[47].

Rechtlich handelt es sich bei diesen Beschlußteilen um die Ausübung des Interpellationsrechts[48]. Es sind dies die typischen Fälle, in denen der Bundesrat das Informationsrecht nach Art. 2 mit Hilfe seines Interpellationsrechts zu aktivieren versucht. Zugleich zeigen diese Beispiele in besonders klarer Weise die natürliche Verbindung von Interpellationsrecht und Informationsrecht.

über den innerdeutschen Handel mit aufgeführt wird, daß die Beteiligung des Europäischen Parlaments und des Wirtschafts- und Sozialausschusses sichergestellt wird, und schließlich eine ganze Anzahl von Änderungen noch in die Verordnung aufgenommen würden.

43 Auch hier gebietet die Vielfalt möglicher Aussagen wieder die Beschränkung auf einige typische Fälle.

44 So etwa in BR-Drucks. 276/67 (Beschluß); BR-Drucks. 303/67 (Beschluß).

45 Der Bundestag hat von dieser Möglichkeit bisher noch keinen Gebrauch gemacht.

46 Meist geschieht das mündlich im Rahmen der üblichen Kontaktpflege. Ein Beispiel für einen schriftlichen Bericht findet sich in BR-Drucks. 17/67, wo der Minister für Ernährung, Landwirtschaft und Forsten dem Bundesrat mitteilt, daß seiner „Anregung entsprochen werden konnte“.

47 Vgl. z. B. BR-Drucks. 352/64 (Beschluß), wo es heißt: „Der Bundesrat stellt mit Genugtuung fest, daß seine Ansichten berücksichtigt worden sind“ bzw. BR-Drucks. 489/65 (Beschluß), wo es der Bundesrat „bedauert, daß den in seiner Entschließung niedergelegten Gesichtspunkten nicht Rechnung getragen worden ist“.

48 Vgl. dazu allgemein: *Konow*, Das Fragerecht der Landesregierungen, in: DÖV 1969, S. 318 ff.

Ebenfalls in Ausübung seines Interpellationsrechts handelt der Bundesrat, wenn er im Anschluß an rechtliche Erwägungen fortfährt: „Die Bundesregierung wird gebeten, dem Bundesrat ihre Rechtsauffassung zu der aufgeworfenen Frage mitzuteilen“[49] oder wenn er die Bundesregierung danach fragt, wie sie die in einer bestimmten Verordnung vorgesehenen Maßnahmen zu finanzieren gedenkt[50]. Gleiches gilt auch für eine Entschließung des Bundestags, in der die Bundesregierung aufgefordert wird, eine Überprüfung der nach dem Lebensmittelrecht zugelassenen Farbstoffe im Hinblick auf mögliche Gesundheitsstörungen durchführen zu lassen und anschließend dem Bundestag darüber zu berichten[51].

Dagegen handelt es sich bei der bloßen Aufforderung an die Bundesregierung, von einer Ermächtigung, die in einer Verordnung vorgesehen war, auch Gebrauch zu machen[52], um den typischen Entschließungsgehalt ohne jede darüber hinausgehende Bedeutung.

Schließlich ist hier noch zu erwähnen, daß die gesetzgebenden Körperschaften die Bundesregierung in Einzelfällen auch auffordern, bestimmte Verordnungen in toto abzulehnen oder „bei der Beschlußfassung durch den Rat der Europäischen Gemeinschaften gegen die Vorlage zu stimmen“[53]. Während sich der Bundestag dann in seinen Entschließungen oft nur auf eine sehr kurze Begründung beschränkt, entwickelt der Bundesrat seine Auffassung in einer gründlichen Diskussion der nach seiner Meinung unbefriedigenden Elemente des betreffenden Rechtsakts[54].

b) Die Hervorhebung nationaler Interessen in den Entschließungen

Die Versuche von Bundestag und Bundesrat, die nationalen Interessen stärker in den Vordergrund zu rücken, lassen sich im wesentlichen

---

[49] BR-Drucks. 408/67 (Beschluß) und BR-Drucks. 458/68 (Beschluß).

[50] So z. B. in BR-Drucks. 303/67 (Beschluß) Nr. 3.

[51] Vgl. BT-Drucks. V/1194.

[52] Vgl. die Stellungnahme des Bundestags in BT-Drucks. V/1351. Hier bat der Bundestag die Bundesregierung von der Ermächtigung zur Eröffnung eines Kontingents für Gefrierfleisch und lebende Kühe Gebrauch zu machen.

[53] Das ist jedoch die Ausnahme. So z. B. in BT-Drucks. V/1731 und im Bundesrat: BR-Drucks. 236/69 (Beschluß).

[54] So begründete der Bundestag etwa seine Entschließung zu der in Fußn. 53 zitierten Verordnung mit dem Satz: „... da die Verordnung zu untragbaren finanziellen Lasten führen würde.“ Der Bundesrat erhob gegen die Verordnung keine Einwendungen (BR-Drucks. 183/67 [Beschluß]). Ein Beispiel für seine gründliche Argumentation findet sich dagegen in der in derselben Fußnote zitierten Bundesratsentschließung zu einem Richtlinien-Entwurf über die Einzelheiten zur Verwirklichung des freien Dienstleistungsverkehrs für bestimmte Rechtsanwaltstätigkeiten. Hier hatte allerdings auch der Bundestag größere Ausführungen gemacht, die sich im übrigen nicht mit denen des Bundesrats decken.

in vier Gruppen einteilen. Zunächst sind hierunter alle jene Stellungnahmen zu zählen, in denen zwar ein ausdrücklicher Hinweis auf eine besondere nationale Situation fehlt, bei denen jedoch der Änderungswunsch dadurch motiviert ist, daß man den derzeitigen nationalen Standard zu erhalten sucht. Wann das im einzelnen der Fall ist, ist außerordentlich schwer festzustellen; man wird jedoch wohl nicht fehlgehen, wenn man in der Mehrzahl der Fälle die eigentliche Motivation für die Änderungsvorschläge in diesem Bestreben sieht.

Die zweite Gruppe besteht aus jenen Stellungnahmen, die die Bundesregierung darauf aufmerksam machen, daß eine Vorschrift des Gemeinschaftsrechts bestehenden Sondersituationen in der Bundesrepublik nicht gerecht wird. Hierzu zählt etwa der Hinweis, daß die Fristen für das Wirtschaftsjahr bei einem bestimmten Agrarprodukt geändert werden sollen, weil die Erntezeiten für dieses Produkt in der Bundesrepublik später liegen[55], oder der Wunsch des Bundestags, die Bundesregierung möge dafür Sorge tragen, daß der Ausgleich der energiepolitischen Schwierigkeiten der Bundesrepublik gewährleistet wird[56].

Die dritte Gruppe wird von allen jenen Stellungnahmen gebildet, in denen die gesetzgebenden Körperschaften darauf drängen, daß sich die Bundesregierung für die Übernahme der deutschen Regelungen in das Gemeinschaftsrecht einsetzt. Das ist z. B. der Fall, wenn der Bundestag in einer Stellungnahme zu einem Vorschlag für eine Verordnung über bestimmte Sozialvorschriften im Straßenverkehr Wert darauf legt, „daß infolge der Verabschiedung der Verordnung bestehendes und bewährtes deutsches Arbeitsschutzrecht nicht aufgegeben werden müsse und kein neues Arbeitsschutzrecht in Kraft trete, das wirtschafts- und verwaltungsmäßig unzumutbare Forderungen an Arbeitnehmer und Arbeitgeber stelle“[57], oder wenn er etwa in seiner Stellungnahme zu zwei Richtlinien des Rates zur Bekämpfung von bestimmten Kartoffelschädlingen die Bundesregierung ersucht, darauf hinzuwirken, daß das „in der Bundesrepublik übliche Verfahren zur Bewertung von Befall übernommen wird“[58].

In derartigen Stellungnahmen wird man nicht etwa den Ausdruck einer wie auch immer gearteten „Integrationsfeindlichkeit“ der beiden gesetzgebenden Körperschaften sehen können. Hier handelt es sich

---

[55] BT-Drucks. V/1728.

[56] BT-Drucks. V/1534.

[57] BT-Drucks. V/1809. Hierzu gehören aber auch alle jene Stellungnahmen des Bundestags, in denen er etwa darauf drängt, daß der Regelungsstandard deutscher Hygiene-Vorschriften aufrechterhalten wird. Dazu aus jüngster Zeit: BT-Drucks. VI/1472 und VI/2024. Zum Reinheitsgebot vgl. BT-Drucks. VI/1960.

[58] BT-Drucks. V/1237.

vielmehr um das legitime Anliegen eines jeden Mitgliedstaates, ein Maximum seines nationalen Rechtsguts in die supranationale Rechtsmasse einfließen zu lassen. Dies als integrationshindernden „Nationalismus" zu beurteilen, hieße den notwendig Kompromisse suchenden Charakter der supranationalen Rechtsetzung mißverstehen. Die Motivation eines derartigen Verhaltens kann in der Regel darin gefunden werden, daß der eigene Regelungsstandard als der höchste angesehen wird und es schon aus diesem Grund notwendig erscheint, ihn in der supranationalen Regelung überleben zu lassen.

Ungleich schwieriger ist dagegen das Verhältnis von Bundestag oder Bundesrat zur Integration bei den Stellungnahmen in der vierten Gruppe zu beurteilen. Hierbei handelt es sich meist darum, daß sich eine der gesetzgebenden Körperschaften gegen „unzulässige Eingriffe" in die nationale Staats- und Verwaltungsorganisation wendet.

Der Bundestag hat sich zu diesem Komplex nur recht selten geäußert. Eine einschlägige Stellungnahme von seiner Seite findet sich jedoch in der Entschließung zu einem Entwurf für ein Allgemeines Programm zur Beseitigung der technischen Hemmnisse im innergemeinschaftlichen Warenverkehr[59]. Hier äußert der Bundestag „ernste Bedenken ... gegen die von der Kommission mit dem Beschluß über den status quo vorgeschlagenen Einführung eines Stillstandes nationaler Gesetzgebung". Er ist der Auffassung, daß die nationale Gesetzgebungshoheit der Mitgliedstaaten für die Aufrechterhaltung der öffentlichen Sicherheit und Ordnung nicht eingeschränkt werden könne. Und in einer Stellungnahme zu einem Vorschlag für eine Richtlinie über die Angleichung der Gesetzgebung der Mitgliedstaaten hinsichtlich der Sortierung von Rohholz äußert er lakonisch: „Die Vorschrift, nach der die Mitgliedstaaten die Kommission über alle künftigen Entwürfe von Rechts- und Verwaltungsvorschriften dieser Art so rechtzeitig unterrichten, daß die Kommission hierzu Stellung nehmen kann, findet keine Stütze im EWG-Vertrag[60]." Schließlich ersuchte der Bundestag die Bundesregierung in einer Stellungnahme zu einem Verordnungsvorschlag über die Errichtung einer gemeinsamen Strukturpolitik, darauf hinzuwirken, daß die Zuständigkeit der Gemeinschaft auf die Koordinierung der Strukturpolitik der Mitgliedstaaten beschränkt bliebe[61].

Ein größeres Maß an Aufmerksamkeit hat dagegen der Bundesrat dem „Schutz der nationalen Staats- und Verwaltungsorganisation" gewidmet. So rügte er z. B. mehrfach, daß in einer Richtlinie die Befugnis der

---

59 BT-Drucks. V/3107.

60 Vgl. BT-Drucks. V/540.

61 BT-Drucks. VI/188: Diese Stellungnahme ist in Zusammenhang mit dem grundsätzlichen Unbehagen des Bundestags zu sehen, neue Marktordnungen im Rahmen der alten Agrarpolitik der Gemeinschaften entstehen zu sehen.

Kommission vorgesehen war, die zuständigen Behörden mit der Erstellung eines Gutachtens zu „beauftragen“. Die Worte „um Vorlage ersuchen“ entsprächen besser dem Verhältnis der Gemeinschaftsorgane zu den Mitgliedstaaten[62]. Oder aber es wurde als ein unzulässiger Eingriff in die Organisationsgewalt der Mitgliedstaaten angesehen, wenn in einer Verordnung die Regierung als die zuständige Stelle genannt wurde, weil es grundsätzlich den Mitgliedstaaten überlassen sei, die Zuständigkeit bei der Durchführung von EWG-Verordnungen nach eigenem Ermessen zu bestimmen[63]. Für ebenfalls unzulässig hielt es der Bundesrat, die Mitgliedstaaten zur Eröffnung des Verwaltungsrechtswegs für bestimmte Sachen in einem Gemeinschaftsrechtsakt zu verpflichten[64].

Klingen hier bereits föderale Vorbehalte an, so werden diese Gedankengänge vollends deutlich, wenn der Bundesrat seine Besorgnis äußert wegen „der erkennbar zentralistischen Tendenzen der EWG-Kommission auf dem Gebiet des landwirtschaftlichen Ausrichtungs- und Garantiefonds“ und betont, daß er für erforderlich halte, „daß die Bundesregierung von Anfang an in allen Bereichen für die Erhaltung der föderativen Elemente in der EWG eintritt“[65]. Desgleichen bat er die Bundesregierung, bei (anderen) Verhandlungen in Brüssel sicherzustellen, daß die verfassungsmäßigen Rechte der Länder auf wirtschaftspolitischem Gebiet, insbesondere zur Lösung regionaler Probleme, gewährleistet blieben[66]. Schließlich äußerte er wieder an anderer Stelle „grundsätzliche Bedenken, weil sie (sc. die Kommissionsvorschläge) die Kompetenzen der EWG-Kommission über ihre Koordinierungsfunktion hinaus erweitern und die Verantwortung und Zuständigkeit der Mitgliedstaaten für die Agrar-Strukturpolitik stark beschneiden. Dadurch werden auch die Befugnisse der deutschen Länder auf dem Gebiet der Agrarstruktur weitgehend eingeschränkt“[67].

Diese wenigen Beispiele mögen genügen, um zu zeigen, wie schmal hier der Grat zwischen integrationsabwehrendem Verhalten und der Wahrung berechtigter Interessen wird, handelt es sich doch meist darum,

---

[62] BR-Drucks. 117/66 (Beschluß) Nr. 2, ebenso in der BR-Drucks. 174/66 (Beschluß).

[63] BR-Drucks. 543/65 (Beschluß) II, 2; 394/64 (Beschluß).

[64] BR-Drucks. 542/65 (Beschluß). Zur Begründung führte der Bundesrat an, die Befugnisse der Kommission nach Art. 169 EWG reichten zum Schutz der Verkehrsunternehmen aus. Die Mitgliedstaaten könnten allenfalls verpflichtet werden, die Möglichkeiten einer Überprüfung der Tariffestsetzung vorzusehen. Ihnen dürfe jedoch keine bestimmte Art der Überprüfung vorgeschrieben werden.

[65] BR-Drucks. 139/66 (Beschluß).

[66] BR-Drucks. 208/66 (Beschluß).

[67] BR-Drucks. 362/67 (Beschluß).

den von den Verträgen vorgezeichneten Integrationsrahmen abzugrenzen. Wie jedoch stets bei politischen Rahmenverträgen, zeigt sich gerade in der mehr oder weniger dynamischen Interpretation der Vorschriften[68] der politische Wille des Interpretierenden. In dieser Beziehung zeichnen sich die Stellungnahmen des Bundesrats durch eine auffallende Zurückhaltung aus.

c) Die Ausprägung einer eigenen Rechtsauffassung

Die zweite Gruppe von Entschließungsteilen, die gesondert untersucht werden soll, wird von jenen Stellungnahmen gebildet, die sich mit spezifisch gemeinschaftsrechtlichen Problemen in den Vorlagen befassen. Das war zwar teilweise auch bei den im vorangehenden Abschnitt behandelten Stellungnahmen der Fall; während dort jedoch primär die Motivation derartiger Entschließungen betrachtet wurde, soll hier zunächst ihr juristischer Gehalt untersucht werden.

Bundestag wie Bundesrat begründen ihre Änderungsvorschläge verhältnismäßig häufig mit grundsätzlichen rechtlichen Bedenken. Während beim Bundestag derartige Äußerungen in der Regel nur eine untergeordnete Rolle spielen, und schon rein optisch nur einen kleinen Teil der Entschließungen in Anspruch nehmen, erwecken die entsprechenden Ausführungen beim Bundesrat in ihrer Breite und Eindringlichkeit häufig den Eindruck, als legte der Bundesrat das Hauptgewicht in seinen Stellungnahmen auf die juristische Argumentation. Auf diese Weise hat der Bundesrat im Laufe der Jahre zu zahlreichen gemeinschaftsrechtlichen Problemen eine eigene Rechtsauffassung herausgebildet, die ihrerseits wiederholt Anlaß zu schriftlichen Stellungnahmen der Bundesregierung[69] und zu direkten Konferenzen zwischen dem Rechtsausschuß des Bundesrats, Unterausschuß für europäische Fragen und Beamten der Kommission[70] gegeben hat.

Die Rigidität, mit der der Bundesrat an seiner einmal geäußerten Rechtsauffassung festhält, ist dabei erheblich. Erscheint ein bereits behandeltes Problem in anderem Zusammenhang, so wird in der Regel die alte Stellungnahme nur wörtlich wiederholt[71]. Zu einzelnen häufig

---

[68] Vgl. zur Notwendigkeit einer dynamischen Auslegung der Römischen Verträge *Ophüls*, in: NJW 1963, 1699.

[69] Vgl. BR-Drucks. 235/65 (zur Frage der Straf- und Bußgeldvorschriften) und BR-Drucks. 527/69 (zu den Fragen der Ratsbeschlüsse mit qualifizierter Mehrheit im Rahmen des Art. 100 EWGV und des Vorschlagsrechts der Kommission gem. Art. 149 EWGV), veröffentlicht in EuR 1970, S. 179 ff.

[70] Zu den grundsätzlichen Bedenken gegen eine solche Praxis des Bundesrats vgl. *v. Meibom*, Die Mitwirkung der Mitgliedstaaten bei der Rechtsetzung der EWG, S. 160 f.

[71] Im Rahmen des Bundesrats-internen Verfahrens ist es dabei mehrfach vorgekommen, daß zwei beteiligte Ausschüsse unterschiedliche Auffassungen

wiederkehrenden Fragen hat der Bundesrat sogenannte „Grundsatzbeschlüsse" gefaßt, in denen er abschließend noch einmal seine Auffassung darlegt[72]. Im Hinblick auf diese Beschlüsse verzichtet er dann in der Regel bei weiteren einschlägigen Vorlagen auf eine neue Stellungnahme[73]. Darin kommt nicht etwa eine Resignation des Bundesrats gegenüber der Tatsache zum Ausdruck, daß die ständige Brüsseler Praxis seiner Rechtsauffassung nicht Rechnung trägt. Vielmehr ist man der Überzeugung, daß der Bundesregierung die Vorstellung des Bundesrats zu diesen Problemen hinreichend bekannt sind, und es daher einer ständigen Wiederholung nicht bedarf.

Soweit ersichtlich, sah sich der Bundesrat erst einmal zu einer Revision seiner Rechtsauffassung veranlaßt. Dabei handelte es sich um das Problem der „Selbstermächtigung" des Rates und hier insbesondere um die Frage, ob der Rat befugt ist, in Vorschriften, die auf Grund des EWG-Vertrages auf Vorschlag der Kommission und nach Anhörung der Versammlung erlassen werden mußten, vereinfachte Verfahren für den Erlaß von Durchführungsvorschriften vorzusehen.

Der Bundesrat war zunächst der Auffassung gewesen, daß auch die Durchführungsvorschriften denselben Form- und Verfahrensvoraussetzungen unterliegen, wie die Grundvorschriften, daß auch sie insbesondere nur nach Anhörung der Versammlung erlassen werden konnten, wenn das für die Grundvorschriften vorgeschrieben war[74]. Diese Auffassung revidierte der Bundesrat dann unter dem Eindruck[75] des Be-

---

hinsichtlich der Lösung der gemeinschaftsrechtlichen Probleme vertreten haben und diese Auffassung jahrelang immer wieder bei der Behandlung ähnlicher Probleme mit stereotypen Formulierungen dem Plenum vorgetragen haben. Das Plenum hat sich dann in aller Regel für die Stellungnahmen des Rechtsausschusses entschieden. Vgl. die kontroversen Stellungnahmen des Rechtsausschusses und des Ausschusses für Fragen der Europäischen Gemeinschaften in BR-Drucks. 355/66; 445/66; 17/67; 26/67; 28/67; 30/67; 76/67; 134/67; 135/67; 207/67. Gegenstand dieser Stellungnahmen war stets die Frage, ob der Rat im Wege der „Selbstermächtigung" das Anhörungsrecht der Versammlung ausschließen konnte. — In den zitierten Fällen folgte der Bundesrat stets den Vorschlägen des Rechtsausschusses. Dagegen schloß er sich in seinen Stellungnahmen in BR-Drucks. 445/66 und 201/67 den Vorschlägen des Ausschusses für Fragen der Europäischen Gemeinschaften an, der jedes Mal darauf hingewiesen hatte, daß „die Erörterung dieser Rechtsfragen im Hinblick auf die politische Entwicklung der Gemeinschaften und ihre Funktionsfähigkeit inopportun" sei. Ein Beispiel aus neuerer Zeit für kontroverse Ausschußanträge findet sich in BR-Drucks. 624/70.

72 So z. B. in BR-Drucks. 408/67 (Beschluß) II.

73 *Holch*, EuR 1969, S. 218 Fußn. 14.

74 So z. B. die Stellungnahmen des Bundesrats in BR-Drucks. 207/67 (Beschluß). Vgl. im übrigen die bei *Holch*, EuR 1967, S. 218 f. unter II, 1 referierte Rechtsauffassung des Bundesrats.

75 So *Holch*, EuR 1969, S. 214 f. *Holch* war selber Mitglied des Rechtsausschusses des Bundesrats.

richts des Rechtsausschusses der Europäischen Versammlung „über die juristischen Probleme der Konsultation des Parlaments“[76]. Er schloß sich der Auffassung der Versammlung an, daß Durchführungsvorschriften auch ohne Anhörung des Parlaments erlassen werden dürften. Zur Begründung führt *Holch*[77] an, diese Auslegung ergäbe sich zum einen aus dem Sinn und Zweck des Anhörungsrechts. Das Anhörungsrecht solle nämlich der Versammlung ein Mitspracherecht bei den politisch wesentlichen Maßnahmen zur Verwirklichung des Vertrages sichern. Derartige Maßnahmen könnten jedoch nicht Gegenstand von Durchführungsvorschriften sein. Zum anderen sei die Anhörung aber auch bereits in der Anhörung zur Grundvorschrift „antezipiert“, da sich die Durchführungsvorschriften in dem von den Grundvorschriften gezogenen Rahmen halten müßten[78]. Wenn damit auch der Bundesrat seine Rechtsauffassung in einem wesentlichen Punkt änderte und erstmalig einräumte, daß innerhalb des Sekundärrechts verfahrensmäßige Unterschiede zwischen dem Erlaß von Grundvorschriften und dem von Durchführungsvorschriften bestehen können, so konnte er sich dennoch nicht entschließen, die von der Kommission mit Billigung der Versammlung[79] ständig vertretene Klassifizierung der Rechtsakte[80] zu akzeptieren.

Die Zahl der vom Bundesrat behandelten Probleme ist bereits so groß, daß eine kritische Erörterung aller aufgeworfenen Fragen den Rahmen der vorliegenden Erörterung sprengen würde. Zudem findet

---

[76] Vgl. den „Entwurf eines Berichts“ v. 16. 6. 1967 (PE 17—787) und die Entschließung des Parlaments vom 17. 10. 1967, ABl. 1967 Nr. 268/7.

[77] EuR 1969, S. 215.

[78] So bereits der Ausschuß für Fragen der Europäischen Gemeinschaften in BR-Drucks. 522/66: „Die Selbstermächtigung zum Erlaß von Durchführungsvorschriften ohne Anhörung des Europäischen Parlaments und des Wirtschafts- und Sozialausschusses erscheinen allerdings nur insoweit zulässig, als sie zum Vollzug politischer Entscheidungen notwendig sind, zu denen das Europäische Parlament gehört worden ist.“ Ebenso in BR-Drucks. 27/67.

[79] Vgl. insbesondere Nr. 1 der in Fn. 76 zitierten Entschließung der Versammlung.

[80] Vgl. etwa die Begründung zu der gemeinsamen Marktorganisation für Schweinefleisch (BR-Drucks. 26/67), Einleitung Nr. 3, wo es heißt: „Es ist vorgesehen, daß alle wesentlichen Fragen politischen Charakters infolge ihrer nationalen und internationalen wirtschaftlichen Einwirkungen, die sie mit sich bringen, unter die Zuständigkeit des Rats und des Parlaments fallen; die Entscheidungen werden durch das Verfahren nach Art. 43 des Vertrages erlassen. — Alle wesentlichen Maßnahmen ohne politischen Charakter werden dem Rat als Entscheidung gemäß dem Abstimmungsverfahren nach Art. 43 Abs. 2 des Vertrages vorgeschlagen. Es handelt sich insbesondere um allgemeine Vorschriften zur Lenkung der verschiedenen Bestimmungen der Marktorganisation. — Die Maßnahmen zur Durchführung der vom Rat getroffenen Entscheidungen gemäß den genannten Verfahren fallen unter die Zuständigkeit der Kommission, und zwar direkt nach der Stellungnahme des Verwaltungsausschusses gemäß dem bisher angewandten Verfahren im Rahmen der augenblicklich gültigen Regel der Verwaltungsausschüsse.“

sich in zwei Berichten *Holchs*[81] eine nahezu vollständige Darstellung aller einschlägigen Bundesratsentschließungen. Andererseits ist die Argumentation des Bundesrats zu aufschlußreich, als daß hier völlig an ihr vorübergegangen werden könnte. Im folgenden wird daher zunächst die typische Argumentation des Bundesrats, erweitert um die weniger signifikanten Stellungnahmen des Bundestags, zu den am häufigsten angesprochenen Fragenkreisen wiedergegeben, um dann zwei besondere Fragenkreise wenigstens kurz an Hand der einschlägigen Literatur zu diskutieren.

(1) „Selbstermächtigung" des Rats

Während der *Bundesrat*, wie erwähnt, seine Auffassung zu der möglichen Modifizierung des Verfahrens beim Erlaß von Durchführungsvorschriften revidiert hat, hat er nach wie vor Bedenken hinsichtlich derselben Fragen beim Erlaß von Änderungs- und Ergänzungsvorschriften. In einer auf Art. 51 EWGV gestützten Verordnung[82] und einer auf Art. 99/100 EWGV gestützten Richtlinie[83] war der Erlaß von Änderungsvorschriften durch Mehrheitsbeschluß vorgesehen, und auf Grund einer auf Art. 235 EWGV gestützten Entscheidung sollten Änderungsvorschriften ohne Anhörung der Versammlung mit qualifizierter Mehrheit erlassen werden können[84]. Der Bundesrat hielt das für unzulässig. Die Organe der EWG könnten gem. Art. 4, 189 EWGV ihre Befugnisse nur nach Maßgabe des Vertrages ausüben. Der Rat habe keine Befugnis, die Modalitäten der ihm durch den EWGV erteilten Ermächtigungen zu verändern. Dies würde nämlich auf die Befugnis hinauslaufen, das im Vertrag festgelegte institutionelle Verhältnis zwischen den Organen zu verändern. Letzteres sei jedoch gem. Art. 236 EWGV den Mitgliedstaaten vorbehalten[85].

Der *Bundestag* hat sich zu dem Problem der „Selbstermächtigung" bisher nur einmal im Rahmen einer Stellungnahme zu der oben zitierten auf Art. 235 EWGV gestützten Entscheidung geäußert. Er bat dort die Bundesregierung, bei den weiteren Verhandlungen in Brüssel

[81] Der Deutsche Bundesrat zur Rechtsetzung der EWG, in: EuR 1967, S. 217 ff. und EuR 1969, S. 213 ff. *Holchs* Berichte sind auf die Darstellung der Stellungnahmen des Bundesrats beschränkt, die auf Vorschlägen des Rechtsausschusses beruhen.

[82] BR-Drucks. 443/68 (Beschluß) zu einem Vorschlag für eine Verordnung über die Anwendung der Systeme der sozialen Sicherheit auf Arbeitnehmer und deren Familien, die innerhalb der Gemeinschaft zu- und abwandern.

[83] BR-Drucks. 448/68 zu einem Vorschlag für eine erste Richtlinie zur Anpassung der nationalen Systeme der Steuern für Nutzfahrzeuge.

[84] BR-Drucks. 542/66 (Beschluß) zum Vorschlag für eine Entscheidung betr. die von den Mitgliedstaaten im innergemeinschaftlichen Warenverkehr geforderten Formalitäten.

[85] Vgl. hierzu im übrigen *Holch*, EuR 1967, S. 218; 1969, S. 214 ff. und die dort zitierten Bundesratsentschließungen.

sicherzustellen, daß bei künftigen Änderungen der Entscheidung, die in Art. 6 der Entscheidung angesprochen sind, die Anhörung des Europäischen Parlaments und des Wirtschafts- und Sozialausschusses gewährleistet ist. Art. 6 der Entscheidung sei daher entsprechend zu ergänzen, oder — da der Rat nach dem im Vertrag vorgesehenen Verfahren seine Entscheidungen jederzeit ändern könne — gänzlich zu streichen[86].

(2) Fragen der Rechtsangleichung

Hier war zunächst die Frage der Rechtsgrundlage besonders häufig Gegenstand der Kritik von Bundestag und Bundesrat[87]. Richtlinienentwürfe, die auf Art. 43 EWGV gestützt waren, enthielten vielfach hygiene-, veterinär- und phytosanitärrechtliche Bestimmungen. Der *Bundesrat* hat in diesem Zusammenhang stets darauf hingewiesen, daß Art. 43 EWGV nur zu Regelungen mit wirtschaftlicher Zielsetzung im Agrarbereich ermächtigte. Das ergäbe sich aus dem Sinn und Wortlaut des Art. 43 EWGV, den in Art. 39 EWGV niedergelegten Zielen der Agrarpolitik und der Bestimmung des Art. 38 Abs. 2 i.V.m. Art. 36 EWGV, wonach Vorschriften zum Schutz der Gesundheit und des Lebens von Menschen, Tieren oder Pflanzen nicht Gegenstand agrarpolitischer Regelungen sind. Derartige Vorschriften seien vielmehr über Art. 100 EWGV anzugleichen.

Der *Bundestag* hat die Auffassung des Bundesrats im wesentlichen geteilt[88]. Sie deckte sich im übrigen mit dem von der Bundesregierung in Brüssel vertretenen Standpunkt[89]. Die Begründung des Bundestags war allerdings häufig nicht so von juristischen Argumenten beherrscht wie beim Bundesrat, dafür trat bei ihm mehr die politische Motivation für seine Stellungnahme in den Vordergrund. So wird etwa das Ersuchen an die Bundesregierung, darauf hinzuwirken, daß eine Richtlinie zur Regelung viehseucherechtlicher Fragen nur auf Art. 100 EWGV gestützt wird, damit begründet, daß „aus gesundheitspolitischen Gründen" die von Art. 100 geforderte Einstimmigkeit wünschenswert sei[90].

---

86 Vgl. BT-Drucks. V/1534.

87 Zur Auffassung des Bundesrats vgl. *Holch*, EuR 1967, S. 227 und 1969 S. 224 und die dort zitierten Entschließungen. Außerdem: BR-Drucks. 12/64; 125/64; 192/65; 443/65; 288/66; 184/70; 309/70.

88 Vgl. die BT-Drucks. IV/688; IV/1009; IV/1963; IV/3395; V/246; V/560; V/968; V/1356; V/2514; VI/219; VI/623; VI/1472.

89 So ausdrücklich in BT-Drucks. IV/688 („Der Bundestag teilt die von der Bundesregierung vertretene Auffassung ...") und BT-Drucks. V/2514 („Sowohl in den Richtlinien des Veterinärbereichs wie in den lebensmittelrechtlichen Richtlinien ist als Rechtsgrundlage Art. 100 heranzuziehen. Aus diesem Grunde muß in dem Ausschußverfahren das Einstimmigkeitsprinzip gewahrt werden, wie dies in den von der Bundesregierung entwickelten Gegenvorschlägen geschehen ist.").

90 Vgl. BT-Drucks. IV/1009.

Und dies ist in der Tat wohl die Motivation aller Stellungnahmen zu diesem Problem beim Bundestag wie beim Bundesrat[91]. Eine Ausnahme von dem Einstimmigkeitsprinzip hält der Bundestag in den Fällen für vertretbar, „in denen es sich nicht mehr um Rechtsangleichungsmaßnahmen, sondern um die Koordinierung nationaler Maßnahmen verwaltungsmäßiger Natur im Bereich oder auf Grund angeglichenen Rechts handelt. In diesen Fällen ist eine Beschlußfassung mit qualifizierter Mehrheit fachlich unter der Voraussetzung wünschenswert, daß in dem Verfahren eine ausreichende Mitwirkung der Mitgliedstaaten bei der Beschlußfassung sichergestellt ist“[92].

Wiederholt hat der *Bundesrat* die Bundesregierung darauf hingewiesen, daß durch eine Richtlinie nach Art. 100 EWGV nur eine Angleichung nicht aber eine Vereinheitlichung der Rechts- und Verwaltungsvorschriften zulässig sei[93]. Er bat daher die Bundesregierung sicherzustellen, daß bei den entsprechenden Vorschriften einer Richtlinie „der erforderliche materielle Spielraum der Mitgliedstaaten gewährleistet“ bliebe. Dazu führte er im Rahmen seiner Stellungnahme aus: „Bezogen auf die Beschaffenheit von Waren bedeutet dies, daß Richtlinien nach Art. 100 die Voraussetzungen für die Verkehrsfähigkeit der Ware im Gemeinsamen Markt schaffen können, ohne daß sie zu einer Vereinheitlichung führen dürfen. EWG-einheitliche Anforderungen sind demnach nicht unbeschränkt, sondern nur insoweit zulässig, als sie einzelne, für die Verkehrsfähigkeit im Gemeinsamen Markt wesentliche Eigenschaften betreffen[94].“

Für unzulässig hielt der Bundesrat auch Vorschriften, in auf Art. 100 EWGV gestützten Richtlinien, in denen die Kommission zum Erlaß von Einzelfälle regelnden Entscheidungen ermächtigt wurde. Der Bundesrat war hier der Auffassung, daß sich die Ermächtigung der Kommission zur Durchführung von Richtlinien des Rates auf die Ermächtigung zum Erlaß von Durchführungsrichtlinien beschränken müsse[95]. Desgleichen hielt er Bestimmungen im Rahmen von Art. 100 für nicht rechtmäßig, die die Kommission ermächtigten, Maßnahmen der Mitgliedstaaten zu ändern oder aufzuheben, weil im Rahmen von Art. 100 EWGV ein unmittelbarer Durchgriff der EWG-Organe auf das Recht der Mitglied-

---

91 Vgl. für den Bundesrat: BR-Drucks. 12/64 (Beschluß). Die Richtlinie sollte auch auf Art. 100 gestützt werden. Dadurch „sollte verhindert werden, daß in der 3. Phase der Übergangszeit die Richtlinie durch Mehrheitsbeschluß Abänderungen erfährt, die mit den Vorschriften des deutschen Lebensmittelrechts nicht in Einklang stehen“.

92 Vgl. BT-Drucks. V/2514 (unter B 2 b).

93 Vgl. im einzelnen dazu *Holch*, EuR 1967, S. 223 sowie: BR-Drucks. 471/65 (Beschluß); 13/66 (Beschluß); 176/66 (Beschluß).

94 Vgl. BR-Drucks. 176/66 (Beschluß) I.

95 Vgl. dazu *Holch*, EuR 1967, S. 222 (unter 3.).

staaten und die im Vollzug dieses Rechts getroffenen Maßnahmen nicht zulässig sei[96].

Schließlich sei hier noch erwähnt, daß Bundestag und Bundesrat in Einzelfällen Bestimmungen mit der Begründung für unzulässig hielten, daß die Regelung „nicht für das Funktionieren des Gemeinsamen Marktes erforderlich"[97] sei, oder daß sich die betreffenden nationalen Bestimmungen „nicht unmittelbar auf den Gemeinsamen Markt auswirkten"[98]. Mit der letzten Begründung wurde vor allem auch die berühmte „Bolzensetzwerkzeug-Richtlinie" von Bundestag und Bundesrat angegriffen[99].

(3) Art. 155 Unterabsatz 4 EWGV

Die Delegationsbefugnis des Rates gem. Art. 155 UAbs. 4 EWGV wird vom *Bundesrat* eng ausgelegt[100]. Soweit die Kommission zum Erlaß von Durchführungsvorschriften ermächtigt wird, hat er deshalb darauf bestanden, daß es sich dabei um Vorschriften handelte, die einmal zu den Vorschriften, zu deren Durchführung sie dienen sollen, in einem Abhängigkeits- bzw. Unterordnungsverhältnis stehen, und zum anderen ein geringeres Gewicht haben und keine zusätzlichen Fragen selbständig regeln. Er hielt daher verschiedene Vorschriften für unzulässig, weil die Kommission seiner Ansicht nach nicht zur Durchführung, sondern zur Abänderung in wichtigen Punkten ermächtigt wurde[101].

Ebenfalls für unzulässig hielt der Bundesrat Ermächtigungsnormen im Rahmen von auf Art. 75 Abs. 1 c) EWGV gestützten Verordnungen, auf Grund derer die Kommission zum Erlaß von Einzelfälle regelnden Entscheidungen befugt war[102]. Der Rat selbst sei im Rahmen des Art. 75 Abs. 1 c) EWGV nicht zum Erlaß von Einzelfallentscheidungen befugt. Er könne daher auch nicht die Kommission dazu ermächtigen.

Der *Bundestag* hat nur ausnahmsweise zur Problematik des Art. 155 UAbs. 4 EWGV Stellung genommen. So heißt es in einem Ausschußbericht zu verschiedenen Richtlinienvorschlägen aus dem Lebensmittelrecht z. B.: Regelungen, die gesundheitspolitisch von wesentlicher Bedeutung sind, seien keine „rein technischen Durchführungsbestim-

---

[96] Vgl. *Holch,* EuR 1969, S. 221 f.

[97] Vgl. BR-Drucks. 516/65 (Beschluß) und die BT-Drucks. IV/3380; V/560.

[98] Vgl. BR-Drucks. 394/64 (Beschluß) und 502/68 (Beschluß). BT-Drucks. IV/3269.

[99] BR-Drucks. 394/64, BT-Drucks. IV/3269.

[100] Vgl. dazu *Holch,* EuR 1967, S. 221 und 1969, S. 221 und die dort zitierten Stellungnahmen sowie BR-Drucks. 515/65 (Beschluß).

[101] Im Ergebnis ebenso der Bundestag in seiner Entschließung BT-Drucks. VI/219.

[102] Vgl. *Holch,* EuR 1967, S. 222 und die unter Fußn. 11 und 12 zitierten Stellungnahmen.

mungen, die der Rat nach Art. 155 letzter Unterabsatz der Kommission zur selbständigen Entscheidung zuweisen" könne[103].

Diese kurze Zusammenstellung der Argumentation von Bundestag und Bundesrat in einigen zentralen Fragen mag zunächst genügen, um einen Eindruck von der insbesondere dem Bundesrat eigenen Art und Weise der Lösung von Fragen des Gemeinschaftsrechts zu vermitteln. Im folgenden soll jedoch wenigstens in zwei besonders typischen Fällen — der Frage der Abänderungsbefugnis des Rates im Rahmen des Ausschußverfahrens und dem Problem der Buß- und Zwangsgeldvorschriften — die Auffassung des Bundesrats an Hand der einschlägigen Literatur diskutiert werden, bevor dann abschließend die rechtlichen Stellungnahmen der gesetzgebenden Körperschaften einer kritischen Würdigung unterzogen werden.

(4) Einflußnahme des Rates auf Durchführungsmaßnahmen der Kommission

Das Problem, das den Bundesrat wohl am häufigsten zu kritischen Stellungnahmen veranlaßt hat[104], kann man am besten mit den Worten Holchs als „Einflußnahme des Rats auf Durchführungsmaßnahmen der Kommission" kennzeichnen: In zahlreichen Verordnungen, insbesondere Agrarmarktordnungen, ist vorgesehen, daß die Kommission nach Einholung des Votums eines „Verwaltungsausschusses" Durchführungsmaßnahmen erlassen kann, die der Rat mit qualifizierter Mehrheit abändern kann, wenn die Kommissionsentscheidung vom Ausschußvotum abweicht. Dieses Grundmuster delegierter Entscheidungsbefugnis wird in den Gemeinschaften seit 1962 praktiziert[105]. Es hat seitdem einige Variationen erfahren, ohne jedoch in seinem Kern — Entscheidung der Kommission, die mit qualifizierter Mehrheit vom Rat geändert werden kann — angetastet worden zu sein.

Der Bundesrat und — seltener — der Bundestag[106] haben dieses Verfahren in den Fällen für unzulässig gehalten, in denen der Rat bei

---

[103] Vgl. BT-Drucks. V/238. Ähnlich, aber ohne ausdrücklichen Hinweis auf Art. 155: BT-Drucks. VI/1229. Im übrigen vgl. auch Fußn. 101.

[104] *Holch*, EuR 1967, S. 220 Fußn. 8 und EuR 1969, S. 217 Fußn. 12 zitiert nicht weniger als 33 Stellungnahmen des Bundesrats zu diesem Problem.

[105] Vgl. die Äußerung der Bundesregierung zu Stellungnahmen des Bundesrats in BR-Drucks. 572/69, veröffentlicht in EuR 1970, S. 179 unter 2 a) am Ende. Wenn es dort heißt: „Die Rechtsgültigkeit des Verfahrens (im Agrarbereich) ist seitdem nicht angezweifelt worden", so bezieht sich das jedenfalls nicht auf die Bundesratsstellungnahmen; dieser hat nämlich stets Einwände gegen das Verfahren erhoben.

[106] Hinsichtlich der BR-Stellungnahmen vgl. *Holch* (s. oben Fußn. 104). Zur Auffassung des Bundestags vgl. BT-Drucks. V/238 (= BR-Drucks. 522/66); BT-Drucks. V/560 (= BR-Drucks. 516/65); BT-Drucks. V/2611. Die BR-Drucks. enthalten die jeweils korrespondierenden BR-Stellungnahmen.

Erlaß der Grundvorschrift nur auf Vorschlag der Kommission tätig werden konnte[107]. Zur Begründung wurde angeführt:

„Hätte der Rat die Möglichkeit, den Art. 149 EWGV dadurch auszuschalten, daß er die Kommission zum Erlaß weiterer Maßnahmen ermächtigt und sich zugleich das Recht vorbehält, die Maßnahmen der Kommission mit qualifizierter Mehrheit zu ändern, oder durch andere Maßnahmen zu ersetzen, so würde die Kompetenzverteilung des EWG-Vertrages grundlegend geändert. Ein Ausschluß des Vorschlagsrechts der Kommission und von Art. 149 EWGV würde rechtssystematisch die Befugnis der Organe der EWG vorausetzen, das Verfahren beim Erlaß weiterer Maßnahmen selbst zu bestimmen. Eine solche Befugnis besteht nicht; sie kann insbesondere nicht a maiore ad minus aus Art. 155 letzter Unterabsatz abgeleitet werden. Zwar liegt es im Ermessen des Rates, ob er der Kommission den Erlaß weiterer Maßnahmen überträgt oder ob er es hierfür bei den Ermächtigungen des EWG-Vertrages beläßt. Eine Übertragung, die auf einen Ausschluß von Art. 149 EWGV hinausläuft, ist jedoch schon deswegen kein minus, weil die Kommission beim Erlaß weiterer Maßnahmen auf Grund der vertraglichen Ermächtigung das Vorschlagsrecht hätte, mit der Folge, daß sich der Rat nur einstimmig über ihre Vorschläge hinwegsetzen könnte. Die von der Kommission auf Grund einer Ermächtigung gem. Art. 155 EWGV letzter Unterabsatz erlassenen weiteren Maßnahmen müssen deswegen, wenn sich der Rat nach Einschaltung eines Verwaltungsausschusses oder auf Antrag eines Mitgliedstaates darüber hinwegsetzen will, einem Vorschlag i. S. von Art. 149 EWGV gleichgesetzt werden[108].“

In der Literatur wird das von den Gemeinschaften praktizierte Verfahren überwiegend für zulässig gehalten[109]. Anderer Ansicht sind — soweit ersichtlich — nur *Holch,* der im wesentlichen die Argumentation des Bundesrats vertritt[110], und *Merkel,* der aus anderen, hier nicht interessierenden Gründen, das Verwaltungsausschußverfahren generell für unzulässig hält[111].

Eine differenzierende Haltung nimmt dagegen *Bertram*[112] ein, der das Verfahren nur in den Fällen für zulässig hält, in denen der Vertrag selbst Abweichungen vom Vorschlagsverfahren gestattet. Das sei sowohl bei den Gemeinsamen Marktorganisationen nach Art. 43 EWGV

---

[107] Bei Vorschriften, die auf die Art. 43, 75 oder 100 EWGV gestützt waren.

[108] Vgl. den Grundsatzbeschluß des Bundesrats in BR-Drucks. 408/67 (Beschluß). Der Bundestag beschränkte sich zur Begründung auf den Satz: „Das Einstimmigkeitserfordernis ergibt sich aus Art. 43 Abs. 2 i. V. m. Art. 149 EWGV.“ Vgl. BT-Drucks. V/2611.

[109] Vgl. *Everling,* Zur Errichtung nachgeordneter Behörden der Kommission der EWG, S. 26; *Noel/Amphoux,* Les Commissions n° 575; *Rabe,* Verordnungsrecht, S. 26 f.; *Reuter,* Organisations européennes, S. 384; *Wirsing,* EA 1964, S. 86; *Ehlermann,* EuR 1971, S. 253 ff. Auf die Agrar-Verwaltungsauschußverfahren beschränkte Ausführungen bei *Olmi,* L'Agriculture, N° 1795 f.; *Däubler,* DVBl. 1966, 663 und *Eckert,* NJW 1967, S. 479.

[110] EuR 1967, S. 219 ff.

[111] Rat und Kommission im Rechtsetzungsverfahren der EWG, S. 98 ff., 116. Zur Auseinandersetzung mit den Merkelschen Thesen vgl. insbesondere *Däubler,* DVBl. 1966. S. 661.

[112] Das Verwaltungsausschußverfahren, S. 125 ff., 147 ff.

als auch bei der Koordinierung der Handelspolitik gem. Art. 111 Ziff. 1 Unterabsatz 2 EWGV der Fall. Beide Vorschriften ließen dem Rat die Möglichkeit, ausnahmsweise auch Verfahrensregeln zu erlassen, die von den üblichen vertraglichen Regelungen abweichen. Auf allen übrigen Gebieten sei das gewählte Verfahren jedoch unzulässig. Zwar handele es sich hier insofern um eine eingeschränkte Delegation von Entscheidungsbefugnissen, als die Kommission nur ermächtigt worden sei, Entscheidungen zu fällen, soweit sie nicht eine vom Ausschußvotum abweichende Maßnahme trifft und bei Abweichung der Rat die Maßnahme nicht ändert. Korrigiere jedoch der Rat die Entscheidung der Kommission, so beschließe er „in dem von der Delegation ausgesparten Bereich“[113]. In diesem Bereich müsse er aber das Beschlußverfahren beachten, das vom Vertrag vorgeschrieben sei. Der Rat könne sich nicht durch die Delegation an die Kommission dem für ihn selbst vertraglich vorgeschriebenen Rechtsetzungsverfahren entziehen.

Gegen die Auffassung des Bundesrats und teilweise auch die von *Bertram* wird man einwenden müssen, daß sie dem spezifischen Verhältnis von Rat und Kommission im Rahmen von Art. 155 Unterabsatz 4 EWGV nicht gerecht werden. Zwischen den auf Grund des Vertrages erlassenen Grundvorschriften und den im Rahmen der Grundvorschriften erlassenen Durchführungsmaßnahmen besteht ein qualitativer Unterschied. Während der Vertrag Voraussetzung und Verfahren für die Grundnormen regelt, sagt er, abgesehen von der Delegationsmöglichkeit in Art. 155 Unterabsatz 4, nichts über die Durchführungsmaßnahmen aus[114].

Das institutionelle Verfahren, das zum Erlaß dieser Maßnahmen führt, unterscheidet sich zwangsläufig von dem in Art. 149 EWGV geregelten Verfahren. Während nämlich dort der Rat ausschließlich zuständig ist und die Kommission darauf beschränkt ist, Vorschläge zu machen, handelt es sich hier um Maßnahmen im Bereich einer echten Entscheidungsbefugnis der Kommission, die ihr gemäß Art. 155 Unterabsatz 4 übertragen ist[115]. In einem solchen Fall zu verlangen, daß die dem Rat verliehene Befugnis, eine Entscheidung der Kommission abzuändern, von einem vorherigen Vorschlag der Kommission abhängig gemacht wird, wäre nicht nur in der Praxis kaum durchführbar, es wäre auch widersinnig; denn es sind keinerlei vernünftige Gründe zu erkennen, warum die Kommission ihre eigene Entscheidung unmittelbar nach ihrem Erlaß wieder revozieren sollte.

---

113 *Bertram*, S. 131.

114 So jetzt auch der EuGH, Urt. v. 17. 12. 1970 in der Rs. 25/70, RsprGH XVI, S. 1161 ff. = EuR 1971, S. 145 ff. (Anm. von *Ehlermann*, in: EuR 1971, S. 250 ff.).

115 Vgl. die Antwort der Kommission auf die schriftliche Frage des Abg. *Vredeling*, ABl. v. 27. 9. 1962, S. 2308/62.

Die Entscheidung des Rats ist auf der anderen Seite nicht, wie Bertram meint, eine „in dem von der Delegation ausgesparten Bereich", sie ist vielmehr hier eine qualitativ andere, eben eine Entscheidung auf der Ebene der Durchführungsmaßnahmen, die eine andere, bereits bestehende, wirksame Entscheidung abändert. Der Rat hat die Kommission nur mit dem Vorbehalt, daß er selbst im Rahmen des vorgesehenen Verfahrens nicht anders entscheidet, zur selbständigen Entscheidung ermächtigt[116].

Was die Befürchtungen des Bundesrats anbetrifft, daß eine derartige Lösung die Kompetenzverteilung des EWG-Vertrages grundlegend ändern würde, so muß zunächst darauf hingewiesen werden, daß der EWG-Vertrag, abgesehen von Art. 155 Unterabsatz 4, keine Vorschriften für die Kompetenzverteilung bei Durchführungsmaßnahmen enthält. Er bleibt auf die entsprechende Regelung für den Erlaß der Grundvorschriften beschränkt. In der Praxis bewirkte das Verwaltungsausschußverfahren zudem im Gegensatz zur Meinung des Bundesrats keine Schwächung, sondern eine Stärkung der Kommission. Im Rat kommt nämlich eine qualifizierte Mehrheit zur Änderung bereits von der Kommission beschlossener oder gar in Kraft gesetzter Maßnahmen innerhalb bestimmter Fristen schwerer zustande als die Einstimmigkeit zur Änderung eines Kommissionsvorschlags im Normalverfahren nach dem Vertrag[117].

Schließlich wird man kaum leugnen können, daß das praktizierte Verfahren den Bedürfnissen der Praxis in hohem Maße gerecht wird. Die große Zahl der Entscheidungen und der Zwang, auf das Geschehen an einem so sensiblen, gelenkten Markt schnell zu reagieren, erfordern die Delegation der Entscheidungskompetenzen auf ein aktionsfähiges Organ wie die Kommission[118]. Auf der anderen Seite müssen angesichts

---

116 Ebenso hinsichtlich der Ermächtigung: *Everling*, Zur Errichtung nachgeordneter Behörden, S. 35; *Rabe*, Verordnungsrecht, S. 26 f. und die unter Fußn. 105 zitierte Stellungnahme der Bundesregierung.

117 Vgl. zu 2 a) der unter Fußn. 105 zit. Stellungnahme der Bundesregierung und die Antwort der Kommission auf die Anfrage des Abg. *Vredeling* v. 3. 3. 1967, in der die Kommission mit Stand v. 10. März 1967 mitteilt, daß bis zu diesem Zeitpunkt 8 Verwaltungsausschüsse eingerichtet worden sind, die insgesamt 426 mal getagt hätten und dabei 603 Beschlüsse gefaßt hätten. Von diesen 603 Beschlüssen entsprachen 520 dem Ausschußvotum, in 77 Fällen lag ein Ausschußvotum nicht vor und nur in 5 Fällen wich die Entscheidung der Kommission von dem Votum ab und die Kommission hat dann i. S. des im Votum enthaltenen Antrags entschieden und die Entscheidung dem Rat mitgeteilt. Der Rat hat die Kommissionsentscheidung nur in einem Fall abgeändert (vgl. ABl. v. 27. 4. 1967, S. 1634/67). Siehe im übrigen auch die Antwort der Kommission auf die Anfrage Nr. 494/70 des Abg. *Vredeling* mit einer zusammenfassenden Aufstellung der Aktivitäten aller Ausschüsse auf dem Gebiet der Landwirtschaft (ABl. C 57/1 f. v. 8. Juni 1971) und die Urteilsanmerkung von *Ehlermann*, EuR 1971, S. 256.

118 Daß die Entscheidung nicht vollständig auf die Verwaltungsausschüsse

der häufig nicht unbeachtlichen wirtschaftlichen Bedeutung der Entscheidungen die Mitgliedstaaten ein Mitsprache- und Einflußrecht behalten. Die Abwägung beider Erfordernisse führte dann zu dem kritisierten Ausschußverfahren[119], dem man nach Abwägung aller Argumente im Gegensatz zur Auffassung des Bundesrats kaum seine Zulässigkeit absprechen kann.

(5) Straf-, Bußgeld- und Zwangsgeldbestimmungen

Eine nicht unerhebliche Zahl von Kommissionsvorschlägen für Gemeinschaftsakte enthielt Sanktionsvorschriften. Dabei wurden drei verschiedene Techniken angewendet: Entweder enthielt der entsprechende Rechtsakt selbst eine vollständige Sanktionsvorschrift, oder aber die Mitgliedstaaten wurden verpflichtet, geeignete Sanktionen in ihre Rechtsvorschriften aufzunehmen, oder aber die Gemeinschaftsvorschrift verwies für die Verfolgung von Zuwiderhandlungen auf einschlägige innerstaatliche Rechtsvorschriften.

Der Bundesrat hat sich stets gegen derartige Vorschriften gewendet[120]. Zur Begründung führte er an:

„Strafvorschriften einschließlich der Ahndung von Verwaltungsunrecht in Verordnungen und Richtlinien sind grundsätzlich nicht zulässig. Der EWG-Vertrag sieht auf diesem Gebiet keine allgemeine Kompetenz der EWG vor. Strafrechtliche Vorschriften in dem obigen Sinne können nicht als Annexregelungen zu einer bestimmten Sachregelung getroffen werden, da das Strafrecht in den einzelnen Mitgliedstaaten in den Grundzügen ein in sich geschlossenes System darstellt und daher als eigenständiges Sachgebiet anzusehen ist. Nur insoweit als ausdrückliche Ermächtigungen im EWGV vorhanden sind, wäre die Einführung von Geldbußen möglich[121]."

Der Bundestag hat, soweit ersichtlich, dieses Problem erst in zwei Stellungnahmen angesprochen. Während er es zunächst für fraglich

---

delegiert werden konnte, ergibt sich zwangsläufig aus den Grenzen der Delegationsmöglichkeit, wie sie der EuGH in seinem Urteil in der Rs. 9/56, RsprEuGH Bd. IV, S. 9 ff. (43 f.) festgestellt hatte. Vgl. dazu auch *Noel-Amphoux*, Les Commissions, nº 542 f.; *Olmi*, L'Agriculture, nº 1796.

[119] Vgl. *Noel-Amphoux*, nº 575: „La délégation des pouvoirs d'exécution à la Commission moyennant la procédure du comité de gestion répond de façon satisfaisante à ces caractéristiques." Ebenso *Everling*, Zur Errichtung nachgeordneter Behörden, S. 26; *Reuter*, Organisations Européennes, S. 384; *Wirsing*, EA 1964, S. 86.

[120] Zur Frage der Regelung von Sanktionen in den Gemeinschaftsvorschriften selbst vgl.: BR-Drucks. 4/65 (Beschluß); BR-Drucks. 542/65 (Beschluß). — Zur Frage, ob Mitgliedstaaten zum Erlaß derartiger Vorschriften verpflichtet werden können, vgl.: BR-Drucks. 52/64 (Beschluß); 355/66 (Beschluß); 543/65 (Beschluß); 201/67 (Beschluß). — Zur Frage des Verweises auf nationale Vorschriften, vgl.: BR-Drucks. 111/64 (Beschluß); 472/64 (Beschluß); 506/64 (Beschluß); 106/66 (Beschluß); 207/66 (Beschluß). Vgl. im übrigen *Holch*, EuR 1967, S. 226 f. und 1969, S. 223 f.

[121] BR-Drucks. 506/64 (Beschluß).

hielt, „inwieweit Mitgliedstaaten durch eine Richtlinie verpflichtet werden können, für bestimmte Tatbestände Beugemaßnahmen, Bußen oder Strafen vorzusehen“[122], ersuchte er später die Bundesregierung, bei den Verhandlungen in Brüssel „klarzustellen, daß die Verordnung die Anwendung innerstaatlicher Strafvorschriften nicht vorschreiben kann“[123].

Die Bundesregierung war in einer Stellungnahme des Bundesrats Anfang 1964 aufgefordert worden, diese Frage zu prüfen[124]. Sie erklärte daraufhin, daß ihrer Ansicht nach „die Mitgliedstaaten auf Grund und nach Maßgabe des Vertrages verpflichtet werden können, Sanktionsvorschriften zu erlassen“[125]. Unter Sanktionen seien in Anlehnung an Art. 87 Abs. 2 a) EWGV Geldbußen und Zwangsgelder zu verstehen. Eine Befugnis der Gemeinschaften zum Erlaß von Sanktionsvorschriften bestünde allerdings nur, wenn solche Vorschriften zur Erreichung der im Vertrag für das jeweilige Sachgebiet festgelegten Ziele erforderlich sei. Einer ausdrücklichen Ermächtigung bedürfe es jedoch nicht. Mit Rücksicht auf die unterschiedlichen tatsächlichen und rechtlichen Verhältnisse in den verschiedenen Mitgliedstaaten der EWG müsse es allerdings dem Ermessen der Mitgliedstaaten überlassen bleiben zu bestimmen, welche geeigneten Sanktionsvorschriften sie im einzelnen Fall ergreifen wollen. Die Bundesregierung hielt daher die in einer Verordnung[126] vorgesehene Verpflichtung der Mitgliedstaaten zum Erlaß von Mindestbußgeldvorschriften für unzulässig, weil eine derartige Verpflichtung „in die Grundlagen des Rechts der Ahndung von Ordnungswidrigkeiten“ eingreifen würde[127].

Die Stellungnahmen in der Literatur sind uneinheitlich. Der überwiegende Teil der Autoren tritt für eine Kompetenz der Gemeinschaften zum Erlaß von Sanktionsvorschriften ein. Der sehr enge Standpunkt des Bundesrats wird nur noch von *Holch* vertreten[128].

---

[122] BT-Drucks. IV/2190.

[123] Vgl. BT-Drucks. V/734.

[124] BR-Drucks. 52/64.

[125] Vgl. BR-Drucks. 235/65.

[126] Vgl. § 8 des Kommissionsvorschlages für eine VO des Rats über die Anwendung der Qualitätsnormen auf Obst und Gemüse, das innerhalb des erzeugenden Mitgliedstaates in den Verkehr gebracht wird. BR-Drucks. IV/1877.

[127] Die Bundesregierung hat daher stets darauf gedrängt, daß entsprechende Vorschriften in eine allgemeine Verpflichtung zum Erlaß von Sanktionsvorschriften umgeändert würden. Ein Beispiel für eine solche Bestimmung findet sich in der in Fußn. 126 zitierten Verordnung.

[128] EuR 1967, S. 226 f.; 1969, S. 223 f. *Holch* referierte auch die Ansicht des Bundesrats zu diesem Problem bei den Arbeitsgesprächen des Bundesratsrechtsausschusses, Unterausschuß für Europäische Fragen, mit Beamten der Kommission 1967 in Brüssel.

Holch hält die Übertragung der Strafgewalt auf die Gemeinschaften für einen so einschneidenden Eingriff in die Hoheitsrechte der Mitgliedstaaten, daß sie nur dann angenommen werden könne, wenn sie, wie nur in Art. 87 Abs. 2 a) EWGV geschehen, ausdrücklich erklärt sei. Insbesondere ließe sich eine solche Kompetenz nicht aus Art. 172 EWGV herleiten. Aus dieser Vorschrift ergebe sich für das Problem lediglich, daß eine Strafgewalt der Gemeinschaften nicht schlechthin ausgeschlossen sei. Die Sanktionskompetenz ließe sich auch nicht als Annexkompetenz für eine bestimmte Sachregelung begründen. Das Strafrecht stelle in den einzelnen Mitgliedstaaten ein in sich geschlossenes System dar. Als selbständiges Sachgebiet könne es daher nicht Gegenstand von Annexregelungen sein. Das gleiche müsse für die Verpflichtung der Mitgliedstaaten zum Erlaß von Strafvorschriften gelten. Es gelte schließlich auch für Bußgeldvorschriften; denn auch das Recht der Ordnungswidrigkeiten bilde ein in sich geschlossenes System. Zulässig seien allenfalls Zwangsgeldvorschriften, da sie als Bestandteile der materiellen Regelung gelten könnten.

Mulder[129] und *de Précigout*[130] halten zwar gleichfalls Art. 172 EWGV nicht für eine generelle Kompetenznorm, weil der Regelungsgehalt dieses Artikels sich auf die Eröffnung der Möglichkeit beschränke, in allen Fällen, in denen Verordnungen mit Sanktionen bewehrt werden dürfen, diese Sanktionen einer vollständigen Rechtmäßigkeitskontrolle des Europäischen Gerichtshofs zu unterwerfen. Anders als Holch sind sie jedoch der Auffassung, daß der Vertrag neben Art. 87 in einer ganzen Anzahl von Vorschriften eine Sanktionskompetenz vorsehe. So ergebe z. B. eine extensive Interpretation der Art. 40 und 75 EWGV[131], daß in ihrem Rahmen auch Sanktionsregelungen erlassen werden könnten[132]. Dort, aber auch nur dort, wo die Vertragsbestimmungen bei extensiver Interpretation eine derartige Kompetenz des Rates vorsehen, dürfe dieser auch Sanktionsvorschriften erlassen.

Demgegenüber hält der überwiegende Teil der Autoren[133] die Gemeinschaften ohne Einschränkungen für befugt, Sanktionsvorschriften zu erlassen. Zur Begründung wird einerseits Art. 172 EWGV angeführt,

---

129 Europees recht en international strafrecht, in: SEW 1962, S. 646 ff.

130 Les sanctions des infractions aux règlements de la CEE, in: RMC 1962, S. 142 ff.

131 Vgl. Art. 40 Abs. 3 S. 1: Die gemeinsame Marktorganisation kann *alle* zur Durchführung des Art. 39 *erforderlichen Maßnahmen* einschließen ... und Art. 75 Abs. 1 Buchst. c: ... *alle sonstigen zweckdienlichen Maßnahmen* ...

132 *Mulder*, S. 649 ff.

133 Vgl. *Johannes*, EuR 1968, S. 105 ff.; *Levasseur*, Les sanctions, S. 94 ff.; *Mühlenhöver*, in: von der Groeben-Boeckh, Anm. 1 zu Art. 172; *Pinay*, AnnFrDrIntern. 1960, S. 831 ff.; *Reuter*, Organisations Européennes, S. 256 ff.; *Wohlfarth*, in: Gemeinschaftskommentar, Anm. 1, 2 zu Art. 172.

der eine generelle Kompetenz des Rates zum Erlaß solcher Vorschriften enthielte, und zum anderen wird darauf hingewiesen, daß der Vertrag seinem Wesen nach keine lex imperfecta sei. Soweit der Gemeinschaft in einer bestimmten Materie eine Regelungsbefugnis zukäme, müsse sie auch zwangsweise Einfluß darauf haben können, daß die Regelung in den Mitgliedstaaten auch angewandt wird oder von den Rechtssubjekten befolgt wird.

Im Ergebnis wird man dieser Meinung folgen müssen. Der Auffassung des Bundesrats und teilweise auch der der Bundesregierung kann entgegengehalten werden, daß sie den Gemeinschaftsvertrag zu einseitig aus dem nationalen Recht heraus zu interpretieren versuchen. Scheitert eine vertragsimmanente Interpretation von Vorschriften des Gemeinschaftsrechts an der fortbestehenden Vieldeutigkeit der Aussage, so läßt sich die Lösung nicht einfach durch einen Rückgriff auf das eigene nationale Recht gewinnen, wie das zumindest der Bundesrat und Holch getan haben; man wird vielmehr rechtsvergleichend das Recht aller Mitgliedsstaaten heranziehen müssen. Dabei ergibt sich für den vorliegenden Fall nicht nur, daß dem Recht der übrigen Mitgliedstaaten die subtilen Distinktionen des deutschen Rechts zwischen Straf-, Buß- und Zwangsmaßnahmen fremd sind[134], sondern daß die übrigen Mitgliedstaaten auch die deutsche Auffassung nicht teilen, daß das Straf- und das Verwaltungssanktionsrecht selbständige, von dem zu schützenden Sachgebiet losgelöste Materien seien[135].

Allerdings wird man dem Bundesrat darin folgen müssen, daß Art. 172 EWGV selbst keine generelle Ermächtigungsnorm für den Erlaß von Sanktionsvorschriften bereitstellt[136]. Das ergibt sich zum einen bereits aus seinem Wortlaut, der sich auf die Ermächtigung des Rats beschränkt, „hinsichtlich der in den Verordnungen vorgesehenen Zwangsmaßnahmen" die Zuständigkeiten des Europäischen Gerichtshofs zu erweitern[137]. Es ergibt sich zum anderen aus der systematischen Stellung des Artikels im Abschnitt 4 des vierten Titels, der sich mit den Zuständigkeiten des Europäischen Gerichtshofs und nicht mit denen des Rats befaßt. Und schließlich zeigt auch der Vergleich mit Art. 36

---

134 Vgl. für das französische Recht *de Précigout*, RMC 1962, S. 145 und seine Kritik an den Verordnungsbestimmungen, in denen es heißt, daß die Geldbußen „keinen strafrechtlichen Charakter" hätten. Zu den Gründen, die zur Aufnahme dieses Satzes geführt haben, vgl. die Stellungnahme der Bundesregierung zu diesem Problem in: BR-Drucks. 235/65.

135 Vgl. *Johannes*, EuR 1968, S. 107.

136 So aber *Johannes*, EuR 1968, S. 106; *Mühlenhöver*, in: von der Groeben-Boeckh, Anm. 1 zu Art. 172; *Reuter*, Organisations Européennes, S. 256: „Il faut en effet admettre que cette interprétation est la seule qui donne un effet utile à ce texte."

137 *Mulder*, SEW 1962, S. 648.

EGKSV[138], der als Vorbild des Art. 172 gedient hat, daß Art. 172 gerade die Sanktionskompetenz voraussetzt, sie jedoch nicht selber beinhaltet[139]. Der EGKS-Vertrag kennt eine ganze Anzahl von derartigen Ermächtigungen zum Erlaß von Sanktionsvorschriften, auf die Art. 36 Abs. 2 EGKSV ausdrücklich verweist. Die Vorschrift selber enthält jedoch nur die Erweiterung der Prüfungsbefugnis des Europäischen Gerichtshofs auf die „unbegrenzte Ermessensnachprüfung".

Auf der anderen Seite läßt sich Art. 172 i.V.m. Art. 87 EWGV jedoch entnehmen, daß Art. 87 nicht der einzige Fall einer Ermächtigung zum Erlaß von Sanktionsvorschriften im EWG-Vertrag sein kann. Wäre das nämlich der Fall, dann hätte es der Regelung des Art. 172 nicht bedurft; denn diese Regelung findet sich bereits in Art. 87 selbst, dessen Abs. 2 Buchstabe d) in den wesentlichen Punkten mit Art. 172 EWGV identisch ist[140]. Zum anderen zeigt aber auch ein Vergleich mit Art. 144 EAGV, daß Art. 87 EWGV nicht der einzige Anwendungsfall des Art. 172 EWGV ist. Im EAG-Vertrag sind nämlich Zwangsmaßnahmen nur im Rahmen *eines* Artikels, des Art. 83, zulässig, und folgerichtig führt Art. 144 EAGV, der Art. 172 EWGV entspricht, Art. 83 als Rechtsgrundlage für die Zwangsmaßnahmen ausdrücklich auf[141]. Das ist insofern signifikant, als sich der EAG-Vertrag im vierten Abschnitt, abgesehen von Art. 144 und 145 der Technik einfacher Reproduktion von EWG-Vertragsvorschriften bedient.

Wenn mithin Art. 172 EWGV entnommen werden muß, daß Verordnungen auch abgesehen von dem in Art. 87 aufgeführten Fall Zwangsmaßnahmen vorsehen können[142], so ist damit aber immer noch nichts über die Rechtsgrundlage dieser Zwangsmaßnahmen ausgesagt. Diese wird man vielmehr in den verschiedenen Regelungen der Sachkompetenzen zu finden haben. Soweit es sich dabei um Vorschriften mit so allgemein gehaltenem Wortlaut wie Art. 40 oder Art. 75 Abs. 1 c) handelt, läßt sich die Befugnis zum Erlaß von Sanktionsvorschriften ohne

---

138 Art. 36 Abs. 2 EGKSV lautet: „Wegen der *nach den Bestimmungen dieses* Vertrages festgesetzten Sanktionen kann Klage im Verfahren mit unbeschränkter Ermessensnachprüfung erhoben werden."

139 a. A. jedoch *Johannes*, EuR 1968, S. 106.

140 Vgl. *Deringer*, Wettbewerbsrecht der EWG, Rdnr. 36 zu Art. 87; *Everling*, in: Gemeinschaftskommentar, Anm. 6 zu Art. 87; *Gleiss-Hirsch*, EWG-Kartellrecht, Rdnr. 33 zu Art. 87; *Plaisant-Franceschelli*, Droit Européen de la concurrence, nº 876 ff.

141 Art. 144 EAGV lautet: Die Zuständigkeit des Gerichtshofs umfaßt die Befugnis zu unbeschränkter Ermessensnachprüfung sowie zur Änderung oder Verhängung von Zwangsmaßnahmen,

a) ...

b) bei Klagen, die von Personen oder Unternehmen wegen Zwangsmaßnahmen erhoben werden, die gegen sie von der Kommission *gem. Art. 83* verhängt werden.

142 Vgl. *Wohlfarth*, Gemeinschaftskommentar, Anm. 1 zu Art. 172.

Schwierigkeiten im Rahmen dieser Bestimmungen begründen[143]. Bei der Interpretation dieser Bestimmungen ist der bereits zitierte Gedanke heranzuziehen, daß es sich bei dem EWG-Vertrag nicht um eine lex-imperfecta handelt, daß mit anderen Worten der Regelungsbefugnis in einer bestimmten Materie auch ein Einfluß darauf korrespondieren müsse, daß die Regelung tatsächlich von den Rechtssubjekten befolgt wird. Der bloße Verweis auf die Wohlverhaltenspflicht des Art. 5 EWGV[144] und die Klagemöglichkeit in Art. 169 EWGV genügt diesem Bedürfnis nicht[145]. Dieser Gedanke ist zugleich heranzuziehen, um im Rahmen von Sachregelungen, deren Wortlaut nicht so allgemein gehalten ist, die Sanktionsbefugnis als Annexkompetenz zu begründen. Derartige Kompetenzen gewähren nämlich den Organen diejenigen Mittel, welche die vollständige und wirksame Ausführung der ausdrücklich zugeteilten Kompetenz erfordert[146]. Hierzu gehört nach dem zuvor Gesagten aber auch notwendig die Befugnis zur Sanktionsbewehrung der Vorschriften, die damit — teils explizit, teils implizit — im gesamten Bereich des EWG-Vertrages bejaht werden muß.

Was schließlich den Umfang der Regelungsbefugnis anbetrifft, so wird man im Gegensatz zum Bundesrat und zur Bundesregierung[147] weder der Regelung des Art. 172 noch der des Art. 87 EWGV unmittelbar eine Beschränkung auf den Erlaß von Buß- und Zwangsgeldvorschriften entnehmen können. Der Ausdruck „Zwangsmaßnahmen" in Art. 172 umspannt den ganzen Bereich der Sanktionen, wie sich aus dem Wortlaut der Fassung der drei übrigen Amtssprachen unzweifelhaft ergibt[148]. Zudem ist bei deren Interpretation zu berücksichtigen, daß keiner der übrigen Mitgliedstaaten die dem deutschen Recht geläufige Unterscheidung zwischen Verwaltungs- und kriminellem Unrecht kennt[149]. Art. 87 andererseits hat allenfalls die Bedeutung eines Beispiels, nicht aber die einer die Sanktionskompetenz limitierenden Vorschrift. Dafür,

---

[143] Daß im Bereich dieser Vorschriften kein Raum für eine Begründung von Kompetenzen aus dem Gedanken der „implied powers" ist, hat überzeugend *Nicolaysen*, EuR 1966, S. 136 nachgewiesen.

[144] Unklar insofern *Johannes*, EuR 1968, S. 107, der einerseits aus Art. 5 EWGV eine Gemeinschaftskompetenz für das „ob" einer Sanktionsregelung herleiten möchte und zum anderen ausführt, die Pflicht der Mitgliedstaaten, die Ausführung der Verordnung durch Sanktionen zu sichern, ergebe sich schon aus Art. 5 EWGV; „die ausdrückliche Vorschrift hat daher dem Grunde nach nur noch deklaratorische Bedeutung und dient zweckmäßigerweise dazu, eine gewisse Einheitlichkeit zwischen den Ausführungsvorschriften der Mitgliedstaaten zu sichern".

[145] So aber *Mulder*, SEW 1962, S. 648.

[146] Vgl. *Nicolaysen*, EuR 1966, S. 135.

[147] Wie diese: *Holch*, EuR 1967, S. 226; *Wohlfarth*, in: Gemeinschaftskommentar, Anm. 2 zu Art. 172.

[148] Sanctions, sanzioni, sancties.

[149] Vgl. *Johannes*, EuR 1968, S. 107.

daß in anderen Fällen keine Strafvorschriften erlassen werden dürfen, ergibt ihr Wortlaut nichts.

Eine innere Begrenzung ergibt sich jedoch aus dem Wesen der zulässigen Sanktionen: Als Mittel, um die Befolgung von Sachregelungen im Rahmen des EWG-Vertrages zu erzwingen, sind die Sanktionen ihrem Wesen nach mit den dem deutschen Recht als Ordnungs- und Beugestrafen bekannten Maßnahmen identisch[150]. Kriminalstrafen würden diesen Rahmen sprengen, nicht weil das Strafrecht im deutschen Recht ein in sich geschlossenes System und selbständiges Sachgebiet ist, sondern weil sie über den geschilderten, den Sanktionen immanenten Zweck hinausgehen würden.

Wenn sich damit die Zulässigkeit des Erlasses von Sanktionsvorschriften durch den Rat unmittelbar ergeben hat, so bedeutet das zugleich, daß der Rat auch befugt ist, die Mitgliedstaaten zum Erlaß derartiger Sanktionsvorschriften zu verpflichten, oder aber in seinen Vorschriften auf die nationalen Regelungen zu verweisen; denn diese Vorschriften stehen im Verhältnis eines Mehr oder Weniger, so daß keine Bedenken bestehen, hier den Schluß a maiore ad minus zu vollziehen.

(6) Kritik

Unterzieht man die so geschilderten rechtlichen Bundestags- bzw. Bundesrats-Stellungnahmen einer kritischen Würdigung, so zeigt sich zunächst, daß sich im Rahmen der Entschließungen des Bundestags grundsätzlich keine so feste Rechtsauffassung herausgebildet hat. Abgesehen von den verhältnismäßig konstanten Äußerungen zur Frage der Rechtsangleichung im Rahmen der Art. 43 bzw. 100 EWGV kann seinen Äußerungen in diesem Bereich nur marginale Bedeutung zugemessen werden. Es fällt schwer, feste Regeln zu erkennen, wann der Bundestag es für geboten hält, an den rechtlichen Problemlösungen in den Gemeinschaftsvorlagen Kritik zu üben, und wann nicht.

Die Bundesratsentschließungen lassen dagegen in ihrer Konstanz und Ausführlichkeit Schlüsse auf die ihnen zugrundeliegenden Interpretationsprinzipien zu. Hier wird man nun nicht umhin können, dem Bundesrat in seinen Äußerungen eine gewisse Gemeinschaftsferne nachzusagen. Die geschilderten Beispiele haben mit hinreichender Deutlichkeit gezeigt, wie stark der Bundesrat seine Argumentationen vom unmittelbaren Vertragstext beherrschen läßt[151], ohne dessen po-

---

[150] *Wohlfarth*, in: Gemeinschaftskommentar, Anm. 2 zu Art. 172.

[151] Vgl. EuGH, Urt. v. 16. 12. 1960 in der Rs. 6/60, RsprGH VI S. 1194, der feststellt, daß man sich, wenn auch von der wörtlichen Interpretation ausgegangen werden sollte, selbst bei Klarheit des Textes nicht stets mit einer wörtlichen Interpretation begnügen könne, sondern gegebenenfalls, in historischer Interpretation, nach dem Parteiwillen außerhalb des Textes suchen

litischen Implikationen Rechnung zu tragen[152]. Hinzukommt, daß seine Lösungen teilweise aus allein im nationalen Recht wurzelnden Überlegungen gefunden werden, die im Gemeinschaftsrecht und im Recht der übrigen Mitgliedstaaten keinen Rückhalt finden[153]. Im institutionellen Bereich zeugen seine Einwendungen schließlich in Einzelfällen von einer starken Praxisferne und dem Wunsch, die nationalen Befugnisse möglichst weitgehend zu wahren[154]. Die Bundesregierung sah sich daher schon in ihrer Äußerung vom 3. 10. 1969 veranlaßt, dem Bundesrat eine mehr „sinnbezogene dynamische Auffassung" vom EWG-Vertrag nahezulegen.

Den tieferen Grund für die geschilderte „Gemeinschaftsferne" des Bundesrats wird man in seiner spezifischen Stellung im nationalen Verfassungsgefüge zu sehen haben. Hier ist der Bundesrat im Rahmen des Gesetzgebungsverfahrens daran gewöhnt, Gesetzesvorlagen am Maßstab einer relativ statischen bundesstaatlichen Verfassung[155] zu messen. Eines seiner wesentlichen Ziele ist dabei, den föderalen Standard der Verfassung im Sinne einer maximalen Eigenständigkeit der Länder zu wahren und das Eindringen des Zentralstaates in die Länderhoheit zu verhindern[156]. Er wird darin unterstützt durch einen den nationalen Anforderungen entsprechenden, relativ klaren Wortlaut der Verfas-

---

müßte; es sei daher notwendig festzustellen, ob das Ergebnis einer wörtlichen Auslegung „durch andere Gesichtspunkte, insbesondere den gemeinsamen Willen der Vertragsschließenden und die ratio legis bestätigt wird".

[152] Das gilt mit wenigen Ausnahmen für alle hier behandelten Rechtsfragen. Vgl. zum politischen Gehalt der Verträge: *Carstens*, Das politische Element in den Europäischen Gemeinschaften, in: Hallstein-Festschrift, S. 96 ff.; *Hallstein*, L'évolution des Communautés Européennes, Annuaire Européen, Bd. VI (1958), S. 1 ff.; *ders.*, in: Festgabe für Müller-Armack, S. 267 ff.; *ders.*, in: Ophüls-Festschrift, S. 4.

[153] Kritisch zu der „Argumentation aus nationalen Bezugspunkten", *Ipsen*, Hallstein-Festschrift, S. 251. Zu den Gefahren dieser Methode und den Vorzügen der Rechtsvergleichung s. auch *Kaiser*, Hallstein-Festschrift, S. 269 f., der zugleich auf die entsprechende Auslegungspraxis des EuGH verweist. Zu letzterem vgl. *Donner*, CMLR 1963—64, S. 8 ff.

[154] Das gilt, abgesehen von den bereits unter b) behandelten Stellungnahmen, teilweise für Probleme im Rahmen der Rechtsangleichung, und es ist ebenfalls häufig die Motivation im Rahmen der Behandlung von Art. 155 UAbs. 4.

[155] Vgl. dazu *W. Weber*, Die Gegenwartslage des deutschen Föderalismus, S. 26 f., der zu Recht darauf hinweist, daß eine Verfassung wie das Grundgesetz „notwendig weit ausgeprägter einen starren (rigiden) Charakter" annehmen muß, als die Verfassung früherer Perioden, die von Regierungen und Parlamenten mehr als Auftrag zu politisch gestaltendem Handeln als politisch fixierende Detail-Bindungen aufgefaßt werden durften. Den Grund dafür sieht *Weber* in der nahezu lückenlosen verfassungsgerichtlichen Kontrolle der Handhabung der Verfassung.

[156] *Weber*, Die Gegenwartslage, S. 27, schildert die Situation als einen „Grabenkrieg, in dem beiderseits jeder Zentimeter des vom Grundgesetz wirklich oder vermeintlich vermessenen Terrains verteidigt wird".

sung und durch die im Kern länderfreundliche Rechtsprechung des Bundesverfassungsgerichts.

Dem steht das Art. 2-Verfahren gegenüber, in dessen Verlauf der Bundesrat die Kommissionsvorlagen am Maßstab eines politischen Vertrages mit hoher Eigendynamik zu messen hat. Der juristische Aussagegehalt des Vertrages läßt sich häufig nicht eindeutig in seinem, verschiedenen Rechtsordnungen entstammenden Wortlaut verifizieren. Die Rechtsprechung des Europäischen Gerichtshofs ist in ihrer Tendenz gemeinschaftsfreundlich[157] und nicht auf die Erhaltung der mitgliedstaatlichen Eigenständigkeit ausgerichtet. Es kommt hinzu, daß die fünf übrigen Mitgliedstaaten ohne föderale Tradition sind, die Bundesrepublik auf Gemeinschaftsebene aber auch nur durch die „zentralen" Bundesorgane vertreten ist und der Bundesrat daher ein natürliches Mißtrauen gegenüber den Gemeinschaftsaktivitäten entwickelt.

Die so mit der Aufnahme des Art. 2 Zustimmungsgesetz geschaffene neue Situation verlangt vom Bundesrat eine quasi schizophrene Haltung: Zu der Bewahrung der föderalen Gewaltenteilung im nationalen Bereich soll im supranationalen Bereich die Förderung der integrierenden Eigendynamik der Verträge hinzutreten. Angesichts dieser Situation vermag es nicht zu verwundern, daß sich der Wandel in Stil und Methode, mit denen der Bundesrat die Gemeinschaftsvorlagen behandelt, nur langsam von dem im nationalstaatlichen Bereich entwickelten, hin zu einem gemeinschaftsadäquaten Muster vollzieht.

Um Mißverständnisse zu vermeiden, sei abschließend noch einmal auf den Rahmen der hier geäußerten Kritik hingewiesen: Die rechtlichen Stellungnahmen des Bundesrats bilden nur einen, wenn auch zuweilen beherrschenden Teil der Entschließungen; und hier wiederum wird nicht die Tatsache, „daß", sondern die Methode „wie" der Bundesrat die Vorlagen an den Verträgen mißt[158], bemängelt. Es kann keinem Zweifel unterliegen, daß es im Rahmen des Art. 2-Verfahrens Aufgabe des Bundesrats ist, auch die juristischen Aspekte der Vorlagen zu würdigen. Schließlich soll hier nicht verkannt werden, daß die Bemühungen des Bundesrats und der Länder, dem besonderen Charakter der Gemein-

---

[157] Vgl. *Schlochauer*, Hallstein-Festschrift, S. 450; *Ipsen*, Aktuelle Fragen, S. 17, erhebt den Grundsatz „in dubio pro communitate" zu einem allgemeinen Interpretationsprinzip des Gemeinschaftsrechts. Einschränkend dazu: *Zuleeg*, EuR 1969, S. 106.

[158] Zu Recht stellt *Kaiser* fest, daß „Integrationsgebilde wie die Europäischen Gemeinschaften (...) dem am Nationalstaat und seinem Recht orientierten juristischen Denken überaus ungewohnt (sind). Das Ungewohnte in vertraute Kategorien zu fassen und sich dadurch näher zu bringen, ist eine legitime Äußerung des Bemühens um Erkenntnis, solange dabei nicht außer acht bleibt, daß es sich um approximative Feststellungen handelt, die das Wesen der Sache nicht ausschöpfen".

schaften gerecht zu werden, erheblich sind. Hierunter wird man nämlich alle jene halboffiziellen Aktivitäten im Gemeinschaftsbereich wie Landesministerkonferenzen mit Kommissionsmitgliedern, die Tätigkeit des Länderbeobachters und die Arbeitsgespräche des Rechtsausschusses mit Beamten der Kommission[159] zu rechnen haben, deren Ergebnisse die Arbeiten des Bundesrats mehr und mehr beeinflussen.

d) Vergleich der Entschließungen von Bundestag und Bundesrat

Formell unterscheiden sich die Stellungnahmen von Bundestag und Bundesrat vor allem dadurch, daß der Wortlaut der eigentlichen Entschließung beim Bundestag nur die unmittelbaren Wünsche des Bundestags an die Adresse der Bundesregierung, jedoch fast keine Begründung enthält[160], während der Bundesrat in seinen Stellungnahmen von der an die Bundesregierung gerichteten Bitte ausgehend, seine Argumente in einer kurzen Diskussion des Für und Wider darlegt. Die Begründung für die Bundestagsentschließungen ist dagegen den mehr oder weniger ausführlichen Berichten des Ausschusses zu entnehmen, die freilich stets mit der Entschließung zusammen an die Bundesregierung weitergeleitet werden[161].

Dieser äußere Unterschied spiegelt die verschiedene Beschlußtradition beider Organe wider. Der Bundesrat macht nur verhältnismäßig selten außerhalb des Gesetzgebungsverfahrens von seinem Entschließungsrecht Gebrauch. Dafür steht ihm im Rahmen des Art. 76 Abs. 2 GG ein besonderes Verfahren der Stellungnahme zu Gesetzesvorlagen der Bundesregierung zur Verfügung, das angesichts der Masse der Regierungsvorlagen zu einer regen Beschlußpraxis geführt hat. Bei der Vergleichbarkeit dieses Verfahrens mit demjenigen nach Art. 2 Zustimmungsgesetz vermag es nicht zu verwundern, daß die jeweiligen Stellungnahmen zumindest äußerlich eine große Ähnlichkeit aufweisen[162]. Die Entschließungen des Bundestags auf der anderen Seite entsprechen in ihrer äußeren Form den traditionellen schlichten Parlamentsbeschlüssen.

---

159 Diese letzteren hatten allerdings bisher einen Wandel in der Auffassung des Rechtsausschusses noch nicht bewirken können.

160 Es finden sich zwar hin und wieder auch Gründe im Entschließungstext, diese sind jedoch stets auf einen Satz beschränkt und können in aller Regel nur Anhaltspunkte für die Auffassung des Bundestags geben.

161 Vgl. die Stellungnahmen von Bundestag und Bundesrat zum Vorschlag für eine Richtlinie des Rates über die Einzelheiten zur Verwirklichung des freien Dienstleistungsverkehrs für bestimmte Rechtsanwaltstätigkeiten. BT-Drucks. V/4394 (unter A wie üblich der Bericht und unter B der Ausschußantrag, der ohne Änderungen vom Bundestag so beschlossen wurde) und die Stellungnahme des Bundesrats in BR-Drucks. 236/69 (Beschluß).

162 Es sei hier jedoch noch einmal darauf hingewiesen, daß Art. 76 Abs. 2 GG in keinem Fall als Rechtsgrundlage für die Stellungnahme dienen kann, weil dieser Artikel in seinem Regelungsgehalt auf das Verfahren beim Erlaß nationaler Gesetze beschränkt bleibt.

Seiner Aufgabe entsprechend lenkt der Bundesrat häufiger die Aufmerksamkeit der Bundesregierung auf die Auswirkungen von Gemeinschaftsrechtsakten auf die föderale Struktur der Bundesrepublik oder auf die besonderen Rechte der Bundesländer. Der Bundestag hat dieser Frage bisher keine Beachtung geschenkt. Er hat sich dagegen wiederholt für einen Ausbau der parlamentarischen Rechte der Europäischen Versammlung eingesetzt. Abgesehen von diesen Themenkreisen und den behandelten institutionellen und gemeinschaftsverfassungsrechtlichen Problemen lassen sich jedoch bei keiner der beiden gesetzgebenden Körperschaften besondere Schwerpunkte bei der kritischen Würdigung der Gemeinschaftsvorlagen feststellen.

Die Stellungnahmen von Bundestag und Bundesrat stimmen nur ausnahmsweise in ihrer Aussage völlig überein. Wenn auch die Generallinie — zustimmend oder ablehnend — meist identisch ist, werden im einzelnen die Gewichte doch recht unterschiedlich gesetzt[163]. Beim Bundesrat überwiegt die sehr systematische, rechtliche Argumentation[164], während der Bundestag stärker politische Gesichtspunkte in den Vordergrund rückt. Den Grund dafür wird man in der unterschiedlichen personellen Struktur und in dem verschiedenartigen Selbstverständnis beider Organe zu finden haben. Der Bundestag versteht seine Rolle auch im Gemeinschaftsrechtsetzungsverfahren naturgemäß primär politisch.

---

163 Vgl. z. B. die unter Fußn. 161 zitierte Stellungnahme zu der Rechtsanwaltsrichtlinie. Während der Bundesrat seine Ablehnung der Richtlinie damit begründete, daß die Tätigkeit der Rechtsanwälte in der Bundesrepublik mit der Ausübung öffentlicher Gewalt verbunden sei und daher der Regelungsbefugnis der Gemeinschaften gem. Art. 66 i. V. m. Art. 55 EWGV entzogen sei, stützt der Bundestag im wesentlichen seine Bedenken auf die grundlegenden Unterschiede der Rechtsordnungen der Mitgliedstaaten. Die entsprechenden Regelungen lägen daher weder im Interesse der Rechtspflege noch dem der Rechtssuchenden. Der Bundestag schließt: „Da die Richtlinie schon aus den dargelegten Gründen abzulehnen ist, kann es dahingestellt bleiben, ob sich aus den Römischen Verträgen überhaupt eine Richtlinienkompetenz zur Regelung des Dienstleistungsverkehrs für Rechtsanwälte ergibt."

164 Seit Anfang 1969 scheint allerdings der Anteil der Rechtsausführungen in den BR-Entschließungen abgenommen zu haben. Der Grund dafür liegt einmal in den bereits erwähnten Grundsatzbeschlüssen und zum anderen in der Tatsache, daß die Mehrzahl der Agrarmarktorganisationen bis zu diesem Zeitpunkt errichtet worden war. Gerade in den Stellungnahmen zu diesen Grundverordnungen lag aber der Schwerpunkt der rechtlichen Argumentationen. Rein quantitativ hat der Anteil der kritischen Stellungnahmen zu Gemeinschaftsvorlagen nicht abgenommen:

Vorlagen	insgesamt	davon Plenarbeschlüsse
1967	158	35
1968	201	48
1969	146	40
1970	176	35

Ihm ist die dem Detail verhaftete Verwaltungsarbeit fremd. Zwar bringt ihm neben seinem eigenen Beamtenapparat die nahezu lückenlose Präsenz der Wirtschaftsverbände einen gewissen Sachverstand, der die zugrundeliegenden Interessen offenzulegen und damit die politischen Fragen entscheiden zu helfen vermag. Diese Art Sachverstand läßt sich jedoch nur unvollkommen für eine fachliche Kritik an Verwaltungsentscheidungen instrumentalisieren. Das aber wird im Grund bei etwa 90 % aller Gemeinschaftsvorlagen vom Parlament verlangt. Diesem Anspruch vermag der selbst exekutivisch strukturierte Bundesrat besser gerecht zu werden. Seine Stellungnahmen lassen auf der anderen Seite jedoch hin und wieder eine realistische Einschätzung der politischen Dimensionen vermissen.

Vielleicht liegt hierin zugleich der Grund für die bereits festgestellte unterschiedliche „Rigidität" der beiden Organe im Hinblick auf eine einmal geäußerte Meinung. Während sie beim Bundesrat sehr erheblich, ja teilweise vielleicht unerwünscht groß ist, läßt sie sich beim Bundestag praktisch nicht feststellen, sieht man einmal von den konstanten Äußerungen zur Frage Art. 100—43 EWGV ab. Der Mangel an einer durchgehenden Linie beim Bundestag muß zu einer beachtlichen Schwächung seiner Argumente führen. Dieser Umstand wird freilich in der Praxis dadurch entschärft, daß dem zuständigen Regierungsbeamten nicht nur die bloße Entschließung des Bundestags zugeht. Er wird in aller Regel vielmehr an den entsprechenden Ausschußberatungen selber teilgenommen haben und daher das Für und Wider der Beratungen im Ausschuß kennen. Darüber hinaus bewirkt das oben geschilderte enge Zusammenspiel von Regierungsbeamten und Parlamentsausschüssen, daß möglicherweise wesentliche Teile ihre endgültige Form hauptsächlich dem Einfluß des Regierungsbeamten verdanken[165].

Zugleich führt der zuletzt geschilderte Umstand dazu, daß die Bundestagsentschließungen selten sachlich Neues für den Regierungsbeamten enthalten. Das ist bei den Bundesratsentschließungen häufig anders. Hier führt schon die räumliche Ferne der Länderexekutiven dazu, daß eine vergleichbare enge Zusammenarbeit zwischen den Landesministerien und der Bundesregierung nicht stattfindet. Es kommt hinzu, daß dem Bundesrat bei der Bearbeitung der Vorlagen der zusammengefaßte Sachverstand der Länderverwaltungen zur Verfügung steht,

---

165 Dabei wird nicht verkannt, daß der Grad des Einflusses beim Bundestag von der Persönlichkeit und Fähigkeit des einzelnen Beamten abhängt und daher zuweilen außerordentlich unterschiedlich sein kann, zumal wenn man berücksichtigt, daß in aller Regel mehrere Beamte, je nach Anzahl der beteiligten Ressorts, an den Ausschußsitzungen teilnehmen. Zu den Vorzügen und verfassungsrechtlichen Bedenken hinsichtlich der hier zum Ausdruck kommenden Verzahnung von Exekutive und Legislative wurde bereits oben Stellung genommen. Vgl. oben 3. Kap. I, 4 b.

der zugleich dafür sorgt, daß so das spezifisch administrative Element der bundesstaatlichen Gliederung auch in den Willensbildungsprozeß zu den Gemeinschaftsrechtsakten eingebracht wird. Schließlich tragen auch die ausgedehnten Aktivitäten des Bundesratsrechtsausschusses[166] mit seinen differenzierten, kritischen Würdigungen der Entwürfe auf Grund der unterschiedlichen Interpretationsmethode kontroverse Elemente in die Überlegungen innerhalb der Bundesregierung, die in der Regel das Gemeinschaftsrecht mehr dynamisch-teleologisch interpretiert[167].

III. Die Bedeutung der Entschließungen für die Regierungspraxis

Wurde eingangs des Kapitels gesagt, daß das Zusammenspiel von Parlament und Regierung in den Entschließungen seinen sichtbarsten Ausdruck findet, so müßte eine Untersuchung dessen, inwieweit die Bundesregierung den in den Entschließungen zum Ausdruck kommenden Willen von Bundestag und Bundesrat berücksichtigt, zugleich wesentlichen Aufschluß über den praktischen Wert des Verfahrens nach Art. 2 Zustimmungsgesetz und die tatsächliche Teilhabe der gesetzgebenden Körperschaften am Willensbildungsprozeß zu den Gemeinschaftsakten ergeben. Gerade zu der Frage, welche Bedeutung den Entschließungen in der Regierungspraxis zukommt, lassen sich jedoch keine exakten Aussagen treffen[168]. Insbesondere kann der bloße Vergleich des Entschließungstextes mit den verabschiedeten Verordnungen darüber keine verläßliche Auskunft geben.

Das liegt zum einen an dem bereits mehrfach angesprochenen Zusammenspiel von Parlament und Regierungsbeamten in den Ausschüssen. Der hier wechselseitig ausgeübte Einfluß entzieht sich jeder exakten

---

[166] Dem Rechtsausschuß werden EWG-Vorlagen regelmäßig dann zur Bearbeitung zugewiesen, wenn es geboten erscheint zu prüfen, ob ein Vorschlag der Kommission mit den Vorschriften des EWGV vereinbar ist, insbesondere, ob er sich im Rahmen der vertraglichen Kompetenzen hält. Vgl. *Holch*, EuR 1967, S. 217.

[167] Vgl. dazu die bereits mehrfach zitierte Stellungnahme der Bundesregierung, in der es heißt: „Abschließend möchte ich bemerken, daß nach Ansicht der Bundesregierung bei der Auslegung des EWGV dessen politischer Charakter berücksichtigt werden muß. Der EWGV soll die Volkswirtschaften Westeuropas in einen Gemeinsamen Markt integrieren und zugleich den politischen Zusammenschluß vorbereiten. Die Bundesregierung hat sich seit jeher mit Nachdruck zu diesen Zielen bekannt. Sie weiß sich darin mit Bundestag und Bundesrat einig. Deshalb hält sie es für geboten, diesen Zielen auch bei der Auslegung und Anwendung des Vertrages Rechnung zu tragen. Sie tritt deshalb für ein Verständnis von den Vertragsbestimmungen ein, das die Errichtung und das Funktionieren des Gemeinsamen Marktes gewährleistet."

[168] Vgl. *Ziller*, Bundesrat, S. 32, hinsichtlich der Bundesratsentschließungen.

Beurteilung. Zum anderen werden die Entschließungen häufig lange vor der endgültigen Beschlußfassung im Rat gefaßt. Spätere Änderungen des Kommissionsentwurfs konnten daher in ihnen noch nicht berücksichtigt sein. Bundestag und Bundesrat modifizieren dementsprechend häufig auf Grund der Kontaktpflege mit Regierungsbeamten ihre in den Entschließungen geäußerten Auffassungen zu der Vorlage. Diese Modifikationen schlagen sich jedoch grundsätzlich allenfalls in den internen Protokollen nieder. Der Ausschuß erstattet nur in Ausnahmefällen erneut einen Bericht.

Schließlich lassen sich auch aus den Verhandlungen im Rat keine Anhaltspunkte dafür gewinnen, inwieweit die Auffassungen der gesetzgebenden Körperschaften in den Verhandlungsbeiträgen des deutschen Vertreters berücksichtigt worden sind. Das wiederum liegt einmal an der häufig kritisierten Gemeinschaftspraxis, die Protokolle der Rats- bzw. Arbeitsgruppensitzungen nicht zu veröffentlichen[169], und zum anderen daran, daß sich den verabschiedeten Gemeinschaftsakten keinerlei Anhaltspunkte für den realen Verhandlungsspielraum des Ratsmitgliedes entnehmen lassen[170].

1. Die Bedeutung der Entschließungen für den nationalen Willensbildungsprozeß

Eine Betrachtung der Auswirkungen im innerstaatlichen Bereich hat von der Tatsache auszugehen, daß die Entschließungen als solche grundsätzlich nur den Ministerialbeamten bekannt werden, die die betreffende Gemeinschaftsvorlage zu bearbeiten haben. Die deutschen Ratsmitglieder erhalten von ihnen nur ausnahmsweise Kenntnis und auch dann in der Regel nur in Form einer Aktennotiz im Arbeitspapier für die Ratsverhandlungen. Darin liegt keine Minderung der Bedeutung der Entschließungen, wenn man berücksichtigt, daß der mengenmäßige Schwerpunkt der innerstaatlichen Willensbildung zu den Gemeinschaftsrechtsakten auf der Referentenebene und in den koordinierenden Ressortbesprechungen liegt.

---

[169] Vgl. vor allem *Sattler*, Funktionelle Integration, S. 107 ff. und die dort auf S. 108, Fußn. 31 zitierten kritischen Stellungnahmen von Abgeordneten der Europäischen Versammlung.

[170] Vgl. dazu die Frage des Abg. *Ertl* (BT-Drucks. V/1943 Nr. 38), warum sich die Bundesregierung im Ministerrat nicht an den einstimmigen Beschluß des Bundestags gehalten habe, und die Antwort des Ministers *Höcherl* (StenBerBT V S. 5841 (C) f.): „Ich glaube, daß das Hohe Haus sich bei der einstimmigen Annahme dieser Entschließung, die ja ein Ersuchen zum Ausdruck bringt, dessen bewußt war, daß es sich darum handelt, in einer Kollegialentscheidung in Brüssel, also mit sechs Staaten, darauf hinzuwirken, daß den dort aufgestellten Bedingungen Genüge getan werde. Das ist, wenn man das materiell sehen will, ähnlich wie ein Prozeßauftrag für einen Rechtsanwalt."

Dem Referenten wiederum liegt neben den Beschlüssen der gesetzgebenden Körperschaften meist noch eine Vielzahl von Stellungnahmen der angehörten Verbände oder anderer Betroffener vor. Gegenüber letzteren kommt den Beschlüssen auf Grund ihres politischen und verfassungsrechtlichen Hintergrundes allerdings ein größere Bedeutung zu.

a) Die Bundestagsentschließungen

Bei den Bundestagsentschließungen hat der Beamte vor allem darauf Rücksicht zu nehmen, inwieweit es für seinen Minister politisch inopportun sein kann, sich über die in den Plenarbeschlüssen zum Ausdruck kommende Stellungnahme „seines" Ausschusses hinwegzusetzen. Er wird sich daher in aller Regel bemühen, in den vorangehenden Beratungen ein Maximum an Vorstellungen der Regierung in die Entschließungen einfließen zu lassen, oder aber Bedenken des Bundestags in den späteren Verhandlungen auszuräumen. Das oben angesprochene Übergewicht des Sachverstandes der Ministerialbürokratie in diesen Beratungen verhindert dabei in aller Regel das Auftreten von Konfliktsituationen.

Nicht selten kommt es dabei auch vor, daß sich die Bundesregierung direkt mit dem Ersuchen an den Bundestag wendet, zu bestimmten Problemen in dieser oder jener Weise Stellung zu nehmen. Ein Abweichen von den so zustandegekommenen Entschließungen in den Brüsseler Verhandlungen ist daher in der Masse der Fälle nicht zu erwarten. Wenn allerdings ein Bundesminister die Bundestagsentschließungen als „etwas Ähnliches wie einen Prozeßauftrag für einen Anwalt" bezeichnet[171], so wird man darin nicht viel mehr als einen Akt politischer Courtoisie gegenüber dem fragenden Parlament sehen können; denn es muß bezweifelt werden, ob die Regierungsbeamten oder Minister bei Erarbeitung des deutschen Standpunktes der Stellungnahme des Bundestags die gleiche Aufmerksamkeit hinsichtlich des angesprochenen Ziels und der verschiedenen Einzelheiten widmen, die ein Anwalt notwendig seinem Prozeßauftrag zuwendet.

b) Die Bundesratsentschließungen

Bei den Bundesratsentschließungen sind die Probleme vielschichtiger: denn die Bundesratsbeschlüsse repräsentieren nicht nur die Stellungnahme eines Bundesorgans, sondern in ihnen kommt auch die Auffassung der Bundesländer zu den Gemeinschaftsrechtsakten zum Ausdruck. Diese muß die Bundesregierung vor allem unter zwei Gesichtspunkten beachten: dem Verfassungsgrundsatz des bundesfreundlichen Verhal-

---

[171] Vgl. die oben Fußn. 170 zitierte Antwort des Bundesministers *Höcherl*.

tens[172] und der Tatsache, daß die verwaltungsmäßige Durchführung der Gemeinschaftsrechtsakte weitgehend den Ländern obliegt.

Aus dem Grundsatz des bundesfreundlichen Verhaltens ergeben sich nach der Rechtsprechung des Bundesverfassungsgerichts konkrete Beschränkungen nicht nur der dem Bund und den Ländern im Grundgesetz eingeräumten Kompetenzen, sondern auch des politischen Stils und des procedere im Verhalten gegenüber dem Partner[173]. Insbesondere im Bereich der ausschließlichen Länderkompetenzen kann sich der Bund daher bei der innerstaatlichen Willensbildung zu den Gemeinschaftsrechtsakten nicht einfach über die Länderinteressen hinwegsetzen. Vielmehr ist er hier kraft Verfassungsrecht verpflichtet, die Stellungnahmen der Länder mit besonderer Sorgfalt zu prüfen und ernsthaft zu versuchen, ein Einvernehmen mit den Bundesländern herbeizuführen, ehe er die Sache entscheidet. Scheitert dieser Schlichtungsversuch, hat der Bund zu prüfen, ob überwiegende Bundesinteressen eine Entscheidung über die Länder hinweg erfordern. Erst wenn das bejaht werden kann, darf er diese Entscheidung auch fällen.

Die Praxis trägt dieser Rechtslage Rechnung. Hat sich im Bundesrat zu einzelnen Punkten eines Gemeinschaftsrechtsakts, der ausschließliche Länderkompetenzen berührt, Widerstand gezeigt, oder haben sich zu zentralen Fragen kontroverse Rechtsauffassungen ergeben, so bemüht sich die Bundesregierung im Rahmen von Ressortkonferenzen auf Länderebene um die einverständliche Klärung der Fragen. So tagten etwa die Länderfachreferenten der Bundesregierung mehrmals in Bonn, um ein Einvernehmen über eine Richtlinie des Rates zur Angleichung der Vorschriften über die Vergabe öffentlicher Bauaufträge herbeizuführen, gegen die die Länder ursprünglich Bedenken geltend gemacht hatten.

Im Bereich der ausschließlichen oder konkurrierenden Bundeskompetenzen sind die Anforderungen, die an die Prüfung der Länderstellungnahmen durch die Bundesregierung zu stellen sind, schwächer ausgeprägt. Auch hier kann jedoch vor allem der Gesichtspunkt, daß die Länder den betreffenden Rechtsakt auszuführen haben, ein genaueres Eingehen auf die Länderinteressen erforderlich machen.

In einer großen Zahl der vom Bundesrat angesprochenen Sachfragen stellt sich dieses Problem allerdings nicht, weil sich die Auffassungen von Bundesrat und Bundesregierung decken. Das gilt zunächst für die Fälle, in denen der Bundesrat offensichtlich fehlerhafte Punkte in den

---

[172] Vgl. dazu allgemein: *Bayer*, Die Bundestreue (1961); *Gebh. Müller*, Bundestreue im Bundesstaat, in: Führung und Bildung in der heutigen Welt, S. 213 ff.

[173] Vgl. BVerfGE 12, S. 205 ff. (255 f.); kritisch zum Grundsatz der Bundestreue als fundamentalem Verfassungsprinzip: *Hesse*, Der unitarische Bundesstaat, S. 8 ff.; *ders.*, Grundzüge des Verfassungsrechts, S. 108 f.

Gemeinschaftsvorlagen anspricht. Hier handelt es sich oft um Dinge, die ohnehin von der Bundesregierung in Brüssel gerügt werden. Dem Bundesrat kommt dabei die Bedeutung einer zusätzlichen administrativen Kontrolle im Rahmen der Gemeinschaftsrechtsetzung zu. Es gilt aber insbesondere auch für die Mehrzahl der übrigen Sachprobleme; denn in der Masse der in Brüssel geregelten Fragen ist die Interessenlage von Bundesregierung und Bundesländern identisch.

2. Die Bedeutung der Entschließungen für den supranationalen Willensbildungsprozeß

Die Ausführungen zu den Auswirkungen der Entschließungen von Bundestag und Bundesrat in den Verhandlungen der Gemeinschaftsorgane können sich im wesentlichen mit einem Hinweis auf ihre innerstaatlichen Wirkungen begnügen. Denn die geschilderten Beschränkungen der innerstaatlichen Kompetenzausübung durch die Bundesregierung binden mittelbar auch die Tätigkeit des deutschen Vertreters im Rat der Europäischen Gemeinschaften oder dessen vorbereitenden Beschlußorganen. Freilich darf nicht verkannt werden, daß die Eigengesetzlichkeit supranationaler Verhandlungen, insbesondere der Zwang zum Kompromiß, es dem deutschen Delegationsmitglied häufig unmöglich macht, die Stellungnahmen der gesetzgebenden Körperschaften in der von ihnen gewünschten Weise zu berücksichtigen.

In Einzelfällen werden diese Stellungnahmen in den Arbeitsgruppensitzungen, seltener jedoch im Rat — soweit sie sich mit der offiziellen Delegationsmeinung decken — zur Stärkung der eigenen Verhandlungsposition herangezogen. Der deutsche Delegierte beruft sich dann auf die Meinung der gesetzgebenden Körperschaften mit dem Hinweis, daß er auf Grund der innerstaatlichen Verfassungslage gezwungen sei, diese zu beachten. Da im Rat allerdings ebenfalls mit den Mechanismen parlamentarischer Willensbildung vertraute Regierungsbeamte oder Minister sitzen, finden derartige Hinweise nur in Fragen von existentieller Bedeutung für die betreffende Regierung Gehör.

Ein besonderes Gewicht wächst den Entschließungen des Parlaments allerdings durch die nach den Luxemburger Beschlüssen praktizierte Einstimmigkeit im Ministerrat zu. Denn soweit der Bundestag dem deutschen Ratsmitglied die Ablehnung eines Kommissionsvorschlags empfiehlt, kann er weitgehend sicher sein, daß der entsprechende Rechtsakt überhaupt nicht oder aber nicht in der vorliegenden Form verabschiedet wird[174]. Gleichwohl darf der sich solchermaßen manifestierende

[174] Das gilt zum größten Teil auch für jene Entschließungen, in denen die Bundesregierung ersucht wird, dem Vorschlag *nur dann zuzustimmen*, wenn bestimmte Voraussetzungen erfüllt werden. Vgl. etwa die Stellung-

Einfluß des Parlaments nicht überschätzt werden. Denn auch diese Stellungnahmen beruhen meist auf der geschilderten engen Zusammenarbeit von Parlament und Regierung in den Ausschüssen.

Grundsätzlich kann festgestellt werden, daß die hauptsächlichen Wirkungen der Entschließungen in dem den supranationalen Verhandlungen vorgeschalteten Willensbildungsprozeß liegen. In den Verhandlungen selbst kommt ihnen dagegen nur eine untergeordnete Bedeutung zu.

---

nahme des Bundestages zu dem Kommissionsvorschlag für eine Richtlinie zur Angleichung der Rechtsvorschriften der Mitgliedstaaten über Bier (BT-Drucks. VI/1960). Dort ersuchte der Bundestag die Bundesregierung, der Rechtsangleichung auf diesem Gebiet nur dann zuzustimmen, wenn das Reinheitsgebot in der Bundesrepublik unverändert erhalten bliebe. Die entsprechende Richtlinie wurde nicht verabschiedet.

Siebentes Kapitel

Regierung und Parlament in den übrigen Mitgliedstaaten der Gemeinschaften im Hinblick auf die Tätigkeit des nationalen Ratsmitgliedes

Die Untersuchung der Informationspflicht der Bundesregierung nach Art. 2 Zustimmungsgesetz bliebe unvollständig, enthielte sie nicht auch einen kurzen Vergleich mit den anderen Mitgliedstaaten. Wenn dies im folgenden unternommen wird, so hat der Schwerpunkt dabei in der Schilderung der tatsächlichen Aktivitäten der nationalen Parlamente im Hinblick auf die Fragen der europäischen Integration zu liegen[1]; denn keiner der übrigen Mitgliedstaaten kennt ein ähnlich weit entwickeltes Verfahren zur Unterrichtung oder Beteiligung der gesetzgebenden Körperschaften an der internen Willensbildung zu den Gemeinschaftsakten. Ein Überblick über die Beschäftigung der Parlamente mit den einschlägigen Fragen kann jedoch Anhaltspunkte dafür geben, inwieweit die Regierungen bei ihrer supranationalen Tätigkeit Rücksicht auf die heimischen Parlamente zu nehmen haben, beziehungsweise inwieweit die Parlamente selbst Einfluß nehmen wollen oder ein echtes Informationsbedürfnis zeigen.

Ausgangspunkt eines jeden Länderberichts werden die Vorschriften in den Ratifikationsgesetzen sein, die der Regierung eine Pflicht zum Bericht auferlegen. In einzelnen Ländern wird dabei eine kurze Darstellung des verfassungsrechtlichen Hintergrundes erforderlich sein, um bestimmte Erscheinungen verständlich zu machen. Diese Darstellungen können schon von ihrer Funktion her nur als oberflächliche Skizzen angelegt sein.

I. Belgien

Art. 2 des belgischen Ratifikationsgesetzes[2] bestimmt:

„Le gouvernement présentera chaque année aux Chambres législatives un rapport concernant la mise en oeuvre et l'application de ces Traités et des actes annexes."

---

[1] Dazu vgl. auch *Houben*, Conseils de Ministres, S. 177 ff.; *Neunreither*, Parlement Européen et Parlements nationaux, S. 63 ff.

[2] Moniteur Belge v. 25. 12. 1957, Nr. 359, S. 9180.

Ein derartiger Jahresbericht ist jedoch bisher nur insgesamt zweimal erstellt worden[3]. Eine Debatte dazu hat zwar in keiner der beiden Kammern stattgefunden, der Ausschuß für Europäische Angelegenheiten hat den Bericht jedoch in Anwesenheit des zuständigen „Europaministers“[4] ausführlich diskutiert[5].

Dieser Ausschuß für europäische Angelegenheiten stellt zugleich den Kristallisationspunkt aller europäischen Aktivitäten der Repräsentantenkammer dar[6]. Im Rahmen der Parlamentsreform 1962 geschaffen, wurden ihm in Art. 83 der Geschäftsordnung der Repräsentantenkammer die Aufgaben übertragen,

„d'obtenir tous renseignements sur les conséquences et l'application des traités en matière de coopération européenne, d'en surveiller l'exécution et de suivre l'évolution des organisations qu'ils créent. A cette fin,

a) elle connaît des rapports du Gouvernement sur l'exécution des traités;

b) elle peut requérir, au nom de la Chambre, la présence des ministres et leur demander des explications.

5. Les délégations belges aux Assemblées européennes désignées par la Chambre des Représentants font annuellement rapport à la Chambre sur l'exercice de leur mandat et sur les activités des Assemblées auxquelles elles appartiennent. Ce rapport est soumis à l'examen de la Commission des affaires européennes.

6. a) La Commission fait chaque année, avant les vacances de Pâques, rapport à la Chambre sur ses activités et sur les constatations qu'elle a été amenée à faire.

b) Elle fait, en outre, rapport à la Chambre sur les questions qu'elle juge utile de lui soumettre, sur les questions que la Chambre estime devoir lui renvoyer ainsi que sur les questions qui exigent l'intervention de l'Assemblée en vertu de ses prérogatives constitutionnelles.

7. La Chambre peut, à tout moment, par une résolution prise à la majorité absolue, évoquer les questions soumises aux délibérations de la Commission et sur lesquelles elle estime devoir délibérer elle-même.“

Diese Kompetenzen gehen weit über die eines normalen belgischen Parlamentsausschusses hinaus[7]. Insbesondere hat sonst keiner der stän-

---

[3] Vgl. *Niblock*, The EEC: National Parliaments in Community Decision-making, S. 29.

[4] Ministre des Affaires Européennes.

[5] Chambre des Représentants, Compte-rendu analytique 1966/67, Communications du Greffe de la Chambre, S. 768 unter TO-Pkt. Nr. 5.

[6] Ausführlich dazu: *de Croo*, De commissie vor de Europeese zaken bij de Kamer der Volksvertegenwoordigers, in: Rechtskundig Weekblad 1963/64, Sp. 529 ff.; *ders.*, Une initiative belge: La Commission des affaires européennes auprès de la Chambre des Représentants, in: RMC 1963, S. 476 ff.

[7] *Rens*, Le nouveau règlement de la Chambre des Représentants de Belgique, spricht sogar von „pouvoirs exorbitants“. Zit. nach *de Croo*, RMC 1963, S. 477.

digen Ausschüsse das Zitierungsrecht, das allein den beiden Kammern als solchen vorbehalten ist[8].

Sinn und Aufgaben dieser ständigen Kommission wird man unter folgenden beiden Gesichtspunkten zusammenfassen können. Primär sollte ein wirksames und in seinem nichtöffentlichen Verfahren der supranationalen Willensbildung entsprechendes Mittel zur Regierungskontrolle geschaffen werden. Sekundär sollte ein neues Bindeglied zwischen der Europäischen Versammlung und der belgischen Regierung entstehen. Zwar können die belgischen Abgeordneten des Europäischen Parlaments nur mit beratender Stimme an den Ausschußsitzungen teilnehmen, der Ausschuß hat sich jedoch zugleich die Aufgabe gestellt:

„de diriger l'attention du gouvernement sur les résolutions, avis et recommandations émanant des Assemblées parlementaires européennes et présentant un caractère d'actualité ou susceptibles d'une réalisation rapide, en vue d'éviter notamment que des décisions qui seraient prises ultérieurement au niveau des Gouvernements n'aillent à l'encontre de ces résolutions, avis et recommandations[9]."

In der Praxis scheint der Ausschuß nicht mehr ganz so häufig wie in den ersten beiden Jahren zu tagen[10]. Grundsätzlich nimmt an seinen Sitzungen auch der Minister für Europäische Angelegenheiten teil, der dann auch im weiteren Verlauf über die neueren Entwicklungen in der europäischen Integration berichtet[11]. Aber auch andere Mitglieder der Regierung wohnen den Ausschußsitzungen bei, wenn ihre Ressorts Gegenstand der Beratungen sind.

Im übrigen beschäftigen sich beide Kammern kaum mit europäischen Fragen. In der „Chambre des Représentants" kommen Probleme der europäischen Integration praktisch nur noch bei den Budget-Debatten zur Sprache[12]. Der Senat, der über keinen „Europaausschuß" verfügt, diskutiert derartige Fragen dagegen häufiger. Dabei läßt sich, obwohl beide Kammern nach Struktur, Funktion und Kompetenzen praktisch gleich gestaltet sind, häufig beim Senat eine gegenüber der Regierung etwas kritischere Haltung feststellen[13]. Im Vergleich mit der sonstigen

---

[8] Vgl. *de Croo*, RMC 1963, S. 478, der insofern verfassungsrechtliche Bedenken hinsichtlich Art. 83 des neuen Règlement geltend macht, m. w. N.

[9] Chambre des Représentants S.O. 1962/63, Document n° 553, p. 2 f., zit. nach *de Croo*, RMC 1963, S. 479.

[10] *de Croo*, RMC 1963, S. 478, weist für die Zeit vom 16. 5. 1962 bis Ende 1963 17 Sitzungen nach.

[11] Vgl. Ziff. 2 der Tagesordnung des Ausschusses, Communications du Greffe de la Chambre, Compte-rendu analytique, Chambre des Représentants 1966/67, S. 768.

[12] Vgl. z. B. Chambre des Représentants S.O. 4. Juli 1968, S. 13, 25 zum Budget des Außenministers und vom 9. Juli 1968, S. 34, 43, 45 zum Budget des Landwirtschaftsministers.

[13] *de Croo-Seigneur*, Parlement, S. 167; *Wigny*, Droit Constitutionnel, S. 470 ff.

täglichen Arbeit beider Kammern stellt die Beschäftigung des belgischen Parlaments mit europäischen Fragen jedoch, abgesehen von der Tätigkeit des Ausschusses für Europäische Angelegenheiten, nur eine Randerscheinung dar.

II. Frankreich

Die Situation in Frankreich wird durch die außerordentlich schwache Stellung des französischen Parlaments gegenüber Regierung und Staatspräsidenten bestimmt. Die Bemühungen, in der Verfassung vom 4. Oktober 1958 „die Funktionsweisen des Parlaments zu rationalisieren“[14], haben zu einer weitgehenden Entmachtung des Parlaments[15] zu Gunsten der Regierung geführt. So weist die Verfassung dem Parlament nur im Rahmen eines engen Katalogs Gesetzgebungskompetenzen zu, während die Regierung in allen übrigen Fragen zum Erlaß von Verordnungen befugt ist[16]. So bedürfen die Geschäftsordnungen beider Kammern vor ihrem Erlaß einer Erklärung des Conseil Constitutionnel „de leur conformité à la Constitution“[17]. So wird selbst die Tagesordnung beider Kammern von der Regierung beherrscht; Art. 48 der französischen Verfassung bestimmt diesbezüglich „l'ordre du jour des assemblées comporte, par priorité et dans l'ordre que le Gouvernement a fixé, la discussion des projets de loi déposés par le Gouvernement et des propositions de loi acceptées par lui“[18]. Darüber hinaus enthält die Verfassung noch einen ganzen Strauß von Vorschriften, die die eindeutige Prärogative der Regierung gegenüber dem Parlament zum Ausdruck bringen. Hingewiesen sei hier nur noch auf Art. 44, der der Regierung die Möglichkeit gibt, einen Gesetzesvorschlag in toto zur Abstimmung zu bringen, ohne daß das Parlament Änderungen irgendwelcher Art beschließen darf.

Auf Grund der von Verfassungs wegen vorgesehenen Abhängigkeit der Regierung vom Vertrauen des Parlaments[19], wird man das französische Regierungssystem gleichwohl als ein formal parlamentarisches

[14] *Hauriou*, Droit Constitutionnel, S. 844.

[15] Vgl. *Hauriou*, S. 843: „... le Parlement n'est plus l'incarnation de la souveraineté nationale; c'est seulement un pouvoir constitué, placé, du reste, par rapport au Gouvernement, dans une position d'infériorité, car, dans l'ensemble, son fonctionnement est subordonné au contrôle de ce dernier.“ Kritisch dazu *Duverger*, Institutions politiques, S. 631.

[16] Art. 34, 37 der Verfassung von 1958.

[17] Art. 46 § 5. Tatsächlich hat der Conseil Constitutionnel in seinen diesbezüglichen Entscheidungen vom 28. 6. 1959 eine ganze Reihe von Bestimmungen bei beiden Geschäftsordnungen für nicht verfassungskonform erklärt. Die betreffenden Vorschriften sind daraufhin geändert worden.

[18] Kritisch dazu *Duverger*, S. 603: „Le système est peu conforme à la théorie démocratique et parlementaire.“

[19] Art. 49, 50 der Verfassung von 1958.

Regierungssystem bezeichnen können. Das Parlament wurde dabei jedoch allein auf das Mißtrauensvotum verwiesen, um die notwendige Übereinstimmung von Regierung und Parlament zu gewährleisten[20]. Die Untauglichkeit dieses schärfsten Mittels zur Effektuierung der Regierungsverantwortlichkeit ist zu Recht immer wieder hervorgehoben worden[21].

Im übrigen verfügt jedoch weder die Nationalversammlung noch der Senat über das Mittel des schlichten Parlamentsbeschlusses, um seine Meinung der Regierung gegenüber zu artikulieren. Die entsprechenden Bestimmungen in den Geschäftsordnungen der beiden Kammern, die diese Möglichkeit vorsahen, mußten fallengelassen werden, weil der Conseil Constitutionnel sie in dem bereits angesprochenen Prüfungsverfahren als verfassungswidrig bezeichnete[22]. Schließlich hat auch das Fragerecht des Parlaments unter der Praxis der französischen Regierungen Erhebliches von seiner Funktion als effektives Mittel zur Regierungskontrolle eingebüßt; denn die Regierung findet sich nur ausnahmsweise bereit, andere Fragen als solche zu beantworten, die von rein lokalem Interesse sind oder die besondere Spezialfälle behandeln[23].

Auf diesem Hintergrund ist auch das Verhältnis von Parlament und Regierung hinsichtlich der Tätigkeit im Rat der Europäischen Gemeinschaften zu sehen.

Zunächst ist festzustellen, daß die Regierung gem. Art. 2 des französischen Ratifikationsgesetzes zum Vertrag zur Gründung der EWG[24] verpflichtet ist,

---

[20] Welche Rolle damit dem Parlament zugewiesen wird, kommt wohl am klarsten in den Worten Pompidous in einem Interview am 30. 7. 1967 zum Ausdruck: „Dans la cinquième République c'est le Gouvernement qui gouverne. ... Le rôle de l'Assemblée n'est pas de définir la politique, c'est de la contrôler; alors l'Assemblée peut renverser le Gouvernement. Je le lui ai dit d'ailleurs au moment de la motion de censure: Vous pouvez effectivement nous renverser, et c'est, votre droit. Mais la politique, c'est nous qui la déterminons." Zit. nach *Hauriou*, S. 879.

[21] Für Frankreich vgl. *Duverger*, S. 631.

[22] Vgl. J.O. v. 3. Juli 1959, S. 6642. Zustimmend *Duverger*, S. 631: „... Le vote de résolution en général permettrait d'affaiblir le Gouvernement par une guerre d'usure, et de l'obliger à se retirer sans vote de censure, ... ce qui était contraire à l'esprit de la constitution". Ebenso *Burdeau*, Droit Constitutionnel, S. 562 f.

Der Ausspruch des Conseil Constitutionnel ist vom Parlament immer wieder lebhaft angegriffen worden. Vgl. z. B. die Ausführungen des Abg. *Simonet*, Assemblée Nationale v. 13. Juni 1962, S. 1666, der zugleich eine nach *Houben*, S. 184 als „scrutin de couloirs" bezeichnete, von 280 Abgeordneten unterzeichnete Resolution verlas, mit der die entsprechende Bestimmung umgangen werden sollte.

[23] *Hauriou*, S. 878 (Fußn. 1).

[24] Loi n°57—880 du 2 août 1957 autorisant le Président de la République à ratifier:

1° le traité instituant une Communauté économique européenne et ses annexes;

„... (de) présenter annuellement au Parlament, en vue de son approbation, un compte-rendu de l'application du traité de la Communauté Economique Européenne et des mesures économiques, fiscales et sociales intervenues dans la Communauté, en exposant les mesures qu'il a prises ou qu'il entend prendre pour faciliter l'adaptation des activités nationales aux nouvelles conditions du marché."

Ein derartiger Jahresbericht ist bisher jedoch nicht erstattet worden. Die Regierung ist wiederholt gefragt worden, ob sie die betreffende Bestimmung des Ratifikationsgesetzes auszuführen gedenke[25]. Nachdem sie derartige Fragen zunächst nicht beantwortet hatte, erklärte sie am 22. Juli 1967, sie habe die betreffende Bestimmung bereits ausgeführt, indem verschiedene Regierungsmitglieder in Regierungsaufklärungen oder in der Budget-Debatte zu den in Art. 2 des Ratifikationsgesetzes angesprochenen Themen längere Ausführungen gemacht hätten[26]. Ob diese Interpretation des Art. 2 allerdings den Regelungsgehalt der Vorschrift trifft, muß angesichts des klaren Wortlauts „annuellement... compte-rendu" bezweifelt werden.

Probleme der europäischen Integration sind naturgemäß verhältnismäßig selten Gegenstand der Debatten beider Kammern. Insbesondere gab es bisher keine ausgesprochenen „Europadebatten". Integrationsfragen wurden vielmehr im Verlauf der Budget-Debatten[27] und der Aussprachen, die auf entsprechende Regierungserklärungen folgten[28], behandelt[29]. Darüber hinaus befaßten sich von Zeit zu Zeit einzelne Aus-

---

2° ...
J.O. de la République Française (N° 180) du 4 août 1957, p. 7716.

[25] Zuerst: Question écrite N° 1425 (Tremolet de Villers) v. 13. 2. 1962; zuletzt: question écrite n° 1129 (Lousteau) v. 16. 5. 1967.

[26] Vgl. Ass. Nat v. 22. Juli 1967, S. 2733, question écrite n° 1129.

[27] z. B. die Debatte über das Budget des Außenministers: Ass. Nat. 7. 11. 1968, S. 4065 ff., 4072 ff.

[28] z. B. die Debatte über die Regierungserklärung von Debré zur Finanz- und Wirtschaftspolitik, Ass. Nat., 30. 6. 1967, S. 2464 ff., 2480 ff.; Debatte über die Regierungserklärung von Couve de Murville zur Außenpolitik, Ass. Nat., 10. 6. 1967, S. 1848.

[29] Einen Sonderfall bildet der oben in der Fußn. 22 angesprochene „scrutin de couloirs", in dem 280 Abgeordnete der Nationalversammlung folgendermaßen ihren Willen zur Europapolitik der Regierung zum Ausdruck brachten:

„Nous, députés français soussignés, n'ayant pu exprimer notre opinion par un vote, affirmons notre volonté de voir la France s'engager dans la voie de l'unité européenne que nous concevons comme une communauté démocratique des peuples et non comme une série de conférences du style diplomatique d'hier entre les gouvernements.

Nous entendons que soient développés et étendus à la politique générale, notamment aux affaires étrangères et à la défense, les méthodes et les principes qui ont réussi dans le Marché commun.

Nous proposons que soient réalisés, en une ou plusieurs étapes, le renforcement et la fusion des organismes communautaires, l'élection de l'Assemblée européenne au suffrage universel et l'institution progressive de votes à la majorité au sein du conseil des ministres.

schüsse des Parlaments mit der französischen Europa-Politik. Berichte über diese Ausschußsitzungen sind nur in Ausnahmefällen veröffentlicht worden[30].

Schriftliche oder mündliche Fragen an die Adresse der Regierung mit oder ohne Debatte haben nur ausnahmsweise Probleme der europäischen Integration zum Gegenstand[31]. Wiederholt wurde nach den Gründen für die französische Politik zum Englandbeitritt gefragt[32]. Grundsätzlich befassen sich diese Fragen jedoch mehr mit den nationalen Randproblemen der Integration[33]. Der größte Teil der Fragen zur Europa-Politik bleibt unbeantwortet[34]; häufig ziehen Abgeordnete ihre Fragen aber auch schon vor der Beantwortung zurück[35].

Im Senat spielen Probleme der europäischen Integration noch weit seltener eine Rolle als in der Nationalversammlung. Es ist durchaus nicht ungewöhnlich, daß ein Jahr vergeht, ohne daß sich der Senat mit irgendeiner europäischen Frage beschäftigt hat[36].

III. Italien

Das italienische Ratifikationsgesetz[37] enthält keine besondere Bestimmung über eine Berichtspflicht oder eine generelle Regelung des Verhältnisses von Regierung und Parlament in Bezug auf die Tätigkeit des italienischen Ratsmitgliedes. Eine derartige Bestimmung findet sich jedoch im Gesetz vom 13. Juli 1965, Nr. 871[38], das für die Zeit der zweiten Übergangsperiode die italienische Regierung zu verschiedenen

---

Nous réaffirmons notre conviction que seule une Europe unie, partenaire sur pied d'égalité des Etats-Unis au sein de l'Organisation atlantique, préservera l'avenir des nos liberté et l'avenir de la paix."

[30] *Houben*, Conseils de ministres, S. 184 und die Fußn. 130.

[31] So wurden in der Nationalversammlung in der dritten Legislaturperiode vom 3. 4. 1967 bis zum 30. 5. 1968 9425 Fragen gestellt, von denen 47 sich mit europäischen Problemen befaßten, davon gingen 19 auf Probleme der Landwirtschaftspolitik ein.

[32] In der 3. Legislaturperiode allein sechsmal: Die Fragen Nr. 905 (Abelin) v. 10. 5. 1967; 4318 (Duhamel) v. 19. 10. 1967; 6308 (Deferre) v. 13. 1. 1968; 6309 (Ballanger) v. 13. 1. 1968; 6518 (Giotteray) v. 27. 1. 1968; 6717 (Bosson) v. 3. 2. 1968.

[33] z. B. die Frage Nr. 2927 (Prin) v. 13. 12. 1968 nach Statistiken über Importe aus den Mitgliedstaaten.

[34] So wurden z. B. von den in Fußn. 32 aufgeführten Fragen nur die Fragen Nr. 6518 und 6717 beantwortet.

[35] z. B. die Frage Nr. 905 von den in Fußn. 32 aufgeführten Fragen.

[36] So z. B. die Jahre 1964 und 1966.

[37] Legge 14 ottobre 1957, n° 1203, Supplemento Ordinario alla Gazzetta Ufficiale, S. 317 v. 23. 12. 1957.

[38] Gazz. Uff. S. 3543 v. 28. 7. 1965: „Delega al Governo ad emanare provvedimenti nelle materie previste dai Trattati della Comunità economica europea (C.E.E.) e della Comunità europea dell'energia atomica (C.E.E.A.)."

Ausführungsmaßnahmen zum Gemeinschaftsrecht ermächtigte. Diese Bestimmung wurde dann ohne wesentliche Änderung in das entsprechende Gesetz für die dritte Übergangsperiode übernommen. Art. 1 Abs. 2 dieses Gesetzes lautet:

„Entro il 31 dicembre di ogni anno il Governo presenterà al Parlamento una relazione sulla Comunità economica europea e sulla Comunità europea dell'energia atomica, anche in relazione alla presente delega."

Ein derartiger Bericht ist bereits mehrfach erstattet worden[39]. Eine Aussprache dazu hat allerdings weder im Plenum noch in den Ausschüssen des Parlaments stattgefunden. Da die Geltungsdauer des oben zitierten Gesetzes auf die Zeit der dritten Übergangsperiode beschränkt war, besteht seit dem 1. Januar 1970 de iure keine Pflicht der Regierung, auch weiterhin den Bericht zu erstatten. In einer vergleichbaren Situation, nach Ablauf der zweiten Übergangsperiode und vor Inkrafttreten des Gesetzes für die dritte Übergangsperiode am 6. November 1969, hat die Regierung jedoch, ohne besonders dazu aufgefordert zu sein, diesen Bericht erstattet[40]. Es ist anzunehmen, daß sie daß auch jetzt weiterhin tun wird. Eine Gesetzesinitiative des Senators Battaglia und anderer vom 14. November 1967, die die Berichtspflicht endgültig institutionalisieren wollten, ist während der vierten Legislaturperiode nicht über das Stadium der Kommissionsberatungen im Senat hinaus gediehen[41].

Eine in ihrer Art in den Mitgliedstaaten einmalige Beschäftigung mit Gemeinschaftsrechtsakten entsteht dem italienischen Parlament aus der Tatsache, daß zu zahlreichen Gemeinschaftsakten, und zwar auch zu Gemeinschaftsverordnungen eine Parallelgesetzgebung stattfindet, „um die Ausführung des Gemeinschaftsrechts sicherzustellen"[42]. Die Technik

---

[39] Relazione sulla Comunità economica europea (C.E.E.) e sulla Comunità europea dell'energia atomica (C.E.E.A.) ai sense della legge 13 luglio 1965 no 871 (art. 2), Camera dei Deputati, Doc. XIX no. 2, 31 dicembre 1966; Doc. 1903, 8 gennaio 1968.

[40] Vgl. den oben zitierten Bericht v. 8. Januar 1968, der in seinem Titel noch ausdrücklich auf Art. 2 des Gesetzes vom 13. Juli 1965 n° 871 Bezug nimmt.

[41] Vgl. Camera dei Deputati, Repertorio dei lavori legislativi e parlementari dal 29 aprile 1963 al 19 maggio 1968, S. 512: „Relazione generale del Governo al Parlamento sullo stato dell'integrazione europea."

[42] Vgl. Art. 1 des Gesetzes vom 13. Oktober 1969, Nr. 740 (der Wortlaut entspricht im wesentlichen dem des Gesetzes für die zweite Übergangsperiode, vgl. das Gesetz v. 13. Juli 1965 Nr. 871): „Il Governo è autorizzato per tutta la durata della terza tappa del periodo transitorio definito dall'articolo 8 del trattato istitutivo della Comunità economica europea, che ha avuto inizio il 1° gennaio 1966, e communque non oltre il 31 dicembre 1969, ad emanare, con decreti aventi forza di legge ordinaria e secondo i principi direttivi contenuti nei trattati istitutivi della Comunità economica europea e della Comunità europea dell'energia atomica, le norme necessarie:

a) per dare esecuzione alle misure previste:

1. dagli articoli 11, 14, 23, 24, 25, 26, 27, 28, 33, 37, 38, 39, 40, 41, 42, 43, 44, 45, 48, 49, 50, 51, 52, 54, 56, 57, 58, 59, 60, 61, 63, 64, 65, 66, 67, 68, 69, 70, 71,

dieser Durchführungsgesetzgebung ist recht vielfältig. In der Masse erläßt die Regierung entweder auf Grund der oben zitierten Delegationsgesetze oder auf Grund der Ausnahmevorschrift für dringende Fälle nach Art. 77 der italienischen Verfassung Verordnungen mit Gesetzesrang[43]. Diese Verordnungen müssen dann spätestens 60 Tage nach Erlaß vom Parlament in Gesetze umgewandelt worden sein; sonst verlieren sie ihre Gültigkeit[44]. Daneben erläßt in Einzelfällen auch das Parlament selbst direkt die Durchführungsgesetze[45].

Da in fast allen diesen Fällen bereits unmittelbar anwendbare Gemeinschaftsvorschriften noch einmal in den nationalen Rechtsakten reproduziert wurden, ist diese Praxis von den Gemeinschaftsorganen stets mit Argwohn beobachtet worden. Die italienische Regierung hat jedoch immer wieder betont, daß ihre Maßnahmen in keiner Weise den Vorrang des Gemeinschaftsrechts in Frage stellen sollten, sondern im Gegenteil nur die wirksame Ausführung der Gemeinschaftsverordnungen im nationalen Rahmen sichern und erleichtern sollten, wie es dann im Art. 1 Abs. 1 b) des Gesetzes vom 13. Oktober 1969 Nr. 740 ausdrücklich festgestellt worden ist[46]. Gleichwohl wird man feststellen müssen,

---

73, 75, 78, 79, 80, 81, 84, 85, 86, 87, 88, 89, 91, 92, 93, 94, 95, 96, 97, 98, 100, 101, 102, 115, 117, 118 119 e 120 del trattato istitutivo della Comunità economica europea e dal protocollo relativo al commercio interno tedesco;
2. dai capi III, VI e IX del titolo secondo del trattato istitutivo della Comunità europea dell'energia atomica;

b) per assicurare conformemente all'articolo 5 del trattato istitutivo della Comunità economica europea e all' articolo 192 del trattato istitutivo della Comunità europea dell'energia atomica, l'esecuzione degli obblighi derivanti dai regolamenti gia operanti nell'ordinamento dello Stato a norma dell'articolo 189 del trattato istitutivo della Comunità economica europea, dalle direttive e dalle decisioni emesse dagli organi della Comunità economica europea e della Comunità europea dell'energia atomica, con la decorrenza ciascuno di essi stabilita;

c) per stabilire le sanzioni amministrative e le pene per le infrazione alle norme di cui alla lettera b), nei limiti dell'ammenda fino a lire 2 milioni e dell'arresto fino ad un anno, applicabili congiuntamente o alternativamente."

[43] Letzteres ist in Anbetracht der sehr kurzen Geltungsdauer der Delegationsgesetze der Regelfall. Vgl. decreto-legge v. 17. 3. 1967 n° 80, umgewandelt in Gesetz durch das Gesetz vom 13. 5. 1967 n° 267, Supplemento ordinario alla Gazz. Uff. v. 16. 5. 1967, S. 2 ff., zur Ausführung der Verordnung (EWG) Nr. 159/66; decreto-legge vom 19. 12. 1969 n° 947, Gazz. Uff. v. 20. 12. 1969, S. 7769 ff., umgewandelt durch das Gesetz v. 11. 2. 1970 Nr. 23, Gazz. Uff. v. 16. 2. 1970, S. 924 ff., zur Ausführung der Verordnungen (EWG) Nr. 1009/67, 234/68, 804/68, 805/68, 827/68, 865/68 und 1059/69.

[44] Vgl. dazu allgemein *Bozzi*, Istituzioni di diritto publico, S. 228 ff.; *Pergolesi*, Diritto costituzionale, Bd. 1, S. 310 ff.

[45] z. B. Ges. v. 13. 1. 1960 n° 5, Gazz. Uff. v. 2. 2. 1960, S. 347 ff. zur Anwendung der VO (EWG) Nr. 3 v. 25. 9. 1958 betr. die soziale Sicherheit der Wanderarbeitnehmer.

[46] Vgl. oben Fußn. 42.

daß diese Praxis mit dazu beigetragen hat, daß der Corte Costituzionale auch für das Verhältnis von nationalem und Gemeinschaftsrecht den Grundsatz der lex posterior für anwendbar erklärt hat[47], und daß in der italienischen Literatur der Grundsatz des Vorrangs des Gemeinschaftsrechts auch in neuerer Zeit immer wieder in Frage gestellt wird[48].

Im gegenwärtigen Zusammenhang braucht auf die Zulässigkeit des Verfahrens jedoch nicht näher eingegangen zu werden. Diese besondere Technik zum Erlaß von nationalen Ausführungsregeln wurde nur deshalb erwähnt, weil sie zeigt, daß das italienische Parlament auch auf zahlreichen Gebieten, die heute der Gemeinschaftskompetenz unterliegen, legislativ tätig wird und so ständig mit den Problemen der europäischen Integration und den Lösungsvorschlägen der Regierung befaßt ist. Nicht zuletzt diesem Umstand ist es wohl zu verdanken, daß die Fragen der europäischen Integration im Vergleich mit der französischen, belgischen oder luxemburgischen Praxis einen verhältnismäßig hohen Anteil in den parlamentarischen Debatten ausmachen[49].

Im normalen Geschäftsgang des italienischen Parlaments sind es wiederum vor allem die Debatten zum Budget und zu entsprechenden Regierungserklärungen, die sich schwerpunktmäßig mit europäischen Fragen befassen[50]. Daneben kann es aus Anlaß verschiedener Interpellationen, Motionen und Fragen, die dasselbe Problem berühren, zu ausgedehnten Diskussionen kommen, die das Ausmaß echter Europa-Debatten annehmen können[51]. Schließlich gaben auch die Delegationsgesetze jeweils Anlaß zur eingehenderen Behandlung aktueller Fragen der europäischen Integration[52].

Regen Gebrauch macht das italienische Parlament von seinem Recht, Entschließungen an die Adresse der Regierung zu richten. Wie der Bundestag beziehungsweise der Bundesrat, fordert es darin die Regie-

---

[47] Vgl. das Urteil v. 4. 3. 1964 Nr. 14.

[48] Vgl. insbesondere: *Bernardini,* in: RivDirInt 1969, S. 243 und *Quadri,* Diskussionsbeitrag auf dem Kolloquium „L'apport du droit communautaire au développement du droit“ in Brüssel am 22. Mai 1970 aus Anlaß des Fünfjahrestages der „Cahiers de droit européen“.

[49] Vgl. dazu Camera dei Deputati, Repertorio dei lavori legislativi e parlamentari, IV legislatura dal 29 aprile 1963 al 19 maggio 1968, Stichwort „Comunità Europee“, S. 505—522.

[50] z. B. Senato della Reppubblica, 10. Juli 1962, S. 26757 ff., 11. Juli 1962, S. 26830 ff.

[51] Vgl. z. B. die Debatte über die EWG-Agrarpolitik aus Anlaß mehrerer Motionen, Interpellationen und Fragen. Camera dei Deputati v. 17. 6. 1966, S. 24 002 ff.

[52] z. B. zum Gesetz vom 13. 7. 1965 Nr. 872: Camera dei Deputati, 30. 6. 1965, S. 16 525—16 543; 1. 7. 1965, S. 16 558—16 569.

rung zu einem konkreten Verhalten im Rat der Europäischen Gemeinschaften auf[53]. Ob das Parlament dann allerdings auch im weiteren Verlauf über die Beachtung dieser Entschließungen durch die Regierung wacht, muß bezweifelt werden. Die zahlreichen Fragen und Interpellationen mit europäischem Bezug haben in der Regel mehr informatorischen Charakter[54]. Fragen zur Effektuierung der Regierungsverantwortlichkeit bleiben die Ausnahme.

Schließlich muß noch auf die regelmäßigen Besuche der zuständigen Minister, meist des Landwirtschafts- oder des Außenministers, in den diesbezüglichen Parlamentsausschüssen hingewiesen werden. In den Ausschußsitzungen berichtet der Minister zunächst über jeweils aktuelle Probleme[55] seines Ressorts, um dann anschließend an den meist recht ausführlichen Diskussionen teilzunehmen.

Zur generellen institutionellen Struktur in Italien sei noch angemerkt, daß auch das italienische Zweikammer-System nicht mit dem deutschen vergleichbar ist. Der italienische Senat wird mit Ausnahme einer kleinen Zahl von Abgeordneten ebenso wie die Kammer, wenn auch in regionalem Rahmen, unmittelbar gewählt[56]. Seine Aufgaben sind auf die einer echten zweiten Kammer beschränkt[57]. Die autonomen Regionen verfügen andererseits über kein institutionelles Mittel, ihre Auffassung zu bestimmten, sie betreffenden Gemeinschaftsakten gegenüber der Regierung zum Ausdruck zu bringen[58]. Die Regierung ist weder verpflichtet, Rechtsakte, die die Regionen betreffen, diesen vorher vorzulegen oder die Regionen auch nur von dem Vorhaben zu unterrichten, noch braucht sie den von den Regionen dazu geäußerten Wünschen in irgendeiner Weise Rechnung zu tragen.

---

[53] Vgl. z. B.: Camera dei Deputati 26. 5. 1966, S. 23 656; 27. 5. 1966, S. 23 695; 31. 5. 1966, S. 23 836.

[54] z. B. Camera dei Deputati, 13. 5. 1966, S. 23 143; 15. 11. 1966, S. 27 983.

[55] Vgl. Repertorio (s. Fußn. 49), S. 511:

— Landwirtschaftsausschuß des Senats: Bericht des Landwirtschaftsministers über die gemeinschaftliche Landwirtschaftspolitik der EWG am 4. 2. 1965.

—Vereinigter Landwirtschafts- und Außenausschuß des Senats: Mitteilung des Außen- und des Landwirtschaftsministers über die gegenwärtige Krise der Gemeinschaft, 14. 7. 1965.

— Landwirtschaftsausschuß der Camera dei Deputati: Mitteilung des Landwirtschaftsministers über das Inkrafttreten der Gemeinschaftsverordnung 44/67 (Gemeinsame Marktorganisation für Zucker).

[56] Vgl. Art. 57 der italienischen Verfassung.

[57] Vgl. dazu *Bozzi*, Istitutioni di Diritto publico, S. 85 ff.; *Pergolesi*, Diritto costituzionale, S. 479.

[58] Zu den Regionen: *Bozzi*, S. 286 ff.; *Scotto*, Manuale di diritto amministrativo e costituzionale, S. 105 ff.

IV. Luxemburg

Das luxemburgische Ratifikationsgesetz[59] kennt keine besondere Berichts- oder Informationspflicht der Regierung gegenüber dem Parlament. Ebensowenig gibt es irgendwelche besonderen institutionalisierten Kontakte zwischen Regierung und Parlament hinsichtlich der Tätigkeit des luxemburgischen Mitglieds im Rat der Europäischen Gemeinschaften.

Debatten zu europäischen Problemen finden in der Deputiertenkammer nur aus Anlaß der Budget-Debatten[60] oder von Regierungserklärungen zu entsprechenden Themen[61] statt. Da die Deputierten ohnehin nur sehr sparsam von ihrem Fragerecht Gebrauch machen[62], ist die Zahl der Fragen zu Problemen der europäischen Integration sehr klein[63]. Insgesamt muß man feststellen, daß sich die Deputiertenkammer nur ausnahmsweise mit solchen Problemen beschäftigt. Insbesondere setzt sie sich praktisch nicht kritisch mit dem Verhalten des luxemburgischen Ratsmitgliedes auseinander.

Ein Vorfall aus dem Jahre 1961 soll hier noch erwähnt werden, weil er das Verhältnis Regierung—Parlament in einer ganz besonderen Weise beleuchtet[64]: Am 20. Oktober 1961 hatte das Europäische Parlament einstimmig eine Resolution an die Adresse des Ministerrats gerichtet, in der es die Fusion der Exekutiven begrüßte. Der luxemburgische Außenminister forderte daraufhin in einem Brief an den Präsidenten der Deputiertenkammer die luxemburgischen Abgeordneten auf, ihr Verhalten zu rechtfertigen: „... je serais vivement intéressé de connaître les motifs qui ont amené les représentants luxembourgeois dans l'Assemblée à approuver, sans réserve aucune, une résolution qui exige formellement la réalisation de la fusion des exécutifs. Je vous saurais gré de bien vouloir poser cette question aux honorables membres que la

---

[59] Loi du 30 novembre 1957 portant approbation du Traité instituant la Communauté Economique Européenne, de ses Annexes, Protocoles et Conventions additionnels signés à Rome le 25 mars 1957 et à Bruxelles le 17 avril 1957, in: Mémorial du Grand-Duché de Luxembourg, le 3 décembre 1957, nº 69, p. 1415.

[60] z. B. Compte-rendu des séances de la Chambre des Députés, S.O. 1967—1968 I, 5. 12. 1967, Sp. 1248.

[61] Compte-rendu des séances de la Chambre des Députés, S.O. 1966—1967 I, 7. 6. 1967, Sp. 2578 f. (Regierungserklärung über die Gipfelkonferenz vom 30. 5. 1967 in Rom), Sp. 2580—2589 (Debatte). Regierungserklärungen in bezug auf europäische Fragen sind jedoch außerordentlich selten, die darauf folgenden Debatten sehr kurz.

[62] So wurden in den Sitzungsperioden 1967—1968 nur 91 und 1966—1967 nur 71 Fragen gestellt.

[63] z. B. 1967—1968 3 Fragen, 1966—1967 2 Fragen, 1965—1966 keine Frage mit Bezug auf die Europäischen Gemeinschaften.

[64] Vgl. dazu ausführlicher: *Houben*, Conseils de ministres, S. 187 ff.

Chambre a délégués dans l'Assemblée parlementaire europénne[65]." Ein Abgeordneter entschuldigte sich daraufhin mit seiner Abwesenheit bei der betreffenden Abstimmung, während ein anderer es strikt ablehnte, sich deswegen zu rechtfertigen. Der Vorfall ist insofern bedeutsam, als er zeigt, wieweit die Regierung eines Mitgliedstaates es für selbstverständlich hält, daß die Parlamentarier in der Europäischen Versammlung die nationalen den supranationalen Interessen überzuordnen haben.

V. Niederlande

Art. 5 des niederländischen Ratifikationsgesetzes zum EWG-Vertrag[66] lautet:

„Wij dragen zorg, dat jaarlijks aan de Staten-Generaal een verslag wordt aangeboden omtrent de uitwerkking en de toepassing van het in artikel 1 bedoelde verdrag en de in artikel 4 bedoelde overeenkomst, uit welk verslag in het bijzonder blijkt, in hoeverre de instellingen der Gemeenschap en de Lid-Staten, alezede Onze Ministers, recht doen wedervaren aan de noodzaak van een vortgaande uitbreiding van de werkgelegenheid in Nederland, voortvloeiende uit de bevolkingsdichtheit en de sterke bevolkingsgroei."

Die niederländische Regierung ist dieser Verpflichtung bisher regelmäßig nachgekommen[67]. Jeder dieser Berichte ist recht ausführlich und detailliert. Er entspricht in seinem Inhalt in etwa den deutschen Integrationsberichten. Die Berichte werden in einer ausgedehnten öffentlichen Sitzung des Ausschusses für auswärtige Angelegenheiten diskutiert[68], bei der die verantwortlichen Minister und Staatssekretäre und ein Großteil der Abgeordneten der Generalstände anwesend sind[69]. In der Regel werden im Verlauf dieser Sitzung eine oder mehrere Ent-

---

[65] Vgl. Compte-rendu des séances de la Chambre des Députés S.O. 1960—1961 I, 13. 7. 1961, Sp. 2834.

[66] Wet van 5 december 1957 houdende goedkeuring van het Verdrag tot oprichting van de Europese Economische Gemeenschap, met Bijlagen, Protokollen en Overankomst, Staatsblad van het Koninkrijk der Nederlanden 1957 Nr. 493, S. 1029. Das Ratifikationsgesetz zum Euratomvertrag enthält in § 4 im wesentlichen dieselbe Regelung.

[67] Verslag betreffende de uitwerking en toepassing van het Verdrag tot oprichting van de Europese Economische Gemeenschap en van het Verdrag tot oprichting van de Europese Gemeenschap voor Atoomenergie over de periode 1 jan. 1958—1 aug. 1959, Bijl. Hand. II 1959/1960 Nr. 5710; der Bericht erschien im folgenden nur noch einmal als 1½-Jahres-Bericht, von 1961 an wurde er regelmäßig als Jahresbericht erstattet.

[68] Vgl. z. B. Openbare Commissionsvergaderingen Vaste Commissie voor Buitenlandse Zaken, 1. Vergadering 7./8. Juni 1967, S. C 3 ff.; ausführlicher hierzu: *Niblock*, The EEC: National Parliaments in Community Decision-making, S. 27 ff.

[69] Bei der oben zitierten Kommissionssitzung zum Bericht 1966 waren z. B. 70 Abgeordnete anwesend, die nicht Mitglieder des Ausschusses waren.

schließungen eingebracht, über die dann in einer der nachfolgenden Sitzungen der zweiten Kammer nach kurzer Debatte abgestimmt wird[70].

Fragen der europäischen Integration werden darüber hinaus in den Debatten zu Regierungserklärungen[71] und vor allem in den Budget-Debatten zur Sprache gebracht. Bei letzteren sind es naturgemäß primär die Budgets des Außen-, des Wirtschafts- und Landwirtschaftsministers, die Anlaß zu ausführlicheren Diskussionen europäischer Probleme geben[72]. Aber auch im Rahmen der allgemeinen Diskussion und der Erörterungen des Budgets des stellvertretenden Ministerpräsidenten, des Finanzministers und des Sozial- und Gesundheitsministers, werden diese Fragen ausführlich erörtert[73]. Erwähnt sei hier schließlich noch das Jahrbuch des Außenministeriums[74], das regelmäßig dem Parlament zugeleitet wird und in dem regelmäßig ein Abschnitt der Entwicklung der Europäischen Gemeinschaften gewidmet ist.

Verhältnismäßig regen Gebrauch macht das niederländische Parlament von seinem Fragerecht[75]. Probleme der europäischen Integration spielen hier eine sehr viel größere Rolle als etwa in Belgien oder Frankreich. Etwa 50 % aller diesbezüglichen Fragen werden von Mitgliedern des Europäischen Parlaments gestellt[76]. Dabei kommt es vor, daß die Fragen an die niederländische Regierung mit den an den Rat der Gemeinschaften gerichteten Fragen identisch sind[77]. Nicht selten wird nach dem Standpunkt der Regierung zu konkreten zur Verhandlung im Ministerrat anstehenden Problemen oder nach dem Verhalten des

[70] Vgl. aaO (Fußn. 68) S.C 23 und C 69; Hand. II v. 16. Juni 1965 S. 1491. Das niederländische Parlament bedient sich im übrigen des Mittels einer Entschließung, um seinen Willen zu wesentlichen Fragen der europäischen Integration zum Ausdruck zu bringen. Vgl. Parlement en Kiezer 1968/69, S. 314 f.

[71] z. B. „Verklaring van de Minister van Buitenlandse Zaken over de jongste ontwikkeling ten aanzien van de aanvrage van het Verenigd Koninkrijk en andere Landen voor het lidmaatschap van de Europese Gemeenschappen", Hand. II, 21. Dezember 1967, S. 893 ff. (Regierungserklärung), S. 909 ff. (Debatte).

[72] Vgl. für das Budget 1968: Parlement en Kiezer 1968/69 S. 350—352 (Außenminister), S. 397/98 (Wirtschaftsminister), S. 406—407 (Landwirtschaftsminister).

[73] Vgl. Parlement en Kiezer 1968/69, S. 340 (Allgemeine Politik), S. 348 (stellvertretender Ministerpräsident), S. 376 (Finanzminister) und S. 413 (Sozial- und Gesundheitsminister).

[74] z. B. Jaarboek van het Ministerie van Buitenlandse Zaken 1967—1968, S'Gravenhage 1968.

[75] Vgl. Parlement en Kiezer 1968/69, S. 447—449.

[76] Von den 47 im Jahre 1968 gestellten Fragen mit Bezug auf die Europäischen Gemeinschaften waren 23 von Abgeordneten des Europäischen Parlaments gestellt, davon 9 allein von dem Abgeordneten *Vredeling*.

[77] *Houben*, Conseils de ministres, S. 189 (mit Beispielen in Fußn. 158).

niederländischen Ratsmitglieds gefragt[78]. Die Regierung beantwortet diese Fragen regelmäßig, vermeidet es jedoch, auf das Verhalten der nichtniederländischen Ratsmitglieder einzugehen[79]. Diese Praxis wurde bereits in den Ratifizierungsdebatten zum EGKS-Vertrag angesprochen[80]. Weder die Regierung noch das Parlament haben jemals Zweifel darüber geäußert, daß die Regierung auf Fragen des Parlaments nach dem Verhalten des niederländischen Ratsmitgliedes zur Antwort verpflichtet ist[81].

Von den beiden Kammern der Generalstände beschäftigt sich vor allem die zweite Kammer mit Fragen der Integration[82]. Obwohl die erste Kammer von den Provinzialständen gewählt wird, vermochte sie bisher kein föderales Eigengewicht zu entfalten. Sie wird vielmehr vielfach als „Doppelgänger"[83] der zweiten Kammer empfunden[84]. Der Grund dafür liegt im wesentlichen darin, daß die Provinzialstände zunehmend als Wahlkollegium der ersten Kammer gewählt werden, die Wahlen zu den Provinzialständen aber demselben Wahlmodus wie die Wahlen zur zweiten Kammer unterliegen[85]. Trotz ihrer grundsätzlich föderalen Struktur kann daher auch die erste Kammer der niederländischen Generalstaaten kaum mit dem Bundesrat, ihre Aktivitäten etwa mit den Entschließungen des Bundesrates zu Fragen der europäischen Integration verglichen werden.

VI. Schlußbemerkungen

Die vorangehenden Länderberichte haben gezeigt, daß keiner der übrigen Mitgliedstaaten der Gemeinschaften ein dem Art. 2 Zustim-

---

78 z. B. Hand. II, 1967—1968 Aanhangsel, S. 233 Frage (Vredeling) über den Standpunkt der Regierung zum Zusammenhang zwischen der Fusion der Gemeinschaften und dem Beitritt von Drittländern.
Hand. II, 1967—1968 Aanhangsel, S. 937 Frage (Vredeling) über den niederländischen Standpunkt zum Kommissionsvorschlag über eine weitergehende Harmonisierung der Steuersysteme in den Mitgliedstaaten.

79 Vgl. dazu die Antwort der Regierung auf eine Frage der Abgeordneten *Van Dijk* und *Janssen* in Hand. II, 1961—1962 Aanhangsel, S. 123.

80 Hand. II, 31. Oktober 1951, S. 203.

81 *Houben*, Conseils de ministres, S. 189.

82 Wie umfangreich die Aktivitäten der zweiten Kammer in diesem Zusammenhang sind, geht klar aus dem „Register op de Handlingen der Staten-Generaal" hervor. Vgl. z. B. Register 1964—1965 Stichwort „Europese Samenwerking", S. 97—108.

83 *Geismann*, Politische Struktur und Regierungssystem in den Niederlanden, S. 40; *van Raalte*, The Parliament of the Kingdom of the Netherlands, S. 59: "Hardly more than a copy of the Second Chamber."

84 Zur Kritik am niederländischen Zweikammersystem vgl. *van Raalte*, S. 58 ff.; *van der Pot-Donner*, Handboek van het Nederlandse Staatsrecht, S. 274.

85 *Geismann*, S. 40.

mungsgesetz vergleichbares Verfahren kennt. Belgien, Frankreich, Italien und die Niederlande haben zwar Bestimmungen, die die Regierung zur Erstattung von jährlichen Integrationsberichten verpflichten, und bis auf die französische Regierung erstattet auch jede Regierung den Bericht; wie aber bereits oben für den entsprechenden deutschen Integrationsbericht nachgewiesen wurde, handelt es sich dabei nicht um Berichte im Sinne des Art. 2 Zustimmungsgesetz.

In besonderer Weise wurde in Belgien und Italien der europäischen Integration Rechnung getragen. In Belgien durch die Einrichtung des Ausschusses für europäische Angelegenheiten und in Italien durch die eigenartige Parallelgesetzgebung zu den Gemeinschaftsrechtsakten einschließlich der Verordnungen.

Die Einrichtung des „Europa-Ausschusses" hat zu einer nicht unerheblichen Effektivitätssteigerung bei der Regierungskontrolle hinsichtlich der Tätigkeit in den Europäischen Gemeinschaften geführt. Einen besonderen Weg, auf die nationale Willensbildung zu Gemeinschaftsakten ständig Einfluß zu nehmen, hat sie dagegen nicht eröffnet. Dagegen kann nicht verkannt werden, daß die Ausschußberatungen den Mitgliedern die Möglichkeit geben, ihren Einfluß auf die zuständigen Minister und Beamten schon auf Grund der Vertraulichkeit der Sitzungen in hervorragender Weise geltend zu machen.

Die italienische Parallelgesetzgebung gibt den Abgeordneten zwar nicht mehr die Möglichkeit, auf die Gemeinschaftsakte selbst Einfluß zu nehmen, sie hat jedoch für das Parlament einen recht hohen Informationsgehalt. Allein dieser Informationscharakter vermag allerdings die grundsätzlichen Bedenken hinsichtlich ihrer gemeinschaftsrechtlichen Zulässigkeit nicht zu beseitigen.

Am spärlichsten sind die Kontakte zwischen Regierung und Parlament hinsichtlich der Gemeinschaftsrechtsakte in Frankreich und in Luxemburg. In Frankreich liegt der Grund in der neuen Verfassung vom 4. Oktober 1958, die es dem Parlament de facto unmöglich macht, auf die Regierungspolitik in irgendeiner Weise Einfluß zu nehmen. Am intensivsten scheinen die Kontakte in Italien und den Niederlanden zu sein.

Generell spielt die europäische Integration in allen Parlamenten eine größere Rolle als während der ersten und zweiten Übergangsperiode[86]. Die institutionellen Wege sind mittlerweile gefestigt und die unmittelbare Bedeutung der Gemeinschaftsrechtssetzung für die nationale Wirtschaft ist in zunehmendem Maße den Abgeordneten ins Bewußtsein gedrungen. Das hat in einzelnen Parlamenten dazu ge-

---

[86] Vgl. dazu die Ausführungen von *Houben*, Conseils de ministres, S. 177 ff.

führt, daß man die traditionellen Mittel zur Regierungskontrolle auch für den supranationalen Bereich aktivierte und, wie in den niederländischen General-Staaten, mit den im supranationalen Bereich offenstehenden Möglichkeiten kombinierte.

Initiatoren der europäischen Aktivitäten der Parlamente sind in aller Regel diejenigen Abgeordneten, die zugleich dem europäischen Parlament angehören. Ihr „europäischer Sachverstand" privilegiert sie von vornherein gegenüber ihren nationalen Kollegen bei der kritischen Würdigung supranationaler Sachverhalte[87].

Die Untersuchung zum deutschen Zustimmungsgesetz hatte erbracht, daß auch im Willensbildungsprozeß zu den Gemeinschaftsakten der Bundesrat auf Grund seines hohen administrativen Sachverstandes eine häufig effektivere Kontrolle und Einflußnahme ausüben kann als der Bundestag. Diese Situation findet in den übrigen Mitgliedstaaten keine Entsprechung. Die dortigen zweiten Kammern sind auf Grund der ähnlichen Wahlverfahren prinzipiell ähnlich wie die ersten Kammern strukturiert und haben grundsätzlich nicht die Aufgabe, regionale Gedankengänge in die allgemeine Staatswillensbildung einfließen zu lassen. Dementsprechend vermögen sie in aller Regel kein dem Bundesrat vergleichbares Eigengewicht gegenüber ihren Regierungen zu entfalten. Ein besonderer institutionalisierter Weg, um regionale Vorstellungen gegenüber der Staatsleitung zur Geltung zu bringen, existiert in keinem der Mitgliedstaaten. Ebensowenig wird durch die zweiten Kammern ein erhöhter Beitrag zur Regierungskontrolle geleistet.

---

[87] Dazu siehe unten 8. Kap. Fußn. 17.

Achtes Kapitel

Abschließende Würdigung

I. Bedeutung und Schwächen des gegenwärtigen Verfahrens

Mit der Aufnahme des Art. 2 in das Zustimmungsgesetz wurde in der Bundesrepublik Deutschland ein Unterrichtungsverfahren mit konsultativem Charakter begründet, das sich durch eine hohe Affinität zur gegenwärtigen Verfassungsstruktur der Gemeinschaften auszeichnet. Die laufende Unterrichtung über die Entwicklungen im Rat der Europäischen Gemeinschaften gibt Bundestag und Bundesrat diejenigen Informationen an die Hand, die die notwendigen Grundlagen für eine effektive parlamentarische Kontrolle der Regierungstätigkeit im supranationalen Bereich bilden. Darüber hinaus bietet das im Rahmen des Art. 2 S. 2 Zustimmungsgesetz entwickelte Verfahren den gesetzgebenden Körperschaften die Gewähr, auf die innerdeutsche Willensbildung zu dem größten Teil der Rechtsakte des Rates Einfluß nehmen zu können. Damit erweist sich das Unterrichtungsverfahren als eine dem gegenwärtigen Stand der funktionellen Integration adäquate Technik mittelbarer Konsentierung und Kontrolle öffentlicher Gemeinschaftsgewalt[1].

Die Frage nach der demokratischen Legitimation in den Gemeinschaften läßt sich zur Zeit noch nicht durch eine Übertragung der im nationalstaatlichen Bereich entwickelten und wirksamen Mechanismen lösen. Ob darin eine Lösung für die weitere Zukunft liegt, wird angesichts der starken Eigengesetzlichkeit supranationaler Willensbildung bezweifelt[2]. Unter der gegenwärtigen Verfassung der Gemeinschaften ist die Lösung jedenfalls auf die Ebene der Nationalstaaten verwiesen

---

1 Es heißt die gegenwärtige Konsensstruktur der Gemeinschaften verkennen, wenn man in den dezidierten Äußerungen eines nationalen Parlaments zu Gemeinschaftsakten nur eine „mehr oder weniger ernsthafte Behinderung der Ratstätigkeit als solcher" sieht. So aber *Sattler*, Funktionelle Integration, S. 103.

2 Dagegen vor allem *Ipsen*, Fusionsverfassung, S. 47; *Badura*, VVDStRL H. 23, S. 73 ff., möchte sogar aus der nationalstaatlichen Verfassung Grenzen für die „Demokratisierung" der Gemeinschaften in Form von direkten Wahlen der Versammlung oder der Übertragung von Rechtsetzungsbefugnissen und des Budgetrechts auf das Parlament herleiten.

worden. Dabei bringt die institutionelle Verflechtung von nationalen Organen und Gemeinschaftsorganen die im nationalen Bereich konzipierten Mitwirkungs- und Kontrollakte auf Gemeinschaftsebene zur Wirkung. Es kann allerdings nicht übersehen werden, daß der solchermaßen in den Verträgen verfaßten „Technik der Mittelbarkeit“[3] die Tiefengründung primärer Legitimation durch demokratischen Konsens fehlt. Ob diese jemals auf Gemeinschaftsebene erreicht werden wird, kann hier dahingestellt bleiben. Die gegenwärtige politische Lage und die Situation des Parlamentarismus in den Mitgliedstaaten geben kaum Anlaß, mit einem Wandel in absehbarer Zukunft zu rechnen[4]. Um so größere Aufmerksamkeit sollte daher dem gegenwärtigen Standard und dem Ausbau mittelbarer demokratischer Kontroll- und Konsenselemente gewidmet werden. Die Entwicklung derartiger Mechanismen hätte allerdings auf der Ebene der Mitgliedstaaten stattzufinden; sie deshalb jedoch als integrationshindernd zu bezeichnen, hieße die Wirkungsweise notwendiger Interdependenzen zwischen Gemeinschaften und Mitgliedstaaten verkennen.

Projekte zur Begründung primärer Legitimationen müssen dagegen zunächst in ihrer Ambivalenz erkannt werden; denn die Begründung primärer Legitimation führt in der gegenwärtigen Verfassungssituation nicht notwendig zu einer Stärkung des demokratischen Standards der Gemeinschaften, da sie zugleich einen Abbau mittelbarer Kontrolle und mittelbaren Konsenses mit sich bringen können[5].

Ansätze zu einer Intensivierung mittelbarer Kontrollelemente finden sich in fast allen Mitgliedstaaten. In der Bundesrepublik Deutschland haben sie ihren Ausdruck in dem Verfahren nach Art. 2 Zustimmungsgesetz gefunden.

---

[3] *Ipsen*, Fusionsverfassung, S. 58; *Badura*, VVDStRL H. 23, S. 73, umschreibt den Tatbestand als „nationale, institutionelle Rückbindung der europäischen Gewalt“.

[4] Zu dieser Frage sind die Ansichten freilich sehr geteilt. Vgl. einerseits: *Legrand-Lane-Bubba*, RMC 1970, S. 232: „Depuis 1969 le problème de l'élection directe appartient au domaine du possible, voire du probable“ und andererseits *Neunreither*, Parlement Européen et Parlements nationaux, S. 72: „... les revendications concernant l'élargissement des pouvoirs et l'élection du parlement au suffrage direct ... qui ne seront guère d'actualité pendant les prochaines années ...“

[5] Das gilt insbesondere dann, wenn sie eine vollständige oder partielle institutionelle „Entflechtung“ von Gemeinschaften und Mitgliedstaaten bewirken. Zu Recht wurde daher z. B. bei der großen Mehrzahl von Projekten für allgemeine und direkte Wahlen zum Europäischen Parlament stets darauf geachtet, daß zumindest ein Drittel der Abgeordneten zugleich den nationalen Parlamenten angehörte. Vgl. dazu den Bericht des Abg. Maurice *Faure*, in: Für allgemeine, direkte Wahlen zum Europäischen Parlament, S. 47 ff. und die Gesetzentwürfe in Belgien: ebenda, S. 296 (§ 5), Deutschland, ebenda, S. 299 (§§ 2, 13) und Italien, ebenda, S. 319 (§ 6). Allein in Italien hatte ein (früherer) Gesetzentwurf v. 29. 9. 1964 in seinem § 3

Dieses in dreizehnjähriger Praxis von Bundestag und Bundesrat entwickelte Verfahren hat sich grundsätzlich bewährt[6]. Gleichwohl haben sich im Laufe der vorliegenden Untersuchung Schwächen herausgestellt, die teils systemimmanent und teils in der spezifischen Ausgestaltung des praktizierten Verfahrens begründet sind.

Dem System der Gemeinschaftsverfassung immanent — und damit einem Zugriff der deutschen gesetzgebenden Körperschaften weitgehend entzogen — sind vor allem die Unverbindlichkeit und die mangelnde Durchsetzbarkeit der in den Entschließungen zu den Gemeinschaftsakten geäußerten Forderungen von Bundestag und Bundesrat. In ihnen zeigen sich die Grenzen mittelbarer demokratischer Legitimation und Kontrolle am deutlichsten[7].

Durch die Formulierung des Art. 2 Zustimmungsgesetz bewirkt und nicht von den Gemeinschaftsverträgen vorgegeben ist die Beschränkung der Unterrichtung auf die Entwicklungen im Rat. Der gesamte Bereich der Kommissionsarbeiten wird von der Vorschrift nicht erfaßt. Soweit es sich dabei um eigene legislative Tätigkeit handelt, liegt delegierte Rechtsetzung vor, für die sich die Frage nach der demokratischen Legitimation nicht unmittelbar stellt, die solcher Legitimation auf Grund der Eigenart des Entscheidungsvorgangs als eines reinen Subsumtionsprozesses möglicherweise auch gar nicht zugänglich ist und ihrer nicht bedarf[8]. Zudem würde die Fülle von Rechtsakten von untergeordneter politischer Bedeutung das Unterrichtungsverfahren unnötig belasten.

Soweit es sich dagegen um die Vorbereitung der Kommissionsvorschläge für die in Art. 2 S. 2 Zustimmungsgesetz angesprochenen Gemeinschaftsrechtsakte handelt, kann die Beschränkung auf die Zuleitung des fertigen Kommissionsvorschlags zu einer erheblichen Schwächung des gesamten Informationsverfahrens führen. Das ist einmal dann der Fall, wenn die Zeit zwischen Kommissionsvorschlag und Ratsbeschluß zu kurz ist, um die gesetzgebenden Körperschaften noch recht-

---

die Inkompatibilität von nationalem und europäischem Parlament vorgesehen. Vgl. ebenda, S. 314. — Im übrigen dazu: *Legrand-Lane-Bubba*, RMC 1970, S. 234; *Badura*, VVDStRL H. 23, S. 73, Fußn. 155; *Birke*, European Elections by Direct Suffrage, S. 24 ff.; kritisch dazu: *Neunreither*, Parlement Européen et Parlements nationaux, S. 63.

6 a. A. *Neunreither*, Parlement Européen et Parlements nationaux, S. 67: „... en fin des comptes ces tentatives sont restées vaines." *Neunreither* überbewertet dabei auf der einen Seite die Bedeutung der Fälle, in denen der BT zu spät unterrichtet wurde und bezieht auf der anderen Seite die intensiven Kontakte zwischen Parlament und Regierung im Rahmen der Ausschußberatungen nicht in seine Betrachtungen ein.

7 Dazu vgl. oben 4. Kap. I, 3 b und II, 3 b.

8 So *Ipsen*, Fusionsverfassung, S. 60 ff.; *ders.*, Verfassungsperspektiven, S. 16 ff.

zeitig zu unterrichten. Die Bundesregierung leitet dann nur noch die bereits verabschiedeten Gemeinschaftsakte zu. Bundesrat und Bundestag sehen sich damit vor vollendete Tatsachen gestellt, die einer modifizierten Einflußnahme nicht mehr zugänglich sind[9]. Wenn diese Fälle auch verhältnismäßig selten sind, läßt sich doch nicht leugnen, daß darin eine erhebliche Schwäche des gesamten Verfahrens liegt.

Das gilt aber grundsätzlich auch für die normalen vorbereitenden Arbeiten der Kommission. In der Praxis hat sich nämlich gezeigt, daß die Kommission in den meisten Fällen vom frühesten Zeitpunkt der Entwurfsarbeiten auf den Sachverstand der nationalen Verwaltungen angewiesen ist und sich diesen, sei es in Form von Sachverständigen aus den entsprechenden Fachministerien, oder sei es in der Form von exploratorischen Gesprächen mit den zuständigen nationalen Referenten zugänglich macht[10]. Damit stehen der Regierung de facto vom Zeitpunkt der Aufnahme der Entwurfsarbeiten durch die Kommission an die Informationen über den entsprechenden Gemeinschaftsakt und die mehr oder weniger direkte Einflußnahme darauf offen[11]. Das bedeutet aber zugleich, daß die Willensbildung in der Regierung zu den Gemeinschaftsakten lange vor der offiziellen Zuleitung des Kommissionsentwurfs an den Ministerrat, nämlich bereits mit der Einschaltung ministerialer Sachverständiger auf Kommissionsebene, einsetzt[12]. Leitet die Bundesregierung dann den fertigen Kommissionsvorschlag zu, verfügt sie nicht nur über einen erheblichen Zeit- und Informationsvorsprung gegenüber den gesetzgebenden Körperschaften, vielmehr befindet sich auch ihr Willensbildungsprozeß vielfach bereits in einem Stadium interner Vorklärung, das sich weiterer modifizierender Einflußnahme schwer zugänglich zeigt.

---

[9] Im Bundesrat werden derartige Gemeinschaftsrechtsakte daher in aller Regel nicht einmal mehr auf die Tagesordnung des Ausschusses für Fragen der Europäischen Gemeinschaften gesetzt. Der Ausschußsekretär sendet in diesen Fällen die im Rahmen des § 35 GOBR-Verfahrens übliche Bestätigung an die Bundesregierung.

[10] Vgl. dazu im einzelnen die Darstellung bei *v. Meibom*, Die Mitwirkung der Mitgliedstaaten bei der Rechtsetzung der EWG, S. 149 f. *v. Meibom* weist darauf hin, daß die Kommission auch die in Brüssel akkreditierten Wirtschaftsverbände und Ausschüsse oder Ausschußmitglieder des Europäischen Parlaments zu derartigen Gesprächen mit heranzieht.

[11] Die Sachverständigen sind zwar nicht weisungsgebunden; da es sich bei ihnen jedoch meist um die entsprechenden Fachreferenten der Ministerien handelt, werden sich ihre Beiträge in der Regel im Rahmen der offiziellen Meinung ihres Hauses halten. Die direkte Einflußnahme auf die Kommissionsarbeiten findet dann in den exploratorischen Gesprächen statt.

[12] *v. Meibom* spricht davon, daß sich mit dem Bericht des Fachreferenten, der als Sachverständiger nach Brüssel gebeten worden war, „die ganze Apparatur in Bewegung zu setzen (sc.: beginnt), die in unserer arbeitsteiligen Zeit zum Zustandekommen eines Gesetzgebungsvorhabens gehört". Vgl. aaO, S. 151.

Schließlich besteht eine Schwäche des gegenwärtigen Unterrichtungsverfahrens in der parlamentsinternen Behandlung der Vorlagen. Hier hatte sich herausgestellt, daß das jeweilige Plenum von Bundestag und Bundesrat grundsätzlich die entsprechenden Ausschußvorlagen unterschiedslos ohne jede Aussprache annimmt. Auch wenn es sich dabei um eine Parallelentwicklung zum Gesetzgebungsverfahren handelt[13], müssen doch Überlegungen angestellt werden, wie dem sich hierin manifestierenden Bedeutungsschwund der Plenarentscheidung wenigstens hinsichtlich der Vorlagen nach Art. 2 Zustimmungsgesetz begegnet werden kann. Insbesondere fragt sich, ob nicht eine Beschränkung der Plenarbehandlung auf wenige, wichtige Gemeinschaftsakte, die dann allerdings stets mit einer Aussprache verbunden sein müßte, der Bedeutung des Verfahrens eher gerecht würde.

II. Intensivierung und Rationalisierung mittelbarer Kontrollelemente

Wenn nunmehr abschließend einige Überlegungen angestellt werden, in welcher Weise die im Laufe der Untersuchung festgestellten Schwächen des Unterrichtungsverfahrens behoben werden können, so wird dabei nicht verkannt, daß es sich hier nur um Denkansätze handeln kann, die noch einer praxisnahen Ausgestaltung bedürfen. Ziel dieser Überlegungen ist es, die Effektivität der parlamentarischen Arbeit im Vorfeld supranationaler Willensbildung zu steigern und bestehende, durch die föderale Struktur der Bundesrepublik Deutschland bedingte Reibungspunkte soweit wie möglich abzubauen.

1. Modifikationen des Verfahrens nach Art. 2

a) Einbeziehung der Kommissionsvorarbeiten in die Berichtspflicht der Bundesregierung

Zunächst ist im Anschluß an die Ausführungen unter I erforderlich, daß die Unterrichtungspflicht der Bundesregierung auch auf die vorbereitende Tätigkeit der Kommission zu den in Art. 2 S. 2 Zustimmungsgesetz genannten Gemeinschaftsrechtsakten ausgedehnt wird. Das kann allerdings nur für jene Fälle geschehen, in denen die Beteiligung von Regierungsbeamten auch den innerstaatlichen Willensbildungsprozeß bereits in Gang gesetzt hat.

---

[13] *Hennis* weist dazu auf folgende Zahlen hin: Von 429 Gesetzen, die der 4. Bundestag verabschiedete, fand bei 260 keine Aussprache im Plenum statt. Auf einundvierzig Gesetze entfiel eine Beratungszeit von weniger als zehn Minuten, und nur über 25 wurde jeweils länger als zwei Stunden debattiert. Vgl. Der Deutsche Bundestag, in: Der Monat 1966, S. 31.

Diese Ausdehnung des Unterrichtungsverfahrens scheint beim Bundesrat im Rahmen einer wohlverstandenen Interpretation des Art. 53 S. 3 GG ohnehin geboten, wenn die Kommissionsarbeit Rechtsakte betreffen, die ausschließliche Länderkompetenzen berühren. Sobald nämlich die Regierung in die Willensbildung zu den entsprechenden Gemeinschaftsakten eingetreten ist oder soweit Regierungsbeamte nicht in ihrer Eigenschaft als Sachverständige, sondern als nationale Fachreferenten von der Kommission befragt werden, handelt es sich einmal um eine der Unterrichtungspflicht unterliegende „Führung von Regierungsgeschäften". Und zum anderen erfordert die Schwere des mit dem Gemeinschaftsrechtsakt beabsichtigten Eingriffs in die Länderkompetenzen eine unverzügliche Unterrichtung des Bundesrats[14].

Durch die vorgeschlagene Erweiterung der Berichtspflicht würde die Zahl der Fälle, in denen die gesetzgebenden Körperschaften durch Zuleitung bereits verabschiedeter Gemeinschaftsrechtsakte vor vollendete Tatsachen gestellt werden, erheblich herabgesetzt werden können. Darüber hinaus würde der zuweilen nicht geringe Zeitdruck, unter dem das Zustandekommen insbesondere der Stellungnahmen des Bundesrats leidet, gemindert werden können. Verfahrenstechnisch böte sich für diese vorzeitige Unterrichtung insbesondere die Kontaktpflege der Bundesregierung zu den Ausschüssen an.

b) Kompetenzübertragung auf „Ausschüsse für Fragen der Europäischen Gemeinschaften"

Eine erhebliche Effizienzsteigerung mittelbarer demokratischer Legitimierung und Kontrolle ließe sich durch die Instituierung besonderer „Ausschüsse für Fragen der Europäischen Gemeinschaften" bei Bundestag und Bundesrat bewirken. Die Kompetenzen derartiger Ausschüsse müßten allerdings — vergleichbar denen des britischen „Select Committee on Statutory Instruments"[15] oder der belgischen „Commission des Afaires Européennes"[16] — wesentlich über die der bestehenden Parlamentsausschüsse hinausgehen. Mitglieder dieser Ausschüsse sollten möglichst Abgeordnete des Europäischen Parlaments sein, um so deren Informationsvorteil effektiver nutzen zu können[17].

---

[14] Vgl. dazu oben 4. Kap. II, 2.

[15] Dazu allgemein: *Allen*, Law and Orders, S. 137 f.; *Carr*, in: New York University Law Review 1955, S. 1045 ff.; *May*, Parliamentary Practice, S. 610; *Morrison*, Regierung und Parlament in England, S. 196 ff.

[16] Dazu vgl. oben 7. Kap. und die dort in Fußn. 6 genannten Autoren.

[17] Auf den entscheidenden Informationsvorteil der Doppelmandatträger im Bundestag weist auch *Neunreither* hin. Vgl. Parlement Européen et Parlements nationaux, S. 65. Zur Beteiligung des Bundesrats an der Entsendung der deutschen Abgeordneten für das Europäische Parlament vgl. unten II, 2.

Es ließe sich die Übertragung folgender Aufgaben auf die besonderen Ausschüsse denken: Zum einen hätten sie im Rahmen des Vorlageverfahrens die Stellungnahmen der jeweiligen gesetzgebenden Körperschaft zu erarbeiten und die Aufmerksamkeit des Plenums auf besonders wichtige Rechtsakte der Gemeinschaften zu lenken. Zum anderen hätten sie die Willensäußerungen des Europäischen Parlaments dem deutschen Ratsmitglied nahe zu bringen, und schließlich sollten sie allgemein die Anwendung der Verträge und die Entwicklung der europäischen Integration verfolgen und die Aufmerksamkeit des Parlaments auf neue Entwicklungen lenken.

Für das Vorlageverfahren wären in die Geschäftsordnungen von Bundestag und Bundesrat Bestimmungen aufzunehmen, nach denen die Stellungnahmen der Ausschüsse als Stellungnahmen des jeweiligen Plenums gelten, soweit nicht innerhalb bestimmter, notwendig kurzer Fristen Antrag auf Behandlung der Vorlage im Plenum gestellt wird oder der Ausschuß dies beantragt. Aufgabe des Ausschusses wäre es hier, als federführender Ausschuß die Entschließungen zu erstellen, die Arbeiten der mitberatenden Ausschüsse zu koordinieren, soweit möglich Meinungsverschiedenheiten zu beseitigen[18] und das Plenum nur mit der Vorlage zu befassen, wenn es die besondere Wichtigkeit der geregelten Materie erfordert oder wenn keine Einigung zwischen den beteiligten Ausschüssen herbeizuführen ist[19].

Eine besondere Aufgabe fiele dem Ausschuß im Rahmen der erwähnten vorklärenden Gewichtung der Gemeinschaftsakte zu. Im Verlauf der Untersuchung hatte sich gezeigt, daß der Bundestag mit einer außerordentlich großen Zahl von Vorlagen befaßt wird, deren Regelungsmaterie ursprünglich nicht in seinen Tätigkeitsbereich gefallen war. Diese Vorlagen belasten häufig nicht nur das gegenwärtige Verfahren, sie rufen auch leicht den Eindruck hervor, daß der Bundestag sich mit der umfassenden Regelung des Art. 2 insofern übernommen hat, als er selbst über den für eine effektive Kontrolle dieser ihm wesensfremden, weil im Grunde dem Bereich der Verwaltung zugehörigen Rechtsakte erforderlichen spezifischen Sachverstand nicht verfügt.

---

[18] Wenn sich *Neunreither*, Parlement Européen et Parlements nationaux, S. 68 ff., gegen die Bildung neuer „Europaausschüsse" wendet, weil sie den berechtigten Interessen der bestehenden Ausschüsse, die in ihr Aufgabengebiet fallenden Fragen mit zu behandeln, nicht gerecht werden, so muß ihm darin recht gegeben werden, soweit die neuen Ausschüsse ausschließlich für das gesamte Feld der europäischen Fragen zuständig sein sollen. Schon das Gebot zur optimalen Nutzung vorhandenen Sachverstandes erfordert eine Beteiligung der bestehenden Fachausschüsse.

[19] Es fragt sich allerdings, ob bei streitigen Fragen von untergeordneter Bedeutung tatsächlich eine Plenarentscheidung erforderlich ist, oder ob nicht auch in diesen Fällen dem Europaausschuß eine Entscheidungskompetenz zuerkannt werden kann.

Es muß daher von vornherein eine wirksame Auswahl getroffen werden, die es dem Bundestag erlaubt, sich auf die wesentlichen politischen Fragen zu beschränken. Allerdings läßt sich eine derartige Selektion kaum dadurch herbeiführen, daß dem Bundestag etwa nur solche Gemeinschaftsvorlagen zugeleitet werden, die nach deutschem Recht Gesetze erforderlich machen würden; denn dieses Kriterium ist für eine problemgerechte Gewichtung schon deshalb ungeeignet, weil die Gemeinschaftsverordnungen kraft der Sperrwirkung ergangenen Gemeinschaftsrechts auch dann die Kompetenzen des Bundestages erheblich beschränken können, wenn sie an sich „nur" Materien regeln, die im deutschen Recht im Verordnungs- oder Verwaltungswege geregelt würden. Ebensowenig kann man die Gewichtung der Rechtsakte der Bundesregierung überlassen, da man es damit ihr überließe, den Umfang parlamentarischer Kontrolle im Bereich der Gemeinschaftswillensbildung selber zu bestimmen. Es bleibt als einzig sachgerechte Lösung, daß das Parlament selbst die erforderliche Gewichtung vornimmt. Dafür böten sich die vorgeschlagenen Europa-Ausschüsse als berufene Sachwalter an. Darüber hinaus hätten sie, wie bisher üblich, den weiteren Verlauf der Brüsseler Verhandlungen über bereits bearbeitete Vorlagen zu beobachten und in den Aussprachen mit den Regierungsbeamten im Rahmen der Kontaktpflege auf die Beachtung der in den Stellungnahmen zum Ausdruck gekommenen Meinung von Bundestag bzw. Bundesrat hinzuwirken[20].

Die zweite Aufgabe des Ausschusses, als Vermittler zwischen Europäischem Parlament und deutschem Ratsmitglied zu wirken, kann teilweise mit der ersten zusammenfallen. Soweit nämlich Stellungnahmen des Europäischen Parlaments zu Gemeinschaftsrechtsakten vorliegen, hätte der Ausschuß diese in seine Erörterungen miteinzubeziehen und soweit wie möglich in seine eigenen Stellungnahmen aufzunehmen, um auf diese Weise den — sonst sanktionslosen — Stellungnahmen des Europäischen Parlaments ein höheres Gewicht zu verleihen. Tatsächlich findet bereits dank einer Initiative des Präsidenten der Europäischen Versammlung aus dem Jahre 1971 eine gewisse zeitliche Abstimmung zwischen den Beratungen des Bundestages und des Europäischen

[20] *Schröder*, Die EWG und die Länder der BRD, S. 87, schlägt vor, eine echte Konsultationspflicht der Bundesregierung zugunsten eines besonderen Gremiums von Ländervertretern zu begründen; gedacht ist dabei an eine Erweiterung der Kompetenzen des Ländergremiums nach dem Lindauer Abkommen. Gegen eine Konsultationspflicht bestehen zwar keine rechtlichen Bedenken, es muß jedoch bezweifelt werden, ob sie angesichts der Schwerfälligkeit von aus weisungsabhängigen Regierungsvertretern bestehenden Ländergremien einerseits und der rasch wechselnden Brüsseler Szenerie andererseits wirklich praktikabel ist. Es müßten derart zahlreiche Ausnahmen von der Pflicht zur Konsultation zugelassen werden, daß das hier erörterte, erweiterte Art. 2-Verfahren im Ergebnis dem von Schröder vorgeschlagenen Verfahren in seiner Effizienz nicht nachstünde.

Parlaments statt. In einem Schreiben des Bundestagspräsidenten v. 10. 12. 1971 wurden die Ausschußvorsitzenden gebeten,

„bei EG-Vorlagen, bei denen die Beratung des Europäischen Parlaments vorgeschrieben ist, die Stellungnahme des Europäischen Parlaments — falls nicht Eile geboten ist — abzuwarten und in die Beratung einzubeziehen,
bei allen anderen EG-Vorlagen wie bisher zu verfahren."

Darüber hinaus sind auch die deutschen Abgeordneten des Europäischen Parlaments gehalten, die Ausschußvorsitzenden unmittelbar über die Dringlichkeit bestimmter Gemeinschaftsvorlagen und über die Wünsche des Europäischen Parlaments zu informieren. Dem folgend würde man die Aufgabe dieser Abgeordneten in den neu zu bildenden „Europa-Ausschüssen" dahin umschreiben, daß sie alles in ihren Kräften Stehende zu tun hätten, um eine gewisse Homogenität zwischen der Ansicht der Europäischen Versammlung und der des heimischen Parlaments zu wahren. Dabei darf freilich nicht verkannt werden, daß diesen Bestrebungen durch die unterschiedliche nationale und parteipolitische Zusammensetzung beider Organe von vornherein gewisse Grenzen gesetzt sind.

Neben diesen Aktivitäten hinsichtlich der Vorlagen im Rahmen des Art. 2-Verfahrens sollte der Ausschuß dem belgischen Vorbild entsprechend generell als nationaler Sachwalter der Anliegen des Europäischen Parlaments gegenüber der Bundesregierung auftreten. Dabei sollte er bei Fragen von wesentlicher Bedeutung großzügig von seinem Zitierungsrecht Gebrauch machen, um unmittelbar mit dem jeweiligen deutschen Ratsmitglied in die Aussprache eintreten zu können[21].

Bei der dritten Aufgabe handelt es sich im wesentlichen um die Entgegennahme und kritische Bearbeitung der Regierungsberichte, insbesondere der Integrationsberichte, und die kritische Würdigung der Integrationsentwicklung, hauptsächlich also Dinge, die bereits bisher von den verschiedenen Parlamentsausschüssen verfolgt wurden. Auch dabei wäre es wiederum wünschenswert, wenn der Ausschuß häufiger von seinem Zitierungsrecht Gebrauch machte, um so unmittelbar auf die entscheidenden Regierungsmitglieder Einfluß nehmen zu können und seiner Arbeit damit eine höhere Wirkung zu verleihen.

Schließlich hätten die Ausschüsse jährlich ihrer jeweiligen Körperschaft Bericht zu erstatten. Dieser Bericht hätte neben der reinen Rechenschaftslegung über Ausschußaktivitäten das Plenum auf kritische

---

[21] Auch unabhängig von der hier vorgeschlagenen Schaffung von Ausschüssen für Fragen der Europäischen Gemeinschaften würde eine Intensivierung des Zitierungsrechts insbesondere vor wichtigen Ratstagungen eine erhebliche Steigerung des Einflusses des Parlaments auf die supranationale Willensbildung mit sich bringen.

Fragen und besondere aktuelle Probleme der europäischen Integration hinzuweisen. Er wäre in einer jährlich wiederkehrenden „Europa-Debatte" des jeweiligen Plenums zu diskutieren[22].

Gegen die hier vorgeschlagene Verlagerung des größten Teils europäischer Aktivitäten des Parlaments in besondere Ausschüsse mit umfangreichen Befugnissen mag eingewendet werden, daß sie die integrierende Funktion öffentlicher Plenararbeit verkenne und den ohnehin bestehenden Trend in die Nicht-Öffentlichkeit der Ausschüsse noch verstärke. Es ist zuzugeben, daß das Plenum einen umfangreichen Teil seiner Beschlußtätigkeit aufzugeben hätte. Dieser Art der Beschlußtätigkeit, die sich auf die diskussionslose Rezeption von Ausschußentwürfen beschränkt, muß jedoch weitgehend ein integrativer Wert abgesprochen werden. An ihre Stelle sollen die von den Ausschüssen initiierten Aussprachen des Plenums über wichtige Gemeinschaftsakte oder zentrale Probleme der Integration treten. Den Ausschüssen soll das Gros der alltäglichen überwachenden und konsentierenden Arbeit übertragen werden. Ihrer Initiative und ihrem Engagement bliebe es überlassen, die zur Zeit häufig wenig befriedigende Beschäftigung des Parlaments mit Fragen der Europäischen Integration zu aktivieren.

2. Die Wahrung des föderalen Einflusses

Bei den Überlegungen zum „Abbau bestehender, durch die föderale Struktur der Bundesrepublik bedingter Reibungspunkte" handelt es sich zwangsweise nur mittelbar um Änderungen des Verfahrens nach Art. 2 Zustimmungsgesetz. Hier geht es vielmehr um die Fragen, wie dem Mitwirkungsbedürfnis der Länder im überstaatlichen Bereich Rechnung getragen werden kann und wie deren zunehmende Aktivitäten im parakonstitutionellen Raum mit verfassungskonformen Mitteln aufgefangen werden können,

Ein völliger Abbau solcher Reibungspunkte zwischen Bund und Ländern wird allerdings nie möglich sein. Die Häufigkeit polarer Interessenlagen wird angesichts der zentralistischen Tendenzen in den Gemeinschaften, die sich bereits heute andeuten, mit fortschreitender Integration eher zunehmen. Angesichts dieser Entwicklung scheint es besonders wünschenswert, daß die Länder frühzeitig in den gemeinschaftlichen Entscheidungsprozeß und die nationale Willensbildung dazu integriert werden, um so die Effektivität föderaler Gewaltkontrolle zur Geltung zu bringen.

[22] Darüber hinaus wäre zu überlegen, ob für derartige Ausschüsse nicht in Abweichung von §§ 73 GOBT, 37 Abs. 2 GOBR die Möglichkeit bereitgestellt werden sollte, öffentlich zu tagen. Beispiele finden sich dafür etwa in der niederländischen Praxis bei den Ausschußberatungen zu den Integrationsjahresberichten. Vgl. dazu oben 7. Kap. V.

Im nationalen Bereich wäre ein erster Schritt in diese Richtung getan, wenn die Bundesregierung bereits jetzt dazu übergehen würde, in Fällen, in denen die Länder betroffen sind, diese so frühzeitig wie möglich zu kontaktieren, d. h. nicht erst den offiziellen Kommissionsvorschlag abzuwarten, sondern die Länder an dem durch die Kontakte zur Kommission gewonnenen Informationsvorsprung großzügig teilhaben zu lassen. Technisch könnte dies im Wege des jetzigen Unterrichtungsverfahrens geschehen. Es ließe sich jedoch auch eine Direktunterrichtung der Länder denken, soweit diese Unterrichtung gleichzeitig und gleichartig an alle Länder gerichtet ist.

Darüber hinaus wären regelmäßig veranstaltete Konferenzen, etwa im Stile der Gespräche, die früher der Bundesratsminister mit den Vertretern der Länder führte, von hohem Nutzen. Hier könnten die Länder frühzeitig über die ihre Kompetenzen berührenden Brüsseler Projekte und den Stand von deren Entwicklung informiert werden. Grundsätzlich wäre darüber hinaus von der Bundesregierung zu erörtern, ob die Länder in diesem Wege nicht nur über Projekte, die ihre Kompetenzen, sondern auch über solche, die ihre Interessen allgemein berühren, unterrichtet werden sollen. Eine Verpflichtung dazu besteht zwar nicht; eine derartige Unterrichtung könnte jedoch zuweilen auftretende Spannungen von vornherein vermeiden.

Die Kontakte des Bundes hätten sich nicht nur auf die bloße Information zu beschränken; vielmehr wären echte Arbeitsbeziehungen zwischen Bund und Ländern zu etablieren, um den Ländern so die Gewißheit zu verschaffen, daß ihre fachlichen und regionalpolitischen Interessen von den zuständigen Stellen des Bundes angemessen gewürdigt werden.

Die Verdienste der Tätigkeit des Beobachters der Länder wurden bereits hervorgehoben. Es fragt sich, ob über seine Funktionen nicht ebenfalls ein Abkommen zwischen Bund und Ländern abgeschlossen werden sollte, wie dies hinsichtlich der Heranziehung von Sachverständigen zu Verhandlungen in inter- oder supranationalen Organen geschehen ist[23]. Aufgabe derartiger Regelungen wäre es, Umfang und Art der Tätigkeit des Beobachters verbindlich zu formulieren, um so einerseits den „Besitzstand" der Länder hinsichtlich der im Laufe der Jahre gewachsenen Beziehungen zu sichern und auf der anderen Seite die Entwicklung dieser Institution zu einer „Ständigen Vertretung" der Länder bei den Europäischen Gemeinschaften zu verhindern.

Auf supranationaler Ebene wäre schließlich eine Beteiligung des Bundesrats an der Zusammensetzung des Europäischen Parlaments

[23] Vgl. dazu *v. Meibom*, Die Mitwirkung der Länder im Bereich der auswärtigen Gewalt, in: NJW 1968, S. 1607 ff.

wünschenswert. Besondere Bedenken verfassungs- oder gemeinschaftsrechtlicher Art stehen dem nicht entgegen[24]. Auf der anderen Seite würde eine derart institutionalisierte Einschaltung des Bundesrats in den Willensbildungsprozeß der Gemeinschaften möglicherweise eine größere Aufgeschlossenheit dieses Bundesorgans gegenüber Problemen der Integration mit sich bringen. Zudem wären verschiedene Informationsprobleme bereits dadurch gelöst, daß die Kommission teilweise auch Ausschüsse oder Ausschußmitglieder des Europäischen Parlaments zu ihren Rechtsetzungsarbeiten heranzieht[25]. Und schließlich würden damit auch erstmalig föderale Elemente auf Gemeinschaftsebene zu Wort kommen können. Das war bisher nicht der Fall. Zwar entsandten alle anderen Mitgliedstaaten mit Zweikammersystemen auch Abgeordnete aus den zweiten Kammern in das Europäische Parlament. Keine dieser zweiten Kammern ist jedoch in Struktur und Funktion dem Deutschen Bundesrat vergleichbar. Die Beteiligung des Bundesrats würde damit ein Novum auf Gemeinschaftsebene darstellen, durch das der spezifische föderale Sachverstand auch in den gemeinschaftlichen Willensbildungsprozeß unmittelbar eingebracht würde.

---

[24] Vgl. *Ipsen*, Als Bundesstaat in der Gemeinschaft, S. 255.

[25] Vgl. *v. Meibom*, Die Mitwirkung der Mitgliedstaaten bei der Rechtsetzung der EWG, S. 149 f.

Literaturverzeichnis

Allen, Carleton Kemp: Law and Orders, London 1965

Amphoux, Jean: Le chancelier fédéral dans le régime constitutionnel de la République Fédérale d'Allemagne, Paris 1962

Anschütz, Gerhard: Die Verfassung des Deutschen Reiches, fotomechan. Nachdruck der 14. Aufl. 1933, Darmstadt 1960

Baade, Hans W.: Das Verhältnis von Parlament und Regierung im Bereich der auswärtigen Gewalt der Bundesrepublik Deutschland, Hamburg 1962

Badura, Peter: Bewahrung und Veränderung demokratischer und rechtsstaatlicher Verfassungsstruktur in den internationalen Gemeinschaften, in: VVDStRL H. 23 (1966), S. 34 ff.

Bayer, Hermann-Wilfried: Die Bundestreue, Tübingen 1961

Bebr, Gerhard: Acts of Representatives of the Governments of the Member States within the Council of Ministers of the European Communities, in: SEW 1966, S. 529 ff.

Berber, Friedrich J.: Zu den föderalistischen Aspekten der „Auswärtigen Gewalt", in: Vom Bonner Grundgesetz zur gesamtdeutschen Verfassung, Festschrift für Nawiasky, S. 245 ff., München 1956

Bernardini, Aldo: Regolamento communitario e legge statale, in: Rivista di diritto internazionale 1969, S. 231 ff.

Bernhardt, Rudolf: Der Abschluß völkerrechtlicher Verträge im Bundesstaat, Köln—Berlin 1957

Bertram, Christoph: Das Verwaltungsausschußverfahren. Ein neuartiges Rechtsetzungsverfahren der Europäischen Wirtschaftsgemeinschaft, Diss. Bonn 1967

Birke, Wolfgang: European Elections by Direct Suffrage, Leyden 1961

Blank-Hirsch: Vom Elend des Gesetzgebers, in: Schäfer-Nedelmann, Der CDU-Staat, Analysen zur Verfassungswirklichkeit der Bundesrepublik Deutschland, München 1969, Bd. I, S. 133

Böckenförde, Ernst-Wolfgang: Die Organisationsgewalt im Bereich der Regierung, Berlin 1964

Bozzi, Aldo: Istituzioni di diritto publico, Mailand 1965

de Bruin, Robert: La préparation de la décision communautaire au niveau national néerlandais, in: La décision dans les Communautés européennes, Brüssel 1969, S. 239 ff.

Bruns, Herbert: Entwicklungstendenzen im Rechtsetzungsverfahren der Europäischen Wirtschaftsgemeinschaft, in: Staat und Wirtschaft im nationalen und übernationalen Recht, Berlin 1964, S. 116 ff.

Bülow, Erich: Das Verhältnis des Rechts der europäischen Gemeinschaften zum nationalen Recht, in: Aktuelle Fragen des europäischen Gemeinschaftsrechts, Stuttgart 1965, S. 28 ff.

Buerstedde, Sigismund: Der Ministerrat im Aufbau und Wirken der Europäischen Gemeinschaften, in: JöR NF 14 (1965), S. 87 ff.

— Der Ministerrat im konstitutionellen System der Europäischen Gemeinschaften, Brüssel 1964

Burdeau, Georges: Droit constitutionnel et Institutions politiques, 12. Aufl., Paris 1966

Carr, Cecil: Legislative Control of Administrative Rules and Regulations — Parliamentary Supervision in Britain, in: New York City Law Review 1955, S. 1045 ff.

Carstens, Karl: Das politische Element in den Europäischen Gemeinschaften, in: Probleme des europäischen Rechts, Festschrift für Walter Hallstein, Frankfurt a. M. 1966, S. 96 ff.

Catalano, Nicola: Manuel de droit des Communautés Européennes, Paris 1963

Constant, Benjamin: De la responsabilité des ministres, Paris 1815

Constantinides-Megret, Colette: Le rôle des pouvoirs publics nationaux dans la mise en oeuvre du droit communautaire, in: RMC 1967, S. 213 ff.

Däubler, W.: Die Delegation von Rechtsetzungsbefugnissen im Recht der EWG, in DVBl. 1966, S. 660 ff.

de Croo, Herman-Frans: De Commissie voor de Europese zaken bij de Kamer der Volksvertegenwoordigers, in: Rechtskundig Weekblad 1963—64, Sp. 529 ff.

— Une initiative Belge: La commission des affaires européennes auprès de la Chambre de Représentants, in: RMC 1963, S. 476—479

de Croo - Huenens: Het Parlement aan het werk, Brüssel 1966

de Croo - Seigneur: Parlement et Gouvernement, Brüssel 1965

Deringer, Arved: Das Wettbewerbsrecht der EWG, Kommentar zu den EWG-Wettbewerbsregeln (Art. 85 bis 94) nebst Durchführungsverordnungen und -richtlinien, Loseblattausgabe, Düsseldorf 1962 ff.

Donner, A. M.: National Law and the Case Law of the Court of Justice of the European Communities, in: CMLR 1963—64, S. 8 ff.

Duverger, Maurice: Institutions Politiques et Droit Constitutionnel, 8. Aufl., Paris 1965

Ebke, Klaus: Bundesstaat und Gewaltenteilung, Diss. Göttingen 1965

Eckert, D.: Die Angleichung des Lebensmittelrechts in der Europäischen Wirtschaftsgemeinschaft, in: NJW 1967, S. 473 ff.

Ehard, Hans: Der Bundesrat, Hüter der föderativen Ordnung, Ansprache vor dem Bundesrat am 15. 12. 1961, Bonn 1961

Ehmke, Horst: Empfiehlt es sich, Funktion, Struktur und Verfahren der parlamentarischen Untersuchungsausschüsse grundlegend zu ändern?, in: Verhandlungen des 45. Deutschen Juristentages, S. E 7 ff., München und Berlin 1965

Ehmke, Horst: Parlamentarische Untersuchungsausschüsse und Verfassungsschutzämter, in: DÖV 1956, S. 417 ff.

Einführung: Einführung in die Rechtsfragen der europäischen Integration, Köln 1969

Emrich, Dieter: Das Verhältnis des Rechts der Europäischen Gemeinschaften zum Recht der Bundesrepublik Deutschland, Marburg 1969

Eschenburg, Theodor: Die Richtlinien der Politik im Verfassungsrecht und in der Verfassungswirklichkeit, in: DÖV 1954, S. 193 ff.

Euchner, Walter: Zur Lage des Parlamentarismus, in: Schäfer-Nedelmann, Der CDU-Staat, Analysen zur Verfassungswirklichkeit in der Bundesrepublik Deutschland, Bd. I, S. 105 ff., München 1969

Everling, Ulrich: Zur Errichtung nachgeordneter Behörden der Kommission der Europäischen Wirtschaftsgemeinschaft, in: Zur Integration Europas, Festschrift für C. F. Ophüls, Karlsruhe 1965, S. 33 ff.

Fleiner, Fritz: Institutionen des Deutschen Verwaltungsrechts, 8. Aufl. 1928, Neudruck Aalen 1960

Forsthoff, Ernst: Lehrbuch des Verwaltungsrechts, Bd. 1, Allgemeiner Teil, 9. neubearbeitete Aufl., München und Berlin 1966

Friauf, Karl Heinrich: Die Staatenvertretung in supranationalen Gemeinschaften, Marburg 1960

Friesenhahn, Ernst: Parlament und Regierung im modernen Staat, in: VVDStRL H. 16 (1958), S. 9 ff.

Ganshof van der Meersch, W. J.: Organisations Européennes, Les Institutions, Bd. 1, Brüssel 1963

Gaudet, Michel: Incidences des Communautés européennes sur le droit interne des Etats membres, in: Annales de la Faculté de Droit de Liège 1963, n° 1, S. 5 ff.

Gehrig, Norbert: Parlament — Regierung — Opposition, Dualismus als Voraussetzung für eine parlamentarische Kontrolle der Regierung, München 1969

Geismann, Georg: Politische Struktur und Regierungssystem in den Niederlanden, Frankfurt a. M. 1964

Gerbet, Pierre: La préparation de la décision communautaire au niveau national français, in: La décision dans les Communautés européennes, Brüssel 1969, S. 195

Gleiss-Hirsch: EWG-Kartellrecht, Kommentar, 2. Aufl., Heidelberg 1965

Glum, Friedrich: Das parlamentarische Regierungssystem in Deutschland, Großbritannien und Frankreich, 2. neubearbeitete Aufl., München und Berlin 1965

Goessl, Manfred: Organstreitigkeiten innerhalb des Bundes, Berlin 1961

Goossen, P.: Parlement en Kiezer, Jaarboekje, S'Gravenhage 1964 ff.

Götz, Volkmar: Europäisches Gemeinschaftsrecht und deutsches Recht, in: JZ 1963, S. 265 ff.

Grabitz, Eberhard: Gemeinschaftsrecht bricht nationales Recht, Hamburg 1966

Grewe, Wilhelm: Die auswärtige Gewalt der Bundesrepublik, in: VVDStRL H. 12 (1954), S. 129 ff.

Gruber, Dietrich: Die Stellung des Regierungschefs in Deutschland und Frankreich, Hamburg 1964

von der Groeben - Boeckh u. a.: Handbuch der Europäischen Wirtschaft, Loseblattausgabe, Baden-Baden

Hallstein, Walter: Der unvollendete Bundesstaat, europäische Erfahrungen und Erkenntnisse, Düsseldorf—Wien 1969

— L'évolution des Communautés Européennes, in: Annuaire Européen, Bd. IV (1958), S. 1 ff.

— Zu den Grundlagen und Verfassungsprinzipien der Europäischen Gemeinschaften, in: Zur Integration Europas, Festschrift für C. F. Ophüls, S. 1 ff., Karlsruhe 1965

— Wirtschaftliche Integration als Faktor politischer Einigung, in: Wirtschaft, Gesellschaft und Kultur, Festgabe für Müller-Armack, S. 267 ff., Berlin 1961

Hamann-Lenz: Das Grundgesetz für die Bundesrepublik Deutschland vom 23. Mai 1949, Kommentar, 3. Aufl., Neuwied—Berlin 1970

Hauriou, André: Droit constitutionnel et institutions politiques, 4. Aufl., Paris 1970

Hennis, Wilhelm: Der Deutsche Bundestag 1949—1965. Leistungen und Reformaufgaben, in: Der Monat 1966, H. 215, S. 26 ff.

— Richtlinienkompetenz und Regierungstechnik, Tübingen 1964

Herzog, Roman: Der Bundesrat als politisches Führungsorgan?, in: BayVBl. 1966, S. 181 ff.

Hesse, Konrad: Aspekte des kooperativen Föderalismus in der Bundesrepublik, in: Festschrift für Gebh. Müller, Tübingen 1970, S. 141 ff.

— Grundzüge des Verfassungsrechts der Bundesrepublik Deutschland, 4. neubearbeitete Aufl., Karlsruhe 1970

— Der unitarische Bundesstaat, Karlsruhe 1962

Heyland, Karl: Zur Lehre von der staatsrechtlichen Stellung der Reichsratsmitglieder nach dem deutschen Reichs- und Landesstaatsrecht, Stuttgart 1927

— Rechtsstellung der Reichsratsmitglieder, in: Anschütz-Thoma, Handbuch des Deutschen Staatsrechts, Bd. I, S. 567 ff.

Hirsch, Christoph: Kulturhoheit und auswärtige Gewalt, Berlin 1968

Hirsch, Etienne: Relations between the Officials of the European Communities and the Governments of the Member States, in: Government and Opposition, Bd. 2, S. 436, 1967

Holch, Georg: Der Bundesrat zur Rechtsetzung der Europäischen Gemeinschaften, in: EuR 1969, S. 213.

— Der Deutsche Bundesrat zur Rechtsetzung der EWG, in: EuR 1967, S. 217 ff.

— Entscheidungen im Rahmen auf Art. 100 EWGV gestützter Richtlinien, in: NJW 1968, S. 1548 ff.

Holtz, Theodor: La préparation de la décision communautaire au niveau national allemand, in: La décision dans les Communautés européennes, Brüssel 1969, S. 167 ff.

Houben, P.-H. J. M.: Les conseils de ministres des Communautés Européennes, Leyden 1964

Houdbine - Vergès: Le parlement européen dans la construction de l'Europe des six, Paris 1966

Ipsen, Hans Peter: Als Bundesstaat in der Gemeinschaft, in: Probleme des Europäischen Rechts, Festschrift für Walter Hallstein, Frankfurt a. M. 1966, S. 248 ff.

— Deutsche Verwaltung und europäische Wirtschaftsintegration, in: DÖV 1968, S. 441 ff.

— Europäisches Gemeinschaftsrecht, Tübingen 1972

— Fusionsverfassung Europäische Gemeinschaften, Bad Homburg v. d. H.—Berlin—Zürich 1969

— Richtlinienergebnisse, in: Zur Integration Europas, Festschrift für C. F. Ophüls, S. 67, Karlsruhe 1965

— Zur Verfassung der fusionierten Gemeinschaft, in: Integration 1969, S. 3 ff.

— Das Verhältnis des Rechts der europäischen Gemeinschaften zum nationalen Recht, in: Aktuelle Fragen des Gemeinschaftsrechts, Abhandlungen aus dem Gesamten Bürgerlichen Recht, Handelsrecht und Wirtschaftsrecht, Stuttgart 1965, S. 1 ff.

— Verfassungsperspektiven der Europäischen Gemeinschaften. Vortrag gehalten vor der Berliner Juristischen Gesellschaft am 17. April 1970, Berlin 1970

Jaarboek: Jaarboeck van het Ministerie van Buitenlandse Zaken 1967/1968, S'Gravenhage 1968

Jellinek, Georg: Allgemeine Staatslehre, 3. Aufl., 6. Neudruck, Darmstadt 1959

Jesch, Dietrich: Gesetz und Verwaltung, 2. unveränderte Aufl., Tübingen 1968

Johannes, Hartmut: Das Strafrecht im Bereich der Europäischen Gemeinschaften, in: EuR 1968, S. 63 ff.

Junker, Ernst Ulrich: Die Richtlinienkompetenz des Bundeskanzlers, Tübingen 1965

Kaiser, Joseph H.: Bewahrung und Veränderung demokratischer und rechtsstaatlicher Verfassungsstruktur in den internationalen Gemeinschaften, in: VVDStRL H. 23 (1966), S. 1 ff.

— Die Erfüllung der völkerrechtlichen Verträge des Bundes durch die Länder. Zum Konkordatsurteil des Bundesverfassungsgerichts, in: ZaöRV Bd. 18 (1957/58), S. 526 ff.

— Modi der Integration. Ökonomische Elemente und juristische Relevanz, in: Probleme des Europäischen Rechts, Festschrift für Walter Hallstein, S. 266 ff., Frankfurt a. M. 1966

— Die im Rat vereinigten Vertreter der Regierungen der Mitgliedstaaten, in: Zur Integration Europas, Festschrift für C. F. Ophüls, S. 107 ff., Karlsruhe 1965

Kaltefleiter, Werner: Funktion und Verantwortung in den europäischen Organisationen. Über die Vereinbarkeit von parlamentarischem Mandat und exekutiver Funktion, Frankfurt a. M.—Bonn 1964

Kapteyn, P. J. G.: L'Assemblée Commune et la Communauté Européenne du Charbon et de l'Acier, Leyden 1962

— Internationale en supranationale variaties op een parlamentair-democratisch thema, Leyden 1964

Kassimatis, Georg: Der Bereich der Regierung, Berlin 1967

Kern, Ernst: Bundestag und Bundesregierung, in: MDR 1950, S. 655 ff.

Klein, Friedrich: Zur rechtlichen Verbindlichkeit von Bundestagsbeschlüssen, in: JuS 1964, S. 181 ff.

Konow, Gerhard: Das Fragerecht der Landesregierungen im Bundesrat, in: DÖV 1969, S. 318 ff.

Kraushaar, Reinhold: Zur Kompetenz der Kommission der Europäischen Gemeinschaften zum Erlaß von Verordnungen, in: DÖV 1959, S. 726 ff.

Krüger, Herbert: Völkerrecht im Bundesstaat, in: Um Recht und Gerechtigkeit, Festgabe für Kaufmann, S. 239, 1950

Krüger, Hildegard: Buchbesprechung zu Sellmann, Der schlichte Parlamentsbeschluß, in: DVBl. 1968, S. 158 ff.

Legrand-Lane-Bubba: L'élection du parlement européen au suffrage universel direct, in: RMC 1970, S. 231 ff.

— Le pouvoir de consultation de l'Assemblée parlementaire européenne, in: RMC 1961, S. 313 ff.

Leibholz, Gerhard: Die Kontrollfunktion des Parlaments, in: Macht und Ohnmacht der Parlamente, Schriftenreihe der Friedrich Naumann-Stiftung zur Politik und Zeitgeschichte Nr. 9, Stuttgart 1965

— Strukturprobleme der modernen Demokratie, 3. erweiterte Aufl., Karlsruhe 1967

Lerche, Peter: Bundestagsbeschlüsse ohne Gesetzesbefehl über Subventionen, in: NJW 1961, S. 1758 ff.

Lesort, G.: Les nouvelles responsabilités de l'Assemblée, in: RMC 1970, S. 189 ff.

Levasseur, Georges: Les sanctions dans le traité constitutif du Marché Commun, in: Les Problèmes juridiques et économiques du Marché Commun, Colloque des Facultés de droit Lille, Paris 1960

Lindberg, Leon N.: The Political Dynamics of European Economic Integration, Stanford (California) 1963

Linder, Helmuth: Das Kräfteverhältnis von Hoher Behörde und Kommission zu den Ministerräten innerhalb der europäischen Gemeinschaften unter besonderer Berücksichtigung der parlamentarischen Kontrolle, Diss. Köln 1960

Maas, H. H.: Delegatie van bevoegdheid in de Europese Gemeenschappen, in: SEW 1967, S. 2 ff.

— Enkele opmerkingen over de Raad van Ministers in de Europese Gemeenschappen, in: SEW 1960, S. 127 ff.

Mahieu, Marie-Paule: La préparation de la décision communautaire au niveau national belge, in: La décision dans les Communautés européennes, Brüssel 1969, S. 183 ff.

v. Mangoldt-Klein: Das Bonner Grundgesetz, 2. neubearbeitete und vermehrte Aufl., unveränderter Neudruck, Berlin—Frankfurt a. M. 1966

Manzanarès, Henri: Le Parlement Européen, Paris 1964

Marschall von Bieberstein, Fritz Freiherr: Die Verantwortlichkeit der Reichsminister, in: Anschütz-Thoma, Handbuch des Deutschen Staatsrechts, Bd. 1, S. 520 ff., Tübingen 1930

Martens, Joachim: Die rechtsstaatliche Struktur der Europäischen Wirtschaftsgemeinschaft, in: EuR 1970, S. 209 ff.

Maunz-Dürig-Herzog: Grundgesetz, Kommentar, Loseblattsammlung, München 1958 ff.

May, Erskine: Treatise on the Law, Privileges, Proceedings and Usage of Parliament, 17. Aufl., London 1964

v. Meibom, Hanspeter: Lückenfüllung bei den Europäischen Gemeinschaftsverträgen, in: NJW 1968, S. 2165 ff.

— Die Mitwirkung der Länder im Bereich der auswärtigen Gewalt, in: NJW 1968, S. 1607 ff.

— Die Mitwirkung der Mitgliedstaaten bei der Rechtsetzung der EWG, in: Bülck, Zur Stellung der Mitgliedstaaten im Europarecht, Berlin 1967

— Die Rechtsetzung durch die Organe der Europäischen Gemeinschaften, in: BB 1959, S. 127 ff.

Menzel, Eberhard: Die auswärtige Gewalt der Bundesrepublik, in: VVDStRL H. 12 (1954), S. 179 ff.

Merk, Wilhelm: Kann der Bundestag der Bundesregierung Weisungen erteilen?, in: ZgesStW 114, S. 705 ff.

Merkel, Jochen: Rat und Kommission im Rechtsetzungsverfahren der Europäischen Wirtschaftsgemeinschaft, Quakenbrück 1964

Mohl, Robert: Die Verantwortlichkeit der Minister in Einherrschaften mit Volksvertretung, Tübingen 1837

Monaco, Riccardo: Diritto delle Comunità Europee e diritto interno, Mailand 1967

Morrison, Herbert: Regierung und Parlament in England, München 1956

Mosler, Hermann: Die auswärtige Gewalt im Verfassungssystem der Bundesrepublik Deutschland, in: Völkerrechtliche und staatsrechtliche Abhandlungen, Festschrift für Carl Bilfinger, Köln—Berlin 1954, S. 243 ff.

— Internationale Organisationen und Staatsverfassung, in: Rechtsfragen der internationalen Organisation, Festschrift für Wehberg, Frankfurt a. M. 1956, S. 273 ff.

— Kulturabkommen des Bundesstaats. Zur Frage der Beschränkung der Bundesgewalt in auswärtigen Angelegenheiten, in: ZaöRV H. 16 (1955/1956), S. 1 ff.

Müller, Gebhard: Bundestreue im Bundesstaat, in: Führung und Bildung in der heutigen Welt, Stuttgart 1964, S. 213 ff.

de Muyser, Guy: La préparation de la décision communautaire au niveau national luxembourgeois, in: La décision dans les Communautés Européennes, Brüssel 1969, S. 229 ff.

Münch, Fritz: Die Bundesregierung, Frankfurt a. M. 1954

Mulder, A.: Europees Recht en internationaal strafrecht, in: SEW 1962, S. 642 ff.

Nawiasky, Hans: Die Verpflichtung der Regierung durch Beschlüsse des Landtags nach bayrischem Verfassungsrecht, in: Staat und Bürger, Festschrift für Willibald Apelt, München und Berlin 1958, S. 137 ff.

Neunreither, Karlheinz: Der Bundesrat zwischen Politik und Verwaltung, Heidelberg 1959

— Les rapports entre le Parlement Européen et les Parlaments nationaux, in: Annuaire Européen Bd. XV (1967), Den Haag 1969, S. 52 ff.

Niblock, Michael: The EEC: National Parliaments in Community Decisionmaking, London 1971

Nicolaysen, Gert: Zur Theorie von den implied powers in den Europäischen Gemeinschaften, in: EuR 1966, S. 129 ff.

Noel, Emile: Der Ausschuß der ständigen Vertreter, in: EuR 1967, S. 24 ff.

Noel - Amphoux: Les Commissions, in: W. J. Ganshof van der Meersch (Hrsg.), Droit des Communautées Européennes, n° 514 ff., Brüssel 1969

Noel - Etienne: Quelques considérations sur la déconcentration et la délégation du pouvoir de décision dans la Communauté Economique Européenne, in: RMC 1967, S. 127 ff.

Obermayer, Klaus: Grundzüge des Verwaltungsrechts und des Verwaltungsprozeßrechts, Stuttgart—München—Hannover 1964

Obermeier, Max: Die schlichten Parlamentsbeschlüsse nach dem Bonner Grundgesetz, insbesondere ihre Zulässigkeit und Rechtsnatur, Diss. München 1965

Oldekop, Dieter: Die Richtlinien der EWG, Göttingen 1968

Olivetti, Marco M.:La préparation de la décision communautaire au niveau national italien, in: La décision dans les Communautés Européennes, Brüssel 1969, S. 209

Olmi, Giancarlo: L'agriculture, in: Ganshof van der Meersch (Hrsg.), Droit des Communautés Européennes, Brüssel 1969, n° 1766 ff.

— Les règlements du Conseil de la CEE en date du 4 avril 1962 établissant une organisation commune des marchés agricoles, in: SEW 1962, S. 281

Ophüls, Carl Friedrich: Deutsches Zustimmungsgesetz zum EWG-Vertrag teilweise verfassungswidrig?, in: AWD 1964, S. 65 ff.

— Die Mehrheitsbeschlüsse der Räte in den europäischen Gemeinschaften, in: EuR 1966, S. 193 ff.

Partsch, Karl Josef: Empfielt es sich, Funktion, Struktur und Verfahren der parlamentarischen Untersuchungsausschüsse grundlegend zu ändern? Gutachten für den 45. Deutschen Juristentag, München und Berlin 1964

— Parlament und Regierung im modernen Staat, in: VVDStRL H. 16 (1958), S. 74 ff.

Pergolesi, Ferruccio: Diritto costituzionale, Neudruck der 15. Aufl., Padua 1965

Pescatore, Pierre: Les aspects fonctionnels de la Communautés Economique Européenne notamment les sources du droit, in: Les aspects juridiques du Marché Commun, Liège 1958

— Remarques sur la nature juridique des „décisions des représentants des Etats membres réunis au sein du conseil", in: SEW 1966, S. 579 ff.

Pickles, William: Political Power in the EEC, in: JCMSt Bd. II (1963—64), S. 63 ff.

Pinay: L'exercice du pouvoir règlementaire dans la Communauté Economique Européenne, in: AnnFrDrIntern 1960, S. 831 ff.

Plaisant-Franceschelli: Droit européen de la concurrence, Articles 85 à 89 du Traité CEE, Paris 1966

Poetsch-Heffter, Fritz: Organisation und Geschäftsformen der Reichsregierung, in: Anschütz-Thoma, Handbuch des Deutschen Staatsrechts, Tübingen 1932, Bd. I, S. 511 ff.

van der Pot - Donner: Handboek van het Nederlandse Staatsrecht, 8. Aufl., Zwolle 1968

de Précigout, J.: La sanction des infractions aux règlements de la CEE, in: RMC 1962, S. 142 ff.

van Raalte, E.: Het nederlandse Parlement, S'Gravenhage 1963

Rabe, Hans-Jürgen: Die Befugnis des Rates und der Kommission der EWG zum Erlaß von Verordnungen, Diss. Hamburg 1962

Rausch, Heinz: Parlament und Regierung in der Bundesrepublik Deutschland, München 1967

Renard-Payen, Oliver: La fonction consultative du parlement européen dans le cadre du traité instituant la Communauté Européenne Economique, in: RevTrimDrEur 1965, S. 526 ff.

Reuter, Paul: Les organes subsidiaires des organisations internationales, Hommage au Président Basdevant, Paris 1960, S. 415 ff.

— Organisations Européennes, Paris 1965

— La Communauté Européenne du Charbon et de l'Acier, Paris 1953

Riphagen, W.: De juridische structuur der Europese Gemeenschap voor Kolen en Staal, Leiden 1955

Rupp, Hans Heinrich: Die Grundrechte und das Europäische Gemeinschaftsrecht, in: NJW 1970, S. 353 ff.

Ruppert, Andreas: Die Integrationsgewalt, Hamburg 1969

Samkalden: Het gemeenschapsrecht en het parlamentaire stelsel, in: SEW 1962, S. 684 ff.

Saint-Esteben: Droit Communautaire et Droit nationaux, Paris 1967

Sattler, Andreas: Zur Entwicklung der Europäischen Gemeinschaften von ihrer Gründung bis zum Ende der EWG- Übergangszeit, in: JöR Bd. 19 (1970), S. 1 ff.

— Das Prinzip der „funktionellen Integration" und die Einigung Europas, Göttingen 1967

Schäfer, Friedrich: Der Bundestag, Köln und Opladen 1967

Schäfer, Hans: Der Bundesrat, Köln—Berlin 1955

Schermers, H. G.: Besluiten van de vertegenwoordigers der Lid-staten; Gemeenschapsrecht?, in: SEW 1966, S. 545 ff.

Scheuner, Ulrich: Beitritt der Bundesrepublik zur Europäischen Verteidigungsgemeinschaft und Grundgesetz, Gutachten, in: Der Kampf um den Wehrbeitrag, 2. Halbbd., München 1953, S. 94 ff.

— Der Bereich der Regierung, in: Rechtsprobleme in Staat und Kirche, Festschrift für Rudolf Smend, Göttingen 1952, S. 253 ff.

— Das parlamentarische Regierungssystem in der Bundesrepublik, in: DÖV 1957, S. 633 ff.

Schlenzka, Hans-Joachim: Die Europäischen Gemeinschaften und die Verfassungen der Mitgliedstaaten, Diss. Bonn 1967

Schlochauer, Hans-Jürgen: Der Gerichtshof der Europäischen Gemeinschaft als Integrationsfaktor, in: Probleme des europäischen Rechts, Festschrift für Walter Hallstein, Frankfurt a. M. 1966, S. 431 ff.

Schmitt, Carl: Verfassungslehre, unveränderter Neudruck, Berlin 1954

Schroeder, Herbert: Die Europäische Wirtschaftsgemeinschaft und die Länder der Bundesrepublik Deutschland, Diss. München 1964

Schüle, Adolf: Die Informationspflicht der Bundesregierung gegenüber dem Bundesrat, in: Beiträge zum ausländischen öffentlichen Recht und Völkerrecht, Festschrift für Carl Bilfinger, Köln—Berlin 1954, S. 441 ff.

Scotto, Ignazio: Manuale di diritto amministrativo e costituzionale, 3. Aufl., Rom 1965

Seidl-Hohenveldern, Ignaz: Das Recht der Internationalen Organisationen einschließlich der supranationalen Gemeinschaften, Köln—Berlin—Bonn—München 1967

Sellmann, Klaus-Albrecht: Der schlichte Parlamentsbeschluß, Berlin 1966

Smend, Rudolf: Staatsrechtliche Abhandlungen und andere Aufsätze, Berlin 1955

Steiger, Heinhard: Die Unabhängigkeit der Rechtsetzung der Europäischen Gemeinschaften, Diss. Münster 1964

Stein, Ekkehart: Lehrbuch des Staatsrechts, Tübingen 1968

Trossmann, Hans: Parlamentsrecht und Praxis des Deutschen Bundestages, Bonn o. J.

Vogel, Klaus: Die Verfassungsentscheidung des Grundgesetzes für eine internationale Zusammenarbeit, Tübingen 1964

Vonderbeck, Hans-Josef: Der Bundesrat — ein Teil des Parlaments der Bundesrepublik Deutschland?, Meisenheim an der Glan 1964

Wagner, Heinz: Buchbesprechung zu Ipsen, Fusionsverfassung Europäische Gemeinschaften, in: Der Staat 1970, S. 267 ff.

— Grundbegriffe des Beschlußrechts der europäischen Gemeinschaften, Köln—Berlin—Bonn—München 1965

Weber, Werner: Die Gegenwartslage des deutschen Föderalismus, Göttingen 1966

Weber, Werner: Spannungen und Kräfte im westdeutschen Verfassungssystem, 2. erweiterte Aufl., Stuttgart 1958

Wheare, K. C.: Government by Committee, Oxford 1955

v. Wick, Georg: Die Verantwortung der Bundesminister, in: DÖV 1956, S. 113 ff.

— Kompetenzwahrnehmung im Bereich der Bundesregierung, Düsseldorf 1957

Wigny, Pierre: Droit constitutionnel, Brüssel 1952

Wijthoff, W. F.: De Staatsinrichting von Nederland, 8. Aufl., Haarlem 1957

Wildenmann, Rudolf: Macht und Konsens als Problem der Innen- und Außenpolitik, Köln und Opladen 1967

Wirsing, Erich: Aufgaben und Stellung der Kommission in der Verfassungsstruktur der EWG, in: Formen der Willensbildung in den europäischen Organisationen, Frankfurt a. M.—Bonn 1965, S. 49 ff.

Wöhler, Kurt: Aufgaben und staatsrechtliche Stellung des Deutschen Bundesrates nach dem Grundgesetz v. 23. Mai 1949, Diss. Münster (Maschinenschrift) 1953

Wohlfarth, Ernst: Anfänge einer europäischen Rechtsordnung und ihr Verhältnis zum deutschen Recht, in: Juristen-Jahrbuch Bd. 3 (1962/1963), Köln—Marienburg 1962, S. 241 ff.

— Von der Befugnis der Organe der EWG zur Rechtsetzung, in: Jahrbuch für internationales Recht Bd. 9 (1959/1960)

Wohlfarth-Everling-Glaesner-Sprung: Die Europäische Wirtschaftsgemeinschaft, Kommentar zum Vertrag, Berlin und Frankfurt a. M. 1960

Wolff, Hans Julius: Organschaft und Juristische Person, Bd. 2, Theorie der Vertretung, Berlin 1934

— Verwaltungsrecht I, 7. Aufl. 1968

— Verwaltungsrecht II, Organisations- und Dienstrecht, 3. Aufl., München 1970

Zehn Jahre Bundesrat, Bonn 1959

Ziller, Gebhard: Der Bundesrat, Frankfurt a. M. und Bonn 1960

Zinn, Georg August: Das Bundesratsprinzip heute, Ansprache vor dem Bundesrat am 6. 11. 1964, Bonn 1964

Zuleeg, Manfred: Die Auslegung des europäischen Gemeinschaftsrechts, in: EuR 1969, S. 97 ff.

— Das Recht der Europäischen Gemeinschaften im innerstaatlichen Bereich, Köln—Berlin—Bonn—München 1969

FSC
www.fsc.org
MIX
Papier | Fördert
gute Waldnutzung
FSC® C083411

Kolibri 360 GmbH
Ferdinand-Jühlke-Straße 7
99095 Erfurt, Deutschland
produktsicherheit@kolibri360.de

Druck:
CPI Druckdienstleistungen GmbH
im Auftrag der
Kolibri 360 GmbH
Ferdinand-Jühlke-Str. 7
99095 Erfurt